Sungkyunkwan School culture

조선 성균관 학교문화

장재천 저

박영story

Sungkyunkwan School culture

머리말

지나온 세월을 되돌아보니 서울 올림픽으로 기억되는 1988년 3월 박사과정에 입학해 처음으로 조선시대의 성균관에 관한 연구를 시작한 지 벌써 30여 년이나 흘러가버렸다. 강산도 세 번이나 바뀐다고 하는 길다 하면 긴 그 세월에도 불구하고, 그 동안 성균관 교육문화 관련 연구 성과가 신통치를 않아 무려 12년이 지난 2000년 2월이 되어서야 아세아문화사를 통해, 『조선조 성균관 교육과 유생문화』(성균관 교육 문화 연구의 필요성, 성균관 성립의 배경과 그 과정, 문묘의 주요 기능과 역기능, 문묘 석전의 사회 교화적 성격, 성균관의 대사례와 양로례, 성균관 유생을 위한 교육, 국왕의 성균관 교육 진흥책, 성균관 유생의 자율 문화, 성균관 유생의 각종 풍속, 성균관 노비의 유래와 풍속, 성균관의 각종 일화와 주변 환경, 종합적 고찰과 논의, 부록: 인과 예에 대한 연구 등)를 간행하였다.

그 후 또 11년간의 계속된 연구를 종합해 2012년 2월 『조선 성균관 교육문화』(성균관 석전의 사회 교육 문화, 성균관의 외교 문화, 성균관의 국왕 예찬 문화, 성균관의 국왕 하사품 문화, 왕세자의 성균관 입학 문화, 성균관의 과거 문화, 성균관의 자치 생활 문화, 성균관의 비행 탈선 문화, 성균관의 벽서 문화, 성균관의 공론 문화, 성균관의 반촌 문화, 개성 성균관과 평양 향교 등)라는 이름으로 두 번째 저서를 간행하여, 2013년 5월에는 대한민국 학술원 선정 우수학술도서가 되기까지 하였다. 모두 다 우수한 출판사의 덕분이었다.

드디어 성균관 교육문화에 대한 이 세 번째 저서는 지난 6년 간의 연구 성과물들을 종합한 것이라고 할 수 있는데, 본서에서 활용된 연구물들은 다음과 같은 것들이었다. 먼저 제 1 부 성균관의 제 기능에서는 제 2 부와 제 3 부로 들어가기에 앞서 총론 격으로 간략하게 성균관의 다양한 기능과 앞으로의 방향에 대해서 기술하였다.

제2부 성균관 교관 문화에서는 ‘조선 성균관 지사 및 동지사 논고’(한국사상과 문화 91집), ‘조선시대 숙종 시기의 성균관 좨주 논고’(한국사상과 문화 89집), ‘조선 전기 성균관 대사성 자질 논란 사례’(한국사상과 문화 79집), ‘숙종 때의 성균관 대사성 자질 논란 고찰’(한국사상과 문화 83집), ‘정조 때의 성균관 대사성 교체 논고’(한국사상과 문화 82집), ‘대사성까지 역임한 성균관의 우수 교관 사례’(한국사상과 문화 77집), ‘조선 전기 성균관 교관의 자질 논란 사례’(한국사상과 문화 85집) 등이 포함되었다.

그리고 제3부 성균관 유생 문화에서는 ‘조선시대 성균관 유생의 서치순과 방차순 논란’(한국사상과 문화 74집), ‘성균관 공천의 변천과 피천 및 폐단 논의’(한국사상과 문화 72집), ‘성균관 유생 공론 문화의 기능과 그 전개 과정’(한국교육사학 37권 2호), ‘정쟁을 통해 본 유소와 성균관 장의의 기능’(한국사상과 문화 70집), ‘조선시대 성균관 장의의 역할과 권한’(한국사상과 문화 65집), ‘실록에 나타난 조선 후기 성균관 장의의 영예’(한국사상과 문화 67집) 등이 해당되었다.

이렇게 큰 틀에서 교관 문화와 유생 문화로 구성하여 본서의 제목을 ‘조선 성균관 학교 문화’라고 명명하였다. 학교 문화에는 교사 문화와 학생 문화가 있는데 성균관은 학교요 교관은 교사이고 유생은 학생이라고 할 수 있기 때문이다.

어느덧 한문 세대가 저물어가고 한글 세대가 대세가 된 지금 문·사·철에 대한 어려운 책들을 잘 읽으려고 하지 않는 풍토 때문에 가능한 한 한글로 쉽게 그리고 흥미가 생기도록 풀어보려고 힘썼으나, 기본적으로 저자가 문약하고 능력도 한참 부족하여 결코 뜻대로 되지는 않았다.

그리고 세 번째로 성균관 교육문화 관련 서적을 만들다보니 두 번째 저서에서도 첫 번째 저서의 극히 적은 일부 내용이 다소 중복되는 점이 있었는데, 이번에도 어쩔 수 없이 비슷하게 두 번째 저서의 아주 적은 일부 내용이 역시 다소 중복되는 측면이 생기었다. 세 권 모두 완전히 다른 내용으로 구성하는 것은 연속성의 측면에서 보았을 때 어려울 수밖에 없었다.

이제 또 세월이 얼마나 흘러가야 네 번째 성균관 교육문화 관련 책을 내게 될지 연구자로서도 도무지 예측할 수가 없다. 만약 실현이 된다면 그 내용은 성균관 유생의 종류, 성균관 유생 숫자의 증감, 성균관 유생과 교관과의 갈등, 성균관 유생의 신방례, 가짜 성균관 유생 사건, 성균관 유생들의 유벌, 성균관 교관들의 문신 전강, 성균관 장무관의 비리, 성균관 유생 알성시, 성균관 교관과 성균관 여노비의 사통 사건, 성균관 내 성폭력 사건 등이 될 것이다.

오늘날 첨단 디지털 과학 기술 시대가 되었어도 늘 아날로그적인 인문학의 부흥을 꿈꾸고 있다. 아무래도 기술도 갖춘 걸출한 인문사회계열 학자들이 많이 등장해야 그나마 가능해질 것 같다는 생각이 든다. 그래서 더욱 이런 분야의 전문가들을 비롯한 독자들의 질책과 조언을 바라마지 않는 것이다. 그리고 학술적인 가치를 더욱 귀히 여겨 우리나라의 경제 상황과 출판업계의 깊은 불황에도 불구하고 흔쾌히 출판을 맡아주신 박영사 측에 깊은 감사의 말씀을 드린다.

2018년 2월

장 재 천

Sungkyunkwan School culture

차례

Sungkyunkwan School culture

제1부

성균관의 특징과 기능

"성균관의 특징
성균관의 다양한 기능
성균관의 국제화
세계 문화 유산"

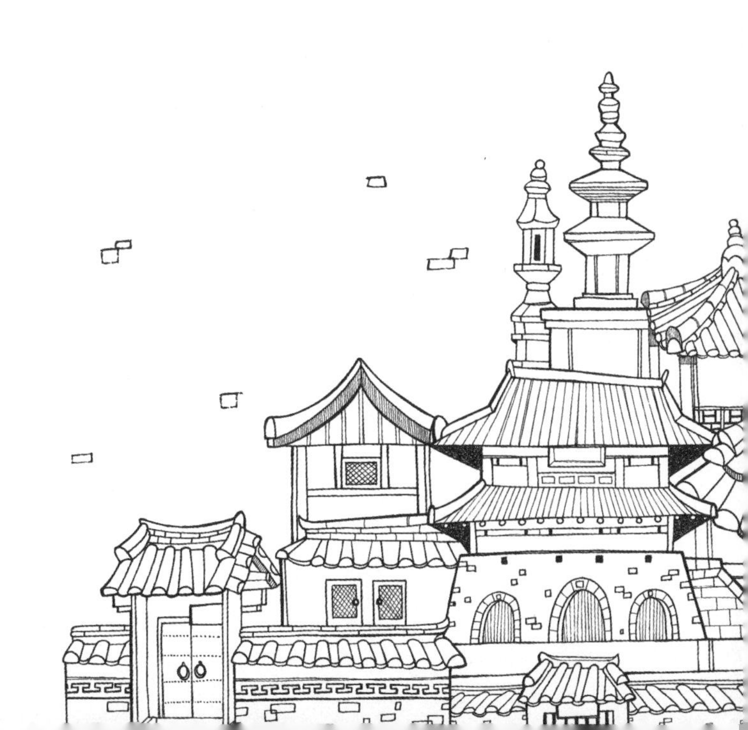

1. 성균관의 특징

과거 동아시아 유교문화권 국가 중 중국(명·청)과 함께 선두 그룹의 하나였던 조선은 성리학이 정치적인 치도(治道)의 요체로서 뿐만이 아니라, 일반 백성들에게까지 윤리·도덕적으로 생활화된 국가였으며 덕분에 유교문화가 융성하게 발달한 교육문화 대국이었다. 비록 성리학이 송나라로부터 시작되었으나 이를 수용하여 조선적 성리학으로 토착화시키고 오히려 명·청나라 보다 한층 더 발전시킨 나라가 조선일 것이다.

이러한 성리학이 조선의 지배이념이요 통치이념이요 교육이념이긴 하나 전통시대의 특수성을 감안하고 본다면, 성균관의 다양한 기능을 비롯한 국제화와 유생문화의 연구도 21세기 정보화 사회인 지금의 우리에게 충분히 큰 시사점들을 줄 것이며, 또한 성균관(문묘일원)[1]이 장차 세계적인 문화유산 걸작으로서의 가치도 매우 크다는 것이 입증되리라고 본다.

왜냐하면 성균관의 많은 것들이 지금까지 잘 보전되고 있으며, 비록 일제강점기와 미군정기의 역사적 굴절 과정을 거치면서 학교운영의 주체가 국립에서 사립이 되기는 하였으나 성균관대학교로 면면히 이어져가고 있기 때문이다. 이 학교도 사실 역사적 정통성의 회복을 위해서는 언젠가 국립으로 환원되어야 할 것이다.

그동안 세상에 널리 알려진 일반적인 인식과는 달리 조선 성균관은 조선 최고의 고등교육기관으로서의 지위와 성리학 이념의 수호지, 그리고 왕권강화와 관련이 있는 신진관료의 중심 생산기지로서 기능하는 것에 국한되지 않았다. 더 나아가 유생들의 공론조성과 사회교화의 중심지, 그리고 지속적인 국왕 예찬과 왕권의 견제, 외교적인 국제 교육 문화 교류와 학생 자치문화의 생산

---

1) 성균관이 곧 문묘요 문묘가 곧 성균관이다. 왜냐하면 학교가 묘학(廟學)일체이기 때문이다. 문묘를 좁게 대성전에만 한정지으려고 하는 사람들이 간혹 있는데 그렇다면 명륜당만이 성균관이라는 잘못된 결과를 가져온다. 성균관을 지칭할 때 대성전과 명륜당 그리고 부속된 모든 시설까지 말하는 것이 옳은 것이다. 그래서 문묘라고 말해도 대성전만이 아니라 명륜당까지 포함해서 말하는 것이 되어야 한다. '성균관과 문묘'라고 칭하는 것은 사실 우리말에 '역전(驛前)'하면 될 것을 '역전 앞'이라고 말하게 된 것과 같은 결과를 가져오게 된다.

및 전승지로서도 기능하였다.

한편 21세기 정보화 사회인 지금, 많은 사람들이 과학기술과 경제제일주의에 문명 비판적인 회의를 느끼며 보다 인간·인성교육을 갈망하고 있다. 그래서 인류의 보편적인 가치가 과거와 현재 및 미래에도 인간주의 즉 휴머니즘(humanism)이라고 한다면 유교야말로 이 모든 것에 적합한 최고의 휴머니즘이며 보편타당한 가치가 넘쳐난다고 본다.

그 유교의 교육기관으로의 최고 위치에 있었던 것이 고구려 시대에는 태학, 신라시대에는 국학, 고려시대에는 국자감, 조선시대에는 바로 성균관이었다. 유구한 세월 동안 국가 이름도 바뀌어 왔고 학교 이름도 바뀌어 왔지만 일맥상통하는 교육문화적인 특징은 계속 일관성을 유지하여 왔다. 그리하여 인간답게 살기 위한 기본적인 인륜도덕을 숭상하여 그것을 기본소양으로 가르치고 배운 결과를 시험해 관료가 되는 교육과정을 갖춘 성균관은 국가를 유지해가는 중심축 중의 하나로서 주어진 교육 외적인 다양한 시대적 사명과 그 기능들을 다 하기 위해 조선왕조 5백 년 내내 부단히 노력하여 왔다고 생각된다.[2)]

---

2) 제 1 부 성균관의 제 기능은 2016년 9월 30일 서울특별시가 주관하고 한국프레스센터 19층 기자회견장에서 개최된 '성균관과 문묘의 세계유산적 가치 조명 학술대회' 중에 발표한 '조선 성균관의 다양한 기능과 국제화 및 유생문화' 원고를 조금 수정해서 여기에 기술하였음을 밝혀둔다.

자료 1. 성균관 은행나무(수령 500년, 천연기념물 제59호)

2. 성균관의 다양한 기능

7가지 정도로만 성균관의 주요 기능들을 대별해보면 최고 교육기관으로서 하급 교육기관에 대한 직·간접적 관할, 교육과 과거를 통한 신진관료의 양성과 공급, 성리학 지배이념의 수호와 재생산, 석전(釋奠)대제를 통한 사회교화, 통문(通文)과 유소(儒疏)를 통한 전국 유생들의 공론 형성, 중국 사신들의 알성을 통한 국제적 교육문화의 교류, 재회(齋會) 즉 학생회를 통한 유생 자치문화의 전승 등을 열거할 수 있다.[3)]

최고 관학으로서의 성균관은 한양에 소재한 4학(동·서·남·중)과 도처의 각 지방향교들을 직·간접적으로 통할하였다. 즉 성균관 하재생들 중에는 아직 생원이나 진사가 되지 못한 4학 승보생(陞補生)들이 재학하고 있었다. 이들은 4학의 우수생들로서 이들이 선발되어 성균관에 조기 입학하는 과정에 성균관이 직접적으로 관여하였다. 4학은 실상 성균관의 부속학교였으며 지방향교들도 성균관의 하급교육기관으로서의 지위에 위치해 있었다.

---

3) 장재천, 『조선조 성균관 교육과 유생문화』, 아세아문화사, 2000. 『조선 성균관 교육문화』, 교육과학사, 2012.

자료 2. 성균관 대성전(보물 141호)

성균관 교육의 이상은 성리학의 특성상 성인(聖人)·군자(君子)가 되는 것이었지만 현실적으로는 전국 양반(문반) 수재들이 모여 일정한 교육과정과 교과학습을 통해 성리학으로 무장하는 것이었고 각종 특혜를 받으며 소정의 시험절차를 거쳐서 신진관료가 되는 것이었다. 관료들의 부정부패나 강상(綱常-3강5륜)의 도를 벗어난 일, 왕이나 조정이 성리학적 질서에서 이탈하였거나 위배되는 것이 발생되었다면 반드시 성균관 유생들은 젊은 패기와 도덕성을 앞세워 유소(儒疏)와 여러 가지 방법들 즉 공재, 권당, 공관 등을 통해 가차 없이 이를 비판하며 바로잡으려는 노력과 투쟁을 지속하였다.

예악(禮樂) · 정교(政敎) · 제교(祭敎)일치의 성균관

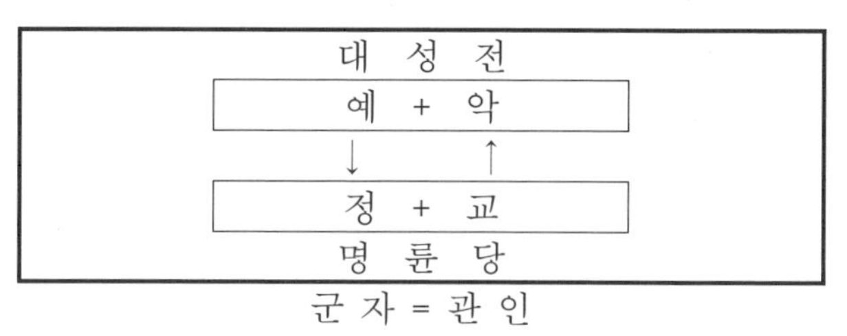

대성전 정위(正位)에 모셔진 문선왕 공자를 비롯한 동·서무(東·西廡)에 모신 모두 112위의 성현들을 제사하는 각종 방법들 중에서도 석전대제(문묘제례)는 1년에 봄과 가을에 걸쳐 두 번 거행하는 종묘제례 다음 가는 대규모의 국가적 의례행사였다. 사실상 이는 성리학적 사회교화 행사의 최고 정점이었다고 해도 과언이 아니다. 왜냐하면 전국 모든 향교에서도 동시에 거행되는 국가적 사회교화 제례행사였기 때문이다.[4)]

자료 3. 성균관 석전대제(문묘제례, 무형문화재 85호)

4) 지금도 석전대제는 조선시대의 방식으로 음력 2월과 8월의 상정일에 거국적으로 성균관과 전국 234개의 향교에서 조선시대와 거의 같은 방식으로 동시에 행해지고 있다.

전국의 모든 교육기관 유생들은 성균관을 중심으로 단체행동을 통해 정치적 의사표시 행위를 하였다. 이 과정에서 통문이 소통되었고 유생대표인 성균관 장의(掌議)의 역할이 중요하였으며 이러한 과정을 거쳐 만들어진 선비들의 여론인 공론은 국가를 움직이는 데까지 이르렀다. 물론 성균관을 국가에서 유생들의 사기진작이나 원기(元氣)로 여겨 권장하는 측면도 있었고, 또한 언론 발전에 의한 신권(臣權)정치의 일면이기도 하였으나 조선 후기로 갈수록 붕당(朋黨)으로 인한 폐해도 만만치 않았다.5)

자료 4. 성균관 명륜당

또 중국 사신(使臣)들은 조선에 오면 언제나 공식 행사로서 문묘를 방문해 알성(謁聖)을 하게 되었다. 그 과정에서 조정의 대소신려들 뿐만이 아니라 성균관의 관리들 및 성균관 유생들과의 정치적 · 교육적인 만남이 반드시 있었기 때문에 중국의 지적 · 교육적 선진문물과 조선의 문물이 상호 교류되는 일이 발생하였다. 따라서 성균관은 국제정치적인 교육문화의 교류장소로서도 적지 않은 기능을 담당하였던 것이다.6)

---

5) 설석규, 『조선시대 유생상소와 공론정치』, 도서출판 선인, 2002. 이성무, 『조선시대 당쟁사1, 2』, 동방미디어, 2000.

6) 장재천, 『조선 성균관 교육문화』, 교육과학사, 2012, 55쪽~75쪽 참고. 사신들의 알성기념으로 과거실시라든지 선물로 가져온 서적 증정과 같은 일들이 있었고, 이에 대해 성균관에서도 답례가 있었다.

한편 성균관 유생들은 주로 재회(齋會－학생회)를 통해 정치적·사회적 이슈(issue)나 각종 현안들을 토의하고 결정하며 자치적인 규약과 상부상조 규정을 만들어 단체생활을 하였다. 학교에 교사문화와 학생문화가 있듯이 성균관에서도 교관문화와 유생문화가 있었는데 성균관 유생들의 자치문화들은 새롭게 생산되기도 하고 계속 전승되어가는 형태로 꾸준히 이어져 때로는 긍정적인 평가를 또는 부정적인 평가를 받기도 하였다.[7)]

3. 성균관의 국제화

조선의 성균관은 국가적 차원에서 그 격식과 시설을 자주 정비하여 언제나 중국과 그 차이가 없거나 때로는 보다 발전된 수준으로 국제화 내지는 선진화를 도모하였다.

예로 『성종실록』에 보면 중국에 정조사(正詔使)로 다녀온 윤효손(尹孝孫)이 국왕에게 선정전(宣政殿)에서 복명(復命)할 때, 중국 국자감 제도에 맞추어 문선왕과 4성 및 10철의 찬탁(饌卓)을 설치해야 한다고 진언하니 이에 따르도록 하라는 국왕의 하교(下敎)가 있었다는 기록이 보인다.[8)]

또한 성절사(聖節使) 수행원으로서 질정관(質正官) 역할을 했던 조헌(趙憲)은 경사(京師: 북경)에서 돌아와 작성한 시무상소 16조소의 8조소 상소문에서 문선왕의 칭호라든가 액호(額號) 및 위판의 길이와 색상, 그리고 글씨 문제 등을 거론하고 있으며, 4성과 종사(從祀)의 경우에도 중국과 다른 점에 대하여 말하고 있고, 동무와 서무의 향로도 각 위마다 각각 설치해야 한다고 진언하고 있다.[9)]

---

7) 윤기(尹愭), 『무명자집(반중잡영)』, 영인본, 성균관대학교 대동문화연구원, 1977. 이민홍 역주자, 『조선조 성균관의 교원과 태학생의 생활상』, 성균관대학교 출판부, 1999. 방동민 역저자, 『반중잡영을 통해 본 성균관 유생들의 생활상』, 도서출판 우삼, 2010. 물론 반촌 및 노비문화들도 있었다.

8) 성종 21년 3월 병진조. 今後雖有請者 以不厚紙與之何如 上曰: 然 孝孫又啓曰: 臣到國子監見之 十哲二位 共一饌卓 東西廡亦二位 共一饌卓. 我國雖從祀無俎卓 況東西廡乎 請依中朝制.

9) 선수 7년 11월 신미조. 一曰聖廟配享. 臣竊見 嘉靖中改題文宣王之號爲至聖先師孔子之位 顔子以下俱改去爵名 故廟額不曰大成殿 而曰先聖廟. 位版長短 不敢揣摸矣 但孔子則朱漆而書以泥金 長疑一尺餘廣二寸強 四聖以下則稍短 疑不滿尺 朱漆而書以墨字. 從祀以下則又短 下不用趺房 刻木爲臺以安之

자료 5. 계성사(1954년 성균관대학교 캠퍼스 확장으로 헐림)
(출처: 문화재청, 2006,『서울문묘 실측조사보고서』상, 121쪽)

예조에서는 안자·증자·자사는 모두 정전에 배향되어 있는데 안무요(顔無繇)·증점(曾點)·공리(孔鯉)는 양무에 종사되고 있어 아들이 아버지 위에 있게 되어 역시 잘못이며, 별도로 계성사를 만들어 공자의 아버지인 숙량흘(叔梁紇)을 수위로 하여 안무요·증점·공리·맹손씨(맹자)[10]를 배향하고 정향(程珦)·주송(朱松)·채원정(蔡元定)을 종사해야 된다고 하였으며, 설선(薛宣)·왕수인(王守仁)·진헌장(陳獻章)·호거인(胡居仁) 4현에 있어서는 바로 명조(明朝)의 유신들로 가볍게 논의하기 어렵다고 하였다.[11]

의정부 우찬성 심희수는 왕에게 올린 차자(箚子)에서 왕을 사(師)로 고치는 것과 중국의 제도를 준봉하여 문선왕이란 글자를 개정하고 별도로 계성묘를 설치하여 호거인·진헌장·왕수인·설선 4현을 아울러 종사하자는 것을 주장하였다.[12]

俱無櫝. 臣伏覩今年五月所下 位版寸尺考啓之敎而想 臣所見則隆慶年間出來 太學志 所記尺數 定是周尺 而不爲布帛尺也明矣. 且太學東西廡中, 位各有爐, 而我國則兼設一爐, 此事恐當議改者也. 조헌의 상소 내용은『태학지』에도 나오고 있다.『태학지』상권 129쪽 참조.

10) 맹자는 노나라 귀족 맹손씨의 후손이다.

11) 선조 34년 1월 계해조. 且顔子曾子子思 俱享於正殿 而顔無繇曾點孔鯉 從祀於兩廡. 子在父上 亦似未安 故天朝別設啓聖祠 以叔梁紇爲首 以顔無繇曾點孔鯉孟孫氏配享 程珦朱松蔡元定從祀. 是乃推其所從出之義 而父子等級 理勢亦妥. 此皆我國之所未講定者也. 今則聖廟 亦草草權設. 後日重建大學及兩廡之時 別設啓聖祠 恐或無妨. 至於薛瑄王守仁陳獻章胡居仁四賢 乃天朝儒臣 天朝雖因一時之議 從祀聖廟 而其學問事業之淺深 外國有未及詳知 而其中亦不無醇正之可議. 則恐難輕議也. 事係重大 竝議大臣定奪何如 傳曰允.

12) 선조 34년 5월 무술조. 伏以臣 在上年春 隨萬經理謁文廟 經理見孔子位版 書大成至聖文宣王之號. 深

그리고 또 관학유생 홍수헌(洪受瀗) 등 1백 70여 명이 연명 상소하여 계성묘를 세우기를 청하고, 또 선유(先儒) 이동(李侗)을 문묘의 종사하는 반열에 올리기를 청하였으나, 국왕이 "전례가 없는 참으로 중대한 일이어서 지금 갑자기 거행하기는 곤란하다."며 유생들은 일단 학업에 열중하라는 하교를 내렸다는 기록이 나타나고 있다.[13]

또 계속 관학 유생 신응징(申應徵) 등이 상소하여 계성묘를 세우기를 청하고, 또 송나라 유학자인 귀산(龜山) 양시(楊時)와 예장(豫章) 나종언(羅從彥), 연평(延平) 이동(李侗)을 문묘의 종사하는 반열에 올려 미비한 전례를 갖추기를 요청하니, 국왕이 해조(該曹)로 하여금 품의(稟議)하여 처리하게 하겠다며 이 일을 속히 처리하지 않고 지연시키는 것이 보인다.[14]

연이어 관학유생 조지정(趙持正) 등이 상소하여, 귀산 양시, 예장 나종언, 연평 이동, 그리고 우리나라의 유현(儒賢) 율곡 이이(李珥)와 우계 성혼(成渾)을 문묘에 종사하기를 청하였으나, 국왕이 바로 따르지 않았다는 기록도 나타나고 있다.[15]

문묘는 이미 유교국가의 대의명분을 확립하기 이전부터 불교국가인 신라, 고려 때부터 종교이념 뿐만이 아니라 통치이념으로 활용되기 위하여 국학과 국자감에 설치되어 국제 정치적·사묘적 기능을 다해 왔다. 물론, 관학이 많이 쇠퇴한 때에도 문묘는 항상 중국과의 외교관계상 그 맥락과 형식적인 존속을 계속 유지해 왔다. 중국 사신들이 조선에 오면 문묘를 방문하여 알성하는 것이 통례였기 때문에 조선의 태조도 대명외교상 도성 건설과 아울러 성균관(문묘)

以爲非 卽以移咨本國 勸令遵依天朝定式 改寫至聖先師之稱. 其意甚勤 臣亦親聽其分付. 今者經理 又因林萬琦楊喬林沈思賢稟稱 再行文移 不容但已. 林萬琦等所稟 專在改王爲師 而沈思賢之意 欲令遵奉天朝之制 改正文宣王字樣 別設啓聖廟 倂及胡陳王薛四賢從祀之擧 而至於誤疑我國文廟 只享周程張朱 而無七十二賢配享之例 諄諄致意.

13) 현종 9년 5월 무술조. 館學儒生洪受瀗等一百七十餘人 上疏請建啓聖廟 又陞先儒李侗于文廟從祀之列 上答曰: 斯誠重擧, 今難猝行 爾等退修學業.

14) 현종 9년 5월 병인조. 館學儒生申應澄等上疏 請立啓聖廟 且請陞宋儒龜山楊時豫章羅從彦延平李侗于文廟從祀之列 以擧闕典 上答曰: 當令該曹稟處焉. 所謂啓聖廟者 皇明立祠 祀以叔梁紇顔無繇曾點孔鯉孟孫氏 謂之啓聖廟 儒生等乃考明制 有是請.

15) 현개 10년 6월 정묘조. 館學儒生趙持正等上疏 請以龜山 楊時豫章羅從彦延平 李侗及我朝儒賢李珥成渾等 從祀文廟 上不從.

건설을 서두르지 않을 수가 없었다.

태종 7년에 고려의 문묘제도를 참작하여 선성제현(先聖諸賢)의 봉안규제(奉安規制)를 정하고,[16] 9년에 명나라의 홍무체제를 따라 문묘위판의 규격[17] 등을 정한 자체가 명나라 사신의 성균관 알성에 대비한 외교적인 정책이었다. 한편 사신들의 왕래로 말미암아 각종 서적과 제기·화상 등이 성균관에 기증되는 교육문화의 국제교류적인 효과도 있었다.[18]

成均館大成殿 先聖先賢位牌 奉安位次圖
성균관대성전 선성선현위패 봉안위차도

(東國 18賢)
文昌侯 崔致遠 문창후 최치원
文忠公 鄭夢周 문충공 정몽주
文獻公 鄭汝昌 문헌공 정여창
文元公 李彦迪 문원공 이언적
文正公 金麟厚 문정공 김인후
文簡公 成渾 문간공 성혼
文烈公 趙憲 문열공 조헌
文正公 宋時烈 문정공 송시열
文純公 朴世采 문순공 박세채

(孔門 10哲)
鄆公 冉耕 운공 염경
齊公 宰予 제공 재여
徐公 冉求 서공 염구
吳公 言偃 오공 언언
潁川侯 顓孫師 영천후 전손사

豫國公 程顥 예국공 정호
新安伯 邵雍 신안백 소옹
徽國公 朱熹 휘국공 주희

郕國宗聖公 성국종성공
曾子 증자
鄒國亞聖公 추국아성공
孟子 맹자

大成至聖 대성지성
文宣王 문선왕
(五聖)

兗國復聖公 연국복성공
顔子 안자
沂國述聖公 기국술성공
子思 자사

(孔門 10哲)
費公 閔損 비공 민손
薛公 冉雍 설공 염옹
黎公 端木賜 여공 단목사
衛公 仲由 위공 중유
魏公 卜商 위공 복상

(宋朝 6賢)
道國公 周敦頤 도국공 주돈이
洛國公 程頤 낙국공 정이
郿伯 張載 미백 장재

(東國 18賢)
弘儒侯 薛聰 홍유후 설총
文成公 安裕 문성공 안유
文敬公 金宏弼 문경공 김굉필
文正公 趙光祖 문정공 조광조
文純公 李滉 문순공 이황
文成公 李珥 문성공 이이
文元公 金長生 문원공 김장생
文敬公 金集 문경공 김집
文正公 宋浚吉 문정공 송준길

자료 6. 현재의 문묘 위차도

한편, 문묘 대성전의 명칭 변화도 사실 중국의 영향과 관계가 깊다. 고려 성종 때는 선성전이었고, 충렬왕 때부터 조선 단종 이전까지는 대성전(大聖殿)이었으나 단종 원년(1453)에 대성전(大成殿)으로 최종 개칭되었다.[19] 중국의 시대 변화에 영향을 받아온 것인데, 공자의 시호가 739년에는 문선왕, 1012년에

---

16) 『증보문헌비고』권 203, 학교고 2, 태학 2. 태종 7년 5월 기미조.

17) 태종 9년 7월 정축조. 禮曹啓文宣王四配位十哲位板規式 啓曰: 位板之式 古無其文. 按《洪武禮制》社稷壇神牌 身高二尺二寸 闊四寸五分 厚九分 座高四寸五分 闊八寸五分 厚四寸五分. 帝王陵墓 其祭物器皿儀註 竝與社稷同. 文宣王位板 乞依社稷壇神位板規式製造. 四配位板 身高二尺 闊四寸三分 厚八分 十哲位板 身高一尺八寸 闊四寸一分 厚七分 座高闊厚皆同. 依此差等製造.

18) 세종 원년 6월 기묘조, 8년 11월 계축조, 15년 12월 임술조, 7년 12월 술자조 등 다수.

19) 단종 원년 7월 임오조. 議政府據禮曹呈啓: 以大聖殿書文廟之額 不合名義. 請改書大成殿. 從之.

는 지성문선왕, 1307년에는 대성지성문선왕, 1645년에는 대성지성문선선사 등으로 불렸기 때문이다.[20]

또 세종 22년에 문묘 대성전과 명륜당 양쪽 모두에 간판이 없었는데, 명나라 사신 이약(李約)이 대성전에 알성(謁聖)한 후에 이를 알고 나서 액자가 없는 것은 잘못이라고 말했었기 때문에, 개성 성균관의 것과 동등한 명칭으로 하되, 대성전은 황금색으로 명륜당은 청색으로 편액(扁額)의 글씨를 쓰도록 예조의 첩정에 의거해 의정부가 요청했다는 기록이 남아 있다.[21]

명륜당 편액 글씨를 쓴 명필가요 문장가인 주지번(朱之蕃)은 주자의 16대 후손으로 알려져 있는데, 그는 명나라 산동(山東) 사평(茌平)에서 태어나 1595년에 장원급제하였다. 한림원(翰林院) 수찬(修撰), 우춘방우유덕(右春坊右諭德), 우춘방우서자(右春坊右庶子), 소첨사(少詹士), 예부(禮部) 우시랑(右侍郎), 이부(吏部) 우시랑(右侍郎) 등을 거쳐 사후에 예부상서(禮部尙書)로 추증되었다. 주지번은 당시 명나라에서 학사의 문장가 세 사람을 꼽을 때, 초굉(焦竑) · 황휘(黃輝) 등과 함께 거론되는 인물이라는 평가를 받았다고 한다.[22]

만력제(萬曆帝)는 1605년 11월에 황태자의 첫째 아들이 태어난 것을 기념하여 한림원수찬 주지번을 정사(正使)로, 예과좌급사(禮科左給事) 양유년(梁有年)을 부사(副使)로 조선에 파견하였다. 주지번 등은 1606년 4월 11일에 한양에 도착하여 황제의 조서(詔書)와 칙유(勅諭)를 전달하였다.[23] 주지번은 당시까지 조선에 온 사신들과 달리 뇌물 등을 요구하지 않을 정도로 청렴했다고 한다.

주지번은 조선에 다녀온 후, 『봉사조선고(奉使朝鮮稿)』를 저술하였다. 이를 통해, 그의 사행(使行) 내용을 비교적 자세하게 알 수 있다. 여기에 의하면, 1605년 12월 15일에 정사로 임명되어, 다음 해 2월 16일에 북경을 출발, 4월

20) 유교사전편찬위원회, 『유교대사전』, 1990, 328쪽. 성리학이 발흥했던 송나라 때는 문선왕 앞에 '至聖'자가 더 붙게 되고, 한족에 대한 회유책으로 원나라는 '大成'자를 가봉한 것이다.

21) 『세종실록』권 91, 세종 22년 10월 기해조. 二十二年十月 議政府據禮曹呈啓 成均館聖殿及 明倫堂 竝無額字 去乙卯年朝廷使臣李約來謁聖因言人之敎 與中國無異 但無額字非也 請依開城府成均館例 聖殿額字 稱大成至聖之殿 書以黃金 明倫堂仍稱明倫堂 以靑 書之 從之. 현재의 대성전 편액은 석봉(石峯) 한호(韓濩)의 글씨이고, 명륜당 편액은 명나라 사신이었던 주지번의 글씨다.

22) 선조 39년 1월 23일 임진조.

23) 선조 39년 4월 11일 기유조, 『선조수정실록』 39년 4월 1일 기해조.

10일에 한양에 도착하여 머물다가 4월 20일에 출발해서 5월 2일에 압록강을 건너갔다.

주지번은 조선에 머물며 성균관 사예(司藝) 이지완, 성균관 직강(直講) 허균 등과 시와 글씨를 주고받으며 문화교류에 큰 족적을 남겼다. 예를 들어, 주지번은 성균관 명륜당 앞에 있는 현판과 전주 객사(客舍)에 풍패지관(豊沛之館)이라는 글씨를 썼다. 이것은 태조 이성계의 출생지에 경영된 객사라 해서 중국 한(漢) 고조(高祖) 고사에서 딴 것이다. 즉, 전주가 조선 왕조의 발상지임을 나타낸다.

주지번은 역대 중국 명가들의 시문 내용을 그림으로 그리고, 그 원문을 필사하여 첩 형식으로 꾸민 『천고최성첩(千古最盛帖)』을 선조와 원접사(遠接使) 유근(柳根)에게 주었다. 이것은 조선 화단에 상당한 영향을 미쳤다. 또한, 그는 허난설헌의 시집 『난설헌집(蘭雪軒集)』을 읽고 감탄하여 중국의 문단에 소개하기도 하였다. 이처럼 주지번은 한중 문화교류에 매우 적극적이었던 인물이었다.[24]

자료 7. 성균관 명륜당 편액

한편 정조 11년 7월(무진조) 부총관 유의양(柳義養)의 상소문 내용을 들여다 보면, 『오례의』에 의거하여 문선왕에게 춘추로 석전을 시행할 때의 악장은 국조(國朝) 중년에 정신(廷臣)이 상소하여 논함에 따라 비로소 『대명례』의 악장을

24) 장달수의 한국학 카페, http://cafe.daum.net/jangdalsoo.

기준으로 하여 바로잡았었다고 하며, 태학(성균관의 별칭)에 종사한 가운데에 혹 성명을 잘못 쓴 위판도 있어서 바로 써야 하고, 각 지역 향교에서 잘못된 위차도 태학을 기준으로 바로 잡아야 한다고 말하고 있다.[25)]

이와 같은 일들은 모두가 동아시아에 있어서 조선이 자주성을 나름대로 유지하고, 특히 중국과의 국제관계 문제에서 외교적인 공리를 취하며 나아가 동아시아 유교문화권의 공동체적인 동질성과 교육문화적인 수준 및 긴밀도를 계속 확보하고 유지하려고 하는 조선 정부와 성균관의 합동 노력이었다고 말할 수가 있다.[26)]

4. 세계 문화 유산

성균관은 일제 강점기에 교육기능이 중단되고 제례기능만 유지되다가 해방 후에 회복되었으나 미군정기로 인해 국립대학의 지위를 잃고 사립대학으로 바뀌었으며, 1960년대 5 · 16군사정권에 의해 학교법인 성균관대학과 재단법인 성균관으로 분리되면서 한 지붕 두 가족(?)이 되어버렸다. 그래도 성균관은 나름대로 사회교육도 해가며 전국 향교와 연합해 중단 없이 석전대제를 지속해 나가고 있다.

오늘날에 와서는 이미 몇 십 년 전에 중국에서도 세계에서 유일하게 긴긴 세월 이어져 온 한국의 성균관 석전제례 행사를 직접 촬영해서 가져가 자기네 나름대로 『궐리지(闕里誌)』를 참고해가며 복원하였던 노력들[27)]은 동아시아인들의 의

25) 정조 11년 7월 무진조.《五禮儀》文宣王釋奠樂章 國朝中年 因廷臣疏論 始依《大明禮》樂章釐正 而《大明禮》奠幣 無樂章 國朝禮奠幣時 引用《大明禮》初獻之樂章 初獻時引用《大明禮》亞獻之樂章 亞獻時引用《大明禮》終獻之樂章 終獻時以亞獻旣用之樂章仍用焉. 謹按《大明禮》三獻時樂章 則有曰: "登獻惟三, 於嘻! 成禮." 觀此詞意 乃是獻之旣三 禮之旣成之後 有此奏也.

26) 이 부분은 장재천, 「조선시대 성균관의 외교적 기능」, 『한국사상과 문화』 19집, 2012, 장재천, 「유교문화 동질성 확보를 위한 조선 성균관의 노력」, 『한국사상과 문화』 61집, 2003을 참고하여 재작성함.

27) 중국은 문화혁명(1966~1976년) 때 공부(孔府), 공묘(孔廟), 공림(孔林) 등 이른바 삼공(三孔)을 훼손했다. 등소평 등장 이후 공자는 복권됐다. 하지만 석전대제 의례는 잊힌 상태였다. 1980년대부터 공자 후손들과 중국 관리들은 그 원형을 그대로 간직하고 있는 한국의 성균관에 주목했다. 1991년부터 한국의 성균관이 자발적으로 중국의 석전대제 복원에 동참했고, 2004년 10월 25일 성균관 학생 500명이 취푸에 가

식과 무의식의 세계를 지배하는 문화적인 구조가 아직도 휴머니즘의 색채가 강한 유교라는 것을 인식하였기 때문이며, 그 유교의 의미와 가치에 대한 긍정적 혹은 부정적 평가에도 불구하고 유교문화의 전통과 윤리관의 소중한 역사적 가치를 제대로 재인식하기 시작하였다는 것을 의미하지 않나 싶다. 결국 인간성을 상실하고 물질주의에 치우친 작금에 와서 경제적으로 부요한 것이 반드시 인간다운 세상을 만들어준다는 것은 아니라는 점을 절실히 깨달았기 때문이라고 본다.

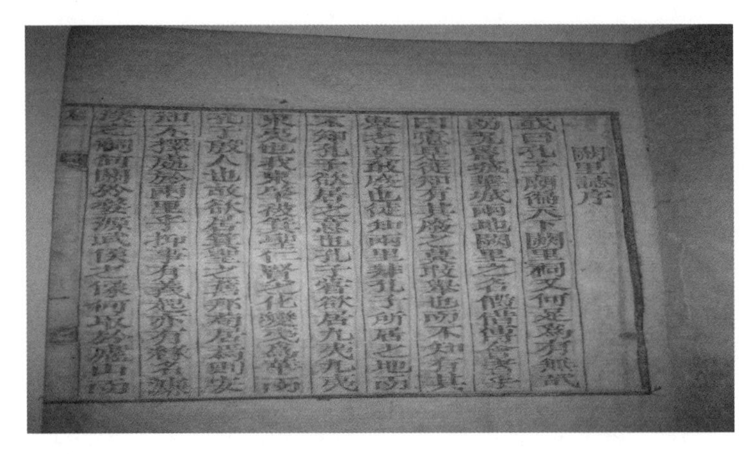
闕里誌序

자료 8. 궐리지(闕里誌)

서 석전대제를 올렸다. 중국은 유교문화가 그대로 보존된 한국에서 석전의례를 수입하여 복원했다. 석전대제는 동한(東漢)시기 이후 시작되어 중화민국 시기까지 계속되었으나 공산화 후 거행하지 않았는데, 80년대 후반에 이를 다시 복원하였다. 특히 곡부에서는 2008년부터 봄, 가을로 나누어 석전대제를 지내고 있다. 봄에는 니산(尼山), 가을에는 곡부(曲阜)에서 치른다. 중국은 2006년 석전대제를 국가급 비물질 문화유산으로 지정하였다. 세계신문보(世界新聞報) 2009년 11월 6일자를 참고해 서술함.

자료 9. 북경 국자감의 공자탄생 2565년 행사(출처: 중국 신문망)

한편 종묘제례(宗廟祭禮)는 조선시대의 역대 왕과 왕비의 신위를 봉안한 종묘에서 지내는 제사이며, 종묘제례악(宗廟祭禮樂)에 맞추어 진행된다. 종묘제례와 종묘제례악은 각각 국가무형문화재 제56호와 제 1 호로 지정·보존되고 있으며, 2001년 5월 18일에는 '종묘제례 및 종묘제례악'이라는 명칭으로 유네스코의 '세계문화유산 걸작'에 함께 지정되었다. 더구나 북한의 개성 성균관[28]은 2013년 6월 23일에 '개성역사 유적지구'에 포함되어 세계문화유산에 등록되었다.

따라서 이제는 대단히 늦은 감이 있기는 하나 서울의 문묘 차례라고 할 수 있다. 고려시대 국자감에서도 행해졌고 한양 성균관에 와서도 이어졌으며 일제강점기 때도 중단 없이 계속된 석전대제야말로 1천 년 이상의 역사를 가지고 있기 때문에 세계문화유산의 걸작이 되고도 남는다. 당연히 하루 빨리 충분한 보상을 받아야 할 것이다.

유구한 역사를 가지고 살아남아 끈질긴 생명력이 있는 유교문화의 원형이자 전범(典範)인 석전대제(釋奠大祭)와 석전대제의 제례악(祭禮樂)과 팔일무(八佾舞), 그리고 이것이 행해지는 성균관 일원 전체를 국가는 시급히 유네스코 세계

28) 현재는 북한이 개성경공업단과대학을 1992년 종합대학으로 개편하면서 학교명을 고려성균관으로 바꾸고 대학교 박물관으로 사용하고 있음. 서울의 성균관대학교와 1998년에 자매결연을 맺은바가 있다.

문화유산에 반드시 등록시키고 휴머니즘적인 그 유교문화를 보전해가며 발전시키고 세계화시킬 필요가 있다.

자료 10. 개성 고려성균관

Sungkyunkwan School culture

제2부

성균관의 교관 문화

"성균관의 지사 문화
성균관의 쾌주 문화
성균관의 대사성 문화
성균관의 교관 문화"

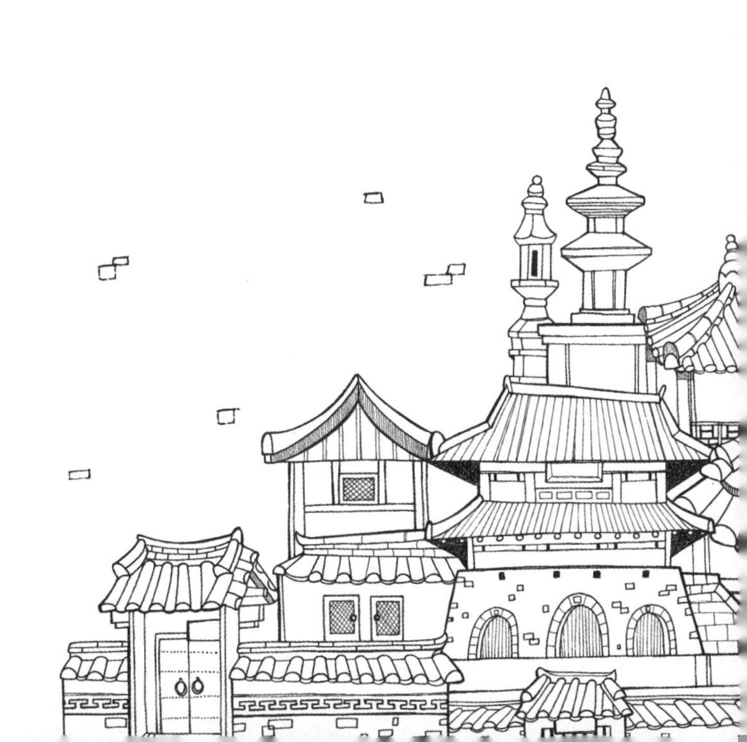

제 1 장 성균관의 지사 문화

1. 서 언

성균관은 명실상부한 조선왕조의 최고 교육기관이었다. 성리학 국가가 되면서 이전의 고려시대보다 훨씬 진화하였고 한결 세련된 스타일을 갖추었다. 물론 성균관은 단순히 교육기관으로서의 기능만을 수행한 것은 아니었다. 향교나 4학 등 하급 교육기관에 대한 직·간접적인 관할뿐만 아니라, 교육과 과거를 통한 신진관료의 양성과 공급, 성리학 지배이념의 수호와 재생산, 석전대제와 대사례 및 양로례를 통한 사회교화, 통문과 유소를 통한 전국 유생들의 공론 형성, 중국 사신들의 알성을 통한 국제적 교육문화의 교류, 재회 즉 유생자치회를 통한 자치문화의 전승 등도 수행하였다.[1)]

성균관은 작게 보면 인재양성의 기능과 함께 선성(先聖)과 선현(先賢)에 대한 봉사(奉祀)의 기능을 가지고 있었다. 그런데 조선 초기에 있어서는 성균관이 주자학을 연구 보급하는 학문의 전당으로서의 기능과 주자학 이념에 입각하여 관리를 양성하는 교육기관으로서의 특유한 기능을 발휘함으로써, 조선왕조의 지배사상과 관료체제를 재편성하고 계속 강화하는 데 기여하였다.

그런데 이와 같은 성과를 가져오게 된 배경에는 행정적인 실무직으로서 최고 책임자인 성균관 대사성이라는 직책 말고도 종3품의 성균관 좨주라든지 정3품의 대사성보다도 품계가 높은 홍문관·예문관 대제학을 겸한 정2품의 성균관 지사와 종2품의 성균관 동지사라는 직책이 있었다는 역사적 사실들을 알아야

---

1) 이에 대한 상세한 설명은 장재천, 『조선조 성균관 교육과 유생문화』, 아세아문화사, 2000과 『조선 성균관 교육문화』, 교육과학사, 2012를 참고.

한다.[2] 따라서 대사성이 있는데도 왜 지사와 동지사라는 명목상 상위의 직책을 굳이 두어서 학문의 전당인 성균관의 위상강화와 군자교육의 이미지, 그리고 왕도정치의 상징성을 항시 부여하려고 했었는지를 주목해야 한다.

2. 성균관 지사와 동지사의 유래와 변천

『문형록』[3]에는 문형이 원래 대제학의 별칭이지만, 모든 대제학이 문형의 칭호를 얻는 것은 아니었다고 하였다. 조선 초에는 예문관 대제학과 성균관 대사성을 겸임한 자를 일컬었고, 홍문관이 법제화된 뒤 예문관·홍문관의 대제학과 지성균관사(知成均館事)를 겸임한 자라야만 문형의 칭호를 얻을 수 있었다.

문형은 그 관직에서 알 수 있듯이 당시의 관학계(官學界)를 대표하는 위치에 있었고, 그 임무는 매우 중시되었다. 이들은 실질적인 행정을 통한 권력행사보다도 문장을 통해 이름을 떨쳤다. 학문과 권력이 결합되는 모양새였다.

문형의 임명 방법은 전임자가 후임자를 천거해 자대(自代)하는 것이 원칙이었다. 그러나 중종조 이후 전임 문형이 천거한 후보자를 삼공(三公)과 육경(六卿) 및 한성판윤이 모두 모여 권점(圈點)하는 규례가 생긴 뒤 계속되었다.

『문형록』은 바로 이들 권점에 관해 기록한 것이다. 그 서술 체계는 여러

---

2) 생각해보건대 지금의 관점으로 보면 성균관 대사성이 총장이라면 동지사는 학교법인의 부이사장, 지사는 법인이사장인 셈이다. 서울대학교도 2008년 10월 법인화위원회를 거쳐 2011년 12월에 국립대학법인으로 발족하고 제1대 이사장에 오연천(전 서울대 총장, 현 울산대 총장), 제2대 이사장에 박용현(전 두산그룹 회장), 제3대 이사장에 최경원(전 법무장관), 제4대 이사장에 이홍훈(전 대법관)이 있는데 이것이 비슷한 사례일 것으로 생각된다.

3) 1책 12장. 필사본. 편자 및 필사연대는 미상이다. 이 책은 단겸문형(單兼文衡) 6명과 양관대제학(兩館大提學) 178인, 별천문형(別薦文衡) 4인 총 188인이 수록되어 있다. 첫 문형으로는 변계량(卞季良)으로 되어 있으며, 가장 늦게 문형에 제배(除拜)된 인물로는 1888년(고종 25년)의 한장석(韓章錫)이다. 따라서 이 책은 1888년 이후에 필사된 것으로 여겨진다. 등재양식은 성명 아래 자, 호, 본관, 문과급제년, 문형에 제배된 해, 그가 역임한 최고관직명 그리고 그의 시호가 기재되어 있다. 특히, 연대순으로 기록되어 두 번 이상 거듭 문형에 오른 경우도 낱낱이 기록하여 문형의 전승을 한눈으로 파악할 수 있다. 재배된 문형은 홍귀달(洪貴達) 등 22인이며, 삼배된 문형은 이덕형(李德馨) 등 9인이고, 사배된 문형은 이식(李植) 등 6인이다. 규장각도서에 있다. 내용이 약간 다른 이본은 장서각도서 및 국립중앙도서관에 소장되어 있다.

사람의 후보자 명단이 있고, 그 위에 몇 점을 받았는지 기록하였다. 왕의 낙점을 받은 사람 밑에 낙점(落點)이라 쓰고 있다.

이들은 대개 회권(會圈)시 최고점을 받은 사람이나, 반드시 그런 것은 아니었다. 그리고 1659년(효종 10년) 이후 회권 시에 진참(進參)한 명단이 수록되었다. 또한, 처음으로 이름이 오른 사람의 경우 그 위에 신(新)이라 쓰고, 노(老)·소(少)·남(南)·북(北)이라 적어서 그들의 당색을 표시하기도 하였다.

그리고 간혹 안(按)이라 하여 이조의 망단자(望單子)[4]를 인용해 보충 설명을 한 경우도 있다. 특수한 경우이기는 하지만, 한 사람의 천망(薦望)에 낙점한 것도 있었다.

한편, 특징적인 것은 숙종 이후 당쟁이 치열해지자 주도적인 당파의 인물이 문형이 되었다. 당쟁에서의 패배 결과 역적으로 몰린 이광좌(李光佐)·김일경(金一鏡) 등 6인의 이름에는 크게 ○표를 하고 있다. 이 책은 문형의 임명 및 그 성격을 밝힐 수 있는 좋은 자료의 하나이다.[5]

한편 지사와 동지사라는 관직명은 송나라의 관제에 기원을 두고 있는데, 동지사는 지사의 다음, 즉 제 2 의 보좌직을 뜻한다. 일명 '지성균'과 '동성균'이라고 하는 지사와 동지성균관사는 고려의 성균관 직책에서는 볼 수 없고, 조선시대 1398년 태조 7년에 처음 나타난다. 동지사의 인원은 2인으로 다른 관직자가 겸임하도록 되어 있었다.

1466년(세조 12년) 같은 겸직이던 성균관의 겸대사성·겸사성 등은 모두 폐지되거나 실직화 되었는데, 지사와 동지사는 겸직으로 지속되었다. 이는 지사·동지사 등이 성균관 내에 실권이 없는 직책임을 반증하는 것이라고 할 수 있다. 이들은 모두 2품 이상의 덕망이 높은 사람으로 임명되었다. 그 증거사례들은 다음에 언급할 것이다.

고려 말기 이래 성균관 유생의 교육을 강화하기 위하여 대사성 이하 22명의 정규 교수 이외에 2품 이상의 대신 중 학덕이 높은 사람을 뽑아서 성균관제조(成均館提調) 또는 겸대사성에 임명하여 교대로 성균관에 나가서 유생을 가르

4) 문관의 인사에 관한 권한을 가진 이조에서 그들의 의망(擬望)을 왕에게 올린 단자.
5) 박천규, 「문형고」, 『사학지』 6, 1972.

치는 제도를 두었는데, 이 제도 역시 조선왕조 개국 직후 그대로 답습되었다.

세종 28년 3월에 성균관 관원의 정원은 원래의 정원 22원 이외에 종학박사에 충차(充差)한 8원 및 사부학당 교수·훈도에 충차한 16원을 합하여 총 46원이 되었다. 그리고 이밖에 2품 이상의 대신으로 학문과 덕망이 높은 사람을 뽑아서 성균관지사·동지사·겸대사성에 임명하고, 또 3품 이하의 관원으로 학행이 있는 자를 뽑아서 겸사성에 임명하여 윤번제로 성균관에 나가서 유생들을 가르치게 하였으므로 성균관의 관원은 겸직을 합하여 50여 명에 이르렀다.

또한 문종 원년(1451)에는 성균관지사를 겸임하면서 성균관의 시설을 확장하고 유생을 지도하던 좌찬성 김종서가 좌의정이 되어 성균관을 떠나게 되자, 성균관 생원 김안경(金安敬) 등의 상언(上言)에 따라 김종서를 영성균관사(領成均館事)에 임명하여 일시 지사(知事) 위에 영사(領事)를 설치한 일도 있었다.

이와 같은 성균관의 직제는 세조 12년(1466년)에 용관(冗官)을 혁파하여 관제의 대개혁을 단행할 때 축소되었다. 이리하여 성균관의 겸직은 지사·동지사만 남기고 겸대사성·겸사성은 혁파하였으며, 아울러 주부는 전적(典籍)으로 개칭되고 순유박사(諄諭博士)와 진덕박사(進德博士)는 혁파되어 다음과 같이 성균관의 직제가 개편되어, 이것이 『경국대전』에 실려 있다.

따라서 성균관 직제는 대사성(大司成) 1원(員), 좨주(祭酒) 1원, 악정(樂正) 2원, 직강(直講) 1원, 전부(典簿) 1원, 박사(博士) 2원, 순유박사(諄諭博士) 2원, 진덕박사(進德博士) 2원, 학정(學正) 2원, 학록(學錄) 2원, 직학(直學) 2원, 학유(學諭) 4원, 도합 22명의 교수직을 두었다. 이러한 성균관의 직제는 그 후 태종 원년 7월의 관제개혁 시 직명의 일부가 개정되어 좨주(祭酒)는 사성(司成), 악정(樂正)은 사예(司藝), 전부(典簿)는 주부(注簿)로 바뀌었다. 즉 정2품 지사 1, 종2품 동지사 2, 정3품 대사성 1, 종3품 사성 2, 정4품 사예 3, 정5품 직강 4, 정6품 전적 13, 정7품 박사 3, 정8품 학정 3, 정8품 학유 3, 정9품 학록 3인이 된 것이다.

세조 12년(1466년)에 와서는 성균관 관원이 모두 38원이 되었는데, 이 중 5원은 종학의 도선(導善)·전훈(典訓)·사회(司誨)를 겸하여 종친교육을 전담하고, 16원은 사학의 교수·훈도를 겸하여 사학교육을 전담하였으므로, 성균관 유생

교육을 전담한 관원은 17명뿐이었다. 그것도 지사 1원과 동지사 2원은 전임이 아닌 겸관으로서 특별 겸임교수와 같은 것이었으므로, 실제로 매일 성균관에 나와서 교수할 수 있는 전임 관원은 14명에 불과하였다.[6)]

3. 성균관 지사와 동지사의 사례와 논의

다음 인용문이 『조선왕조실록』에서 처음 나타나는 성균관 동지사에 대한 사례인데, 성종 때 성균관 대사성을 거친 이극기가 성균관 동지사의 직책이 자신에게 너무 과분하여 맡을 수 없다는 사직 상소로써 지사든 동지사든 높은 도덕적·학문적 소양을 갖춘 덕망이 있는 자라야 된다는 것을 짐작할 수 있다.

> 겸 동지성균관사 이극기(李克基)가 글을 올려 사직하고 또 아뢰기를, "성균관은 인재를 양성하는 곳인데, 신과 같은 자가 마땅히 있을 바가 아니므로 감히 사양합니다."하니, 임금이 말하기를, "내가 이미 뽑아서 맡겼으니, 사양하지 말라."하였다. 사신이 논평하기를, "이극기는 학술이 순수하고 바르며 인품이 매우 고매하여 일찍이 대사성이 되었었는데 배우는 자가 흠앙(欽仰)하였으니, 근래에 유교의 총수가 되는 자는 그와 견줄 이가 없다."하였다.[7)]

그리고 다음의 성균관 유생들이 올린 상소 내용을 보면, 전에 이극기는 성균관 대사성으로 있었을 때 유생들로부터 두터운 신망을 받았으며 여러 번 유임을 청원할 정도였고, 동지사가 되었을 때도 모두가 엄청 환영하였는데 갑자기 경상 감사로 제수된 것을 물러달라고 했지만 아쉽게도 윤허되지 않았다는

---

6) 『조선왕조실록』에는 태조부터 순종까지의 지성균관사가 194회(세종5, 문종3, 단종1, 세조1, 세종20, 연산18, 중종42, 인종1, 명종16, 선조5, 광해7, 인조11, 효종4, 현종6, 숙종9, 영조17, 정조11, 순조1, 고종4)로 인물로는 47명, 동지성균관사가 157회(세조1, 성종12, 연산15, 중종41, 인종1, 명종14, 선조4, 광해6, 인조9, 효종2, 현종6, 숙종6, 영조17, 정조11, 순조1, 고종2)로 인물로는 47명 등장하고, 『승정원일기』에는 인조부터 순종까지의 지성균관사가 113회(인조16, 효종8, 현종14, 숙종16, 경종5, 영조17, 정조7, 순조14, 헌종1, 철종2, 고종13)로 인물로는 49명, 동지성균관사가 63회(인조13, 효종5, 현종9, 숙종13, 경종2, 영조9, 정조5, 순조1, 고종6)로 인물로는 50명이 등장한다.

7) 성종 13년 11월 14일 무신조, 同知成均館事李克基上狀辭職, 且啓曰: "成均館, 作成人才之地, 非如臣者所宜居, 敢辭." 上曰: "予已擇任, 勿辭."【史臣曰: "克基, 學術醇正, 人品極高, 曾爲大司成, 學者欽仰, 近來爲帥儒者, 無與爲比."】

것이다. 이러한 상소 내용을 자세히 읽다보면 우리는 동지사라는 직책이 위에서 말했듯이 아주 높은 도덕성을 겸비한 사람이라야 한다는 것을 충분히 유추할 수가 있다.

성균관 생원 문계유(文繼游) 등이 상소하기를, " (중략) 신 등이 삼가 보건대 이극기(李克基)는 성행이 착하고 고르고 학술이 정밀하고 밝으며, 공경으로 마음을 바르게 하고, 예로 몸을 단속하며, 항상 가르치기를 게을리 하지 아니하였습니다. 세 번 태학이 되어 지도하고 가르치는 데 젖었으며, 교육의 감화가 사람의 머릿속에 배었습니다. 그래서 체직(遞職)될 때에 제생이 대궐에 엎드려서 유임해 주기를 청한 것이 두세 번에 이르렀으니, 이는 진실로 마음으로 기뻐하여 성심으로 복종해서 그런 것입니다. 지난번에는 사문이 다행이고 배우는 자도 다행이어서 다시 동지성균관사가 되니, 명령이 내리던 날에 성균관에 있는 선비가 기뻐하여 춤추지 않는 자가 없었으며, 사방의 배우는 자가 소문을 듣고 경앙(景仰) 하여 고협(鼓篋) 하고 유학하면서 덕을 닦고 학문을 연마하지 않는 이가 없습니다. 신 등은 스승의 교훈을 오래 받아 장차 날로 새로워지는 성과를 이루게 될 것이라고 기대했었는데, 이달 16일에 경상도 관찰사에 제수되었습니다. 신 등은 그윽이 생각하건대 감사의 직은 교화를 받들어 펴며 한 지방을 오로지 맡아 다스리는 것이니, 그 임무가 지극히 중합니다. 그러나 태학은 어진 선비에 관계되는 것이므로 전하께서 오늘날 등용하는 신하가 모두 여기로부터 나왔고, 다음날 받들어 보필할 신하도 역시 여기로부터 나올 것이니, 전하께서 마땅히 숭상하고 존중할 바입니다. 이극기가 한 도(道)에 있으면 한 도의 백성이 그 은혜를 받을 것이고, 태학에 있으면 일국의 선비가 그 덕에 젖을 것입니다. 한 도를 먼저 하고 한 나라를 뒤에 하는 것이 어찌 전하의 본마음이겠습니까? 현재 어진 이가 자리에 있고 능한 이가 직에 있으니, 신 등은 이극기의 뒤를 이어 오는 이가 역시 이극기와 같을 것을 알지 못함은 아닙니다만, 신 등의 애모하는 정은 스스로 그만둘 수 없습니다. 신 등은 삼가 살피건대 공자가 말하기를, '3년이 되면 성과가 있다'고 했으니, 대저 그 일에 오래 종사해야 교화가 이루어지고, 그 직에 오래 종사해야 직무가 다스려지는 것입니다. 삼가 원하건대 전하께서는 다시 이극기를 빌려 주어서 세계(歲計)를 맡기면, 성인(成人)은 덕을 갖추게 되고 소자(小子)는 이룩함이 있어서 재주가 뛰어난 선비가 많이 배출되어 국가의 쓰임이 될 것입니다."하니, 어서(御書)로 이르기를, "너희들의 말은 진실로 이치가 있다. 그러나 조정에 있는 신하가 이극기 하나뿐이겠는가? 내가 이미 유학을 중히 여기는데, 그 누가 내 뜻을 맞추지 아니하겠는가?"하였다. 사신이 논평하기를, "이극기가 일찍이 대사성이 되었을 적에 여러 학생이 재사(齋舍)에 있으면서 혹시 이야기하고 웃으며 떠들다가도 이극기가 온다고 들으면 반드시 숙연하여 몸가짐을 단정하게 하였으니, 그 심복함이 이와 같았으므로, 근세에 스승의 자리에 있는 사람이 미칠 바가 아니다. 이에 이르러 여러 학생이 그대로 머물러 있게 해달라고 청했으나 윤허를 얻지 못하여 크게 실망하였다."고 하였다.[8]

---

8) 성종 16년 1월 18일 신축조, 成均館生員文繼游等上疏曰: (상략) 臣等竊觀, 李克基, 性行淑均, 學術精

아래 글은 성균관 지사 직책을 사양하는 내용인데 동지사와 같이 아니 오히려 더 높은 도덕성과 학문적 실력을 갖추어야 지사 직을 수행할 수 있다는 것으로 역시 성종 때의 사례이다.

함종군(咸從君) 어세겸(魚世謙)이 와서 아뢰기를, "이제 신에게 겸 예문관 대제학 지성균관사를 제수하시니, 이 직은 국가의 사명(詞命)을 맡은 것이라 글을 맡는 자의 임무이므로 탁월한 재주가 있지 아니하면 마땅히 그 자리에 있을 수 없습니다. 신은 어려서 글을 읽지 아니하여 늘그막에 이룩한 바가 없으니, 그 임무를 감당할 수 없음을 사람들이 누가 알지 못하겠습니까? 그렇지 아니하다면 아무리 괴로운 일이라 하더라도 꺼리지 아니할 것인데, 하물며 이 임무이겠습니까? 현 세상에 글에 능한 자가 진실로 많이 있습니다. 임원준(任元濬) · 손순효(孫舜孝) · 이극돈(李克墩) · 유순(柳洵) 등의 무리는 모두 당세에 이름을 날리는 자입니다. 또 허종(許琮)과 김종직(金宗直) 같은 이는 문장에 통하지 아니하는 바가 없고 학문의 연원(淵源)이 있으니, 이는 참으로 고고(高古)한 재주입니다. 허종과 김종직을 놓아두고 신을 이 자리에 두면 물의가 있을 뿐만 아니라 국가의 사체(事體)에 어떠하겠습니까? 신은 사양하기를 청합니다."하니, 전교하기를, "전조(銓曹)에서 경(卿)과 허종을 의망(擬望) 하였는데 내가 그 우열을 물은즉 경이 허종보다 낫다고 하기 때문에 경을 그 직에 제수한 것이니, 사양하지 말라." 하였다. 어세겸이 아뢰기를, "신의 말은 만들어 꾸민 것이 아닙니다. 신이 천거한 자리에 맞지 아니함을 스스로 아는데 무슨 얼굴로 직무에 나아가겠습니까? 허종 등을 놓아두고 신을 그 직에 두시니, 신의 재주가 만약 허종과 김종직의 사이에 끼일 만하다면 신이 어찌 감히 사양하겠습니까?"하니, 전교하기를, "물망이 이미 결정되었으니, 고칠 수 없다."고 하였다.9)

明, 敬以直內, 禮以律身, 常以敎誨不倦. 而三爲(大) 學, 漸漬導訓, 敎育之化. 浹人骨髓. 遞遷之時, 諸生伏闕請留者, 至于再三, 誠以心悅誠服, 而然也. 頃者斯文有幸, 學者有幸, 復爲同知成均館事, 命下之日, 在泮之士, 歡忻鼓舞, 四方學者, 聞風景仰, 莫不鼓篋來游, 而考德問業. 臣等庶幾久蒙皐比之訓, 將成日新之功, 於本月十六日, 除慶尙道觀察使. 臣等竊意: '監司之職, 承流宣化, 專制一方, 其任至重矣.' 然而(大) 學, 賢士所關, 殿下今日登庸之臣, 皆由此出, 異日承弼之臣, 亦由此出, 此殿下所當崇重者也. 今克基在一道, 則一道之民, 受其賜, 在大學, 則一國之士, 薰其德, 先一道, 而後一國, 豈殿下之本心哉? 方今賢者在位, 能者在職, 臣等非不知繼克基而來, 亦如克基. 然於臣等愛慕之情, 不能自已也. 臣等謹按, 孔子曰: "三年有成." 蓋久於其道, 然後化成, 久於其職, 然後職修. 伏願殿下復借克基, 以責歲計, 則將見成人有德, 小子有造, 而俊乂之士, 彬彬輩出, 以爲國家之用矣. 御書曰: 爾等之言, 誠有其理. 然在庭之臣, 獨克基歟? 予旣重儒, 其誰不副予意乎?【史臣曰: "克基嘗爲大司成, 諸生居齋舍, 或談笑喧譁, 聞克基至, 必肅然斂容, 其心服如此, 近世坐師席者, 所不及也. 至是諸生, 請不得留, 大失望."】

9) 성종 20년 1월 1일 경신조, 咸從君 魚世謙來啓曰: "今除臣兼藝文館大提學知成均館事, 是職掌國家詞命, 乃主文者之任, 非有卓越之才, 莫宜居之. 臣少不讀書, 晩無所成, 其不堪此任, 人誰不知? 不然雖苦務在所不憚, 況此任乎? 今世能文者, 固多有之, 如任元濬、孫舜孝、李克墩、柳洵等輩, 皆鳴於當世者也. 又如許琮、金宗直, 於文章無所不通, 所學淵源, 此眞高古之才也. 捨許琮、宗直而置臣於此地, 則非徒有物論, 於國家事體何如? 臣請辭之." 傳曰: "銓曹以卿與許琮擬望, 予問其優劣, 則卿優於琮, 故除卿是職, 其勿辭." 世謙啓曰: "臣之言, 非有造飾也. 臣自知不稱擧, 何顔就職乎? 舍許琮等而置臣是職,

그리고 연로함을 이유로 성균관 동지사 직을 사양했으나 적임자라고 들어주지 아니 했다는 경우도 연산군 때 있고[10], 동지사 직이 지극히 중요한데 오래 동안 자리를 비워 중론에 따라 체직(교체)시켰다는 사례도 중종 때 나타나고 있으며[11], 본인의 뜻에 따라 체직시켰으나 모두가 애석하게 여겼다는 경우도 역시 중종 때 보인다.[12] 그리고 역시 같은 중종 때에도 성균관 지사직을 겸직으로 맡고 있지만 본 임무가 너무 바빠서 성균관에 좀처럼 가보지 못하고, 설령 가본다 할지라도 진작시킬 수 없으므로 모두가 감동하고 학문을 진작시킬 수 있는 인물로 지사직을 맡겨달라는 내용도 보인다.[13]

아래 명종 때의 사례를 보면 한성부 좌윤 이미(李薇)가 성균관 동지사직을 사직하고자 하는 내용인데, 동지사가 매우 중요한 대표 스승의 자리라는 것을 말하고 있고[14], 같은 명종 때 정유길(鄭惟吉)은 국왕이 동지사에 적합한 사람으로 인정하고 있으며 학교 부흥에 힘쓰도록 하명하고 있는 내용을 살펴볼 수 있다.

臣之才若接跡於許琮、宗直之間, 臣何敢辭?" 傳曰: "物望已定, 不可改也."

10) 연산 5년 3월 20일 기묘조, 先是, 同知成均館事崔應賢罷歸江陵, 至是復拜同知成均館事. 應賢以老辭, 傳曰: "卿合於師儒, 不可去也, 故不聽."

11) 중종 12년 윤12월 21일 임진조, 臺諫啓前事. 憲府啓曰: "方有寧爲同知成均館事. 所任至重, 而歸故鄕久不返, 曠廢職事. 請遞之. 正朝會禮宴, 今當設行, 君臣通宴, 至爲美事, 而密陽人殺父, 又有災變, 朝廷上下當警懼以處之, 請停之." 傳曰: "方有寧以師長之人, 久曠其職. 可遞之. 正朝會禮宴, 君臣上下宴飮通情, 至爲美事, 故予以爲可行, 近者果有人倫大變, 天變物怪, 亦多有之, 當警懼修省. 可停之."

12) 중종 13년 1월 11일 신해조, 同知成均館事李坫以老病辭, 傳曰: "卿之來辭屢矣.行之果難, 可遞之." 【史臣曰: "坫, 學術精熟, 勤勤敎誨, 誘掖後進, 多矣. 今解其任, 時論惜之."】

13) 중종 28년 3월 4일 정미조, 戶曹判書金安老啓曰: (상략) 知成均館事者, 當以養成人才爲務. 今觀生員、進士之居泮者, 專不讀書, 已廢聽講, 大司成館員等, 每有空費盡供之嘆. 前者, 執冊爲通讀, 今則猶不爲也, 儒生不可以法令治之. 李芑之爲同知也, 以儒生聽講之日, 爲圓點. 此事, 若告諸該曹, 爲節目爲之, 則猶可行矣, 卒然欲自爲之, 故行之未久, 而旋卽廢焉. 長官不如前且之能敎誨, 而儒亦專不志於學, 與古甚異. 臣只持知館之名, 每懷未安, 見學官, 必言勸講之道. 國家之廩養儒生, 欲作成人材, 而人才之作成, 必須不怠於學問也. 而今之學宮, 寂無絃誦之聲, 廢弛之甚, 何有如此之時乎? 此不可以言語訓之也, 亦不可卒變也. 臣雖爲知事, 以本司事劇, 未得數仕, 雖仕, 未得卒變也, 臣每未安. 必以一時觀感興起之人任之, 在下者, 亦皆觀瞻欣感, 有不能自已者矣. (하략)

14) 명종 3년 2월 17일 갑자조, 漢城府左尹李薇 【兼同知成均】 啓曰: "成均館, 作成人材, 祖宗朝, 必擇師長之任. 臣素無學術, 前者辭不獲允, 迨辱重地. 向於殿講, 無一人能講者, 國體埋沒, 頓無敎養之意, 請遞臣職." 答曰: "勿辭."

동지성균관사 정유길에게 전교하였다. "근래에 학교가 폐해가고 있으니, 이는 내가 고무 진작시키지 못한 때문이다. 그러나 가르침을 맡은 이도 그 직책을 다하지 않아서는 안 된다. 경은 전례(典禮)뿐 아니라 사표(師表)에도 적합한 사람이어서 번다한 직무는 그만두고 가르침에 전력해야 하겠기에 상대(霜臺=사헌부)에서 본직으로 옮긴 것이니, 권과(勸課)하는 일에 근면하여 나의 뜻에 부응하라." 사신은 논한다. 학교가 폐해지고 사습이 투미함이 지금과 같은 시대가 없었는데, 상께서 먼저 고무시키지 못한 것으로 자신을 책하고, 다시 권과에 근면할 것을 사표의 관(官)에게 당부하였으니, 학교를 일으키고 사습을 진작시키려는 뜻이 지극하다. 어찌 아름답지 않은가. 그러나 이 같은 전교가 한두 번이 아닌데도 학교가 일어나지 못하고 사습이 진작되지 못하는 것은 무슨 까닭인가. 자신에게 실천하는 실제가 없다면 아무리 남에게 면려하여 이루고자 한들 될 수 있겠는가.[15]

숙종 때 홍우원(洪宇遠)은 파당문제로 오정위(吳挺緯)를 성균관 동지사로 문망(文望)이 없다는 이유를 들어 반대했다가 나중에 다시 찬성으로 돌아섰다고 도승지 민암(閔黯)이 힐난하는 내용이 있으며[16], 같은 숙종 때 성균관 지사 남용익이 성균관에서의 일을 제대로 처리하지 못했다는 이유로 대사성 박태손과 함께 추국해야 한다는 사헌부의 요청을 국왕이 윤허했다는 다음의 내용도 살펴볼 수 있다.

사헌부에서 직강(直講) 심벌(沈橃)이 본래 기미년의 합계(合啓)한 일에 참섭(參涉)하지 않았다 하여 태학유생들이 이 때문에 알성을 허락하지 않았는데도, 지성균관사 남용익(南龍翼)은 이미 능히 진정(鎭定)하지 못하였고, 대사성 박태손(朴太遜)도 규정(糾正)하지 못하였다고 하여, 지성균관사와 대사성을 추국하기를 청하니, 임금이 윤허하였다. 진사 조유적(趙有禴) 등이 상소하여 변론하니, 사헌부의 신하들도 인피하였다.[17]

---

15) 명종 14년 2월 19일 신유조, 辛酉/傳于同知成均館事鄭惟吉曰: "近年以來, 學校廢弛, 是實由予不能鼓舞振作之致, 然任敎誨者, 亦不可不盡其責也. 惟卿非徒合於典禮, 正合師表, 宜解煩務, 而專主敎誨, 故遞霜臺而拜本職也. 卿其勸課不怠, 以副予意."【史臣曰: "學校之廢弛, 士習之頹靡, 莫今時若也. 自上先以不能鼓舞, 責其躬, 又以勸課不怠, 勉其師表之官, 其欲興學校而振士習者, 至矣. 豈不美哉? 然如是傳敎者不一再, 而學校不興, 士習不振者, 何哉? 旣不盡躬行之實, 則雖欲勉人而責成, 其可得乎?"】

16) 숙종 5년 6월 14일 정축조, 都承旨閔黯 (중략) 洪宇遠淸名直節, 爲世矜式, 而頃者請移李浡, 實損國體. 臣姪宗道疏語, 雖過激, 宇遠自處之道, 所當必遞, 而晏然行公, 略無顧忌, 此則宇遠衰老之致也. 吳挺緯於榻前言: '若遞銓職, 宇遠必卽日退去, 是欲以官爵縻之也. 朝家待臣之道, 不亦薄乎?' 挺緯素無文望, 曾爲同成均也, 宇遠甚言不合. 及宇遠入銓, 乃反復擬以挺緯, 爲峻論故也. 上曰: 人皆畏避不敢言, 卿獨言之, 可嘉也. 大載父子性愎, 論議峻激, 使朝廷潰裂, 皆此輩所爲也. 廷緯爲人不開明. 頃者權瑍塞柳命天, 李鳳徵塞尹深, 予嘗痛其專擅, 久不落點. 挺緯曾於榻前言, 忤旨之人, 久靳天點, 下情不無疑惑. 渠何敢出此言乎? 其攻斥壽慶之言, 亦不成說話矣. 朝臣如有寅協之論, 則峻論者嫉之如仇. 領相之被斥, 亦由於是, 予實痛惡也.

아래 내용에는 성균관 동지사가 본래 2명이 정석인데 이때는 특이하게 3명임을 알 수 있는 것으로 이병정(李秉鼎)과 정민시(鄭民始), 그리고 서유방(徐有防)이 바로 그들이다. 아마도 정조가 인재를 두루 쓰다 보니 이런 경우가 생긴 것으로 보인다.

동지성균관사 이병정(李秉鼎)이 아뢰기를, "선비의 추향(趨向)을 단정하게 하고 성균관의 위상을 높이려면 무엇보다도 장의(掌議)를 적격자를 골라 임명해야 합니다. 근년 이래로 장의의 후보로 천거된 자가 무려 1백 80여 명이나 되는데, 어제 천거에서 떨어진 사람을 오늘 갑자기 다시 천거하여 시끄럽게 다투는 지경에까지 이르게 하였습니다. 저속해진 선비들의 기풍을 지금 바로잡지 않으면 안 될 것 같습니다."하니, 상이 연석(筵席)에 있는 제신들에게 전교하기를, "폐단을 바로잡는 방법은 먼저 정원수를 정하여 옛 제도를 회복하는 일 이외에는 없다. 요 근래의 예로서 말하더라도, 고상(故相) 김익(金熤)이 내가 왕위에 오른 초기에 명령을 받고 바로잡았었다. 정원수를 10명으로 할 것인지 20명으로 할 것인지 경 등은 하나로 지정하여 각기 소견을 말하라."하였다. 우의정 김희(金憙)와 동지성균관사 정민시(鄭民始)·서유방(徐有防)이 모두 20명으로 정하는 것이 합당하다고 하니, 그대로 따랐다.[18]

고종 때의 다음 사례를 보면, 성균관 동지사와 대사성이 돌아가면서 열심히 가르치도록 책임을 다할 것을 국왕이 하명하고 있다.

전교하기를, "일전에 학교에서 강학하는 일로 제유(提諭)한 적이 있는데, 만일 마음을 다하여 감독하고 통솔하지 않는다면 혹 처음에는 부지런히 하다가 끝에는 게을리 할 염려가 있을 수 있다. 또 가르치는 방법에 있어서도 한 사람에게만 전적으로 책임지우기 어려우니 동지성균관사와 대사성이 같이 돌아가면서 날마다 가르치되, 혹 일을 벌였다가 중도에 그만둔다는 탄식이 없게 하도록 다시 묘당(廟堂)에서 특별히 신칙하라."고 하였다.[19]

---

17) 숙종 14년 5월 17일 무자조, 戊子/憲府以直講沈撥, 本無參涉於己未合啓之事, 太學儒生, 以此不許謁聖, 而知成均館事南龍翼, 既不能鎭定, 大司成朴泰遜, 亦不爲糾正, 請推知成均及大司成. 上允之. 進士趙有禘等, 上疏辨之. 憲臣亦引避.

18) 정조 17년 8월 22일 임오조, 同知成均館事李秉鼎啓言: "端士趨、尊賢關之道, 全係於掌議之得人, 而近年以來, 齋薦之多, 至於百八十餘人. 昨所落薦, 今忽復薦, 以致爭端之紛紜. 士習之汚下, 及今釐正, 恐不可已." 上敎登筵諸臣曰: "捄弊之方, 無出於先定額數, 以復古制. 雖以近例言之, 故相金熤於御極初, 承命釐正矣. 定額之十人二十人中, 卿等指一, 各陳所見." 右議政金憙、同知成均館事鄭民始、徐有防, 俱以二十人定額爲當, 從之.

19) 고종 30년 2월 2일 을묘조, 敎曰: "日昨以學校講學, 有所提諭. 而苟不能悉心董率, 慮或始勤終惰. 且其訓誨之方, 有難專責一人. 同成均與泮長, 輪回課赴, 無或有作撤之歎事, 更自廟堂, 另加措飭."

위와 같이 성균관 지사와 동지사는 대다수의 사례가 학문적 실력과 덕망, 그리고 도덕적인 인품이 전반적으로 뛰어나야 함을 알 수 있다. 본인이 부족하다고 판단되면 스스로 지사나 동지사 직책을 처음부터 사양하거나 중도에 사직하거나 하는 경우들을 볼 수 있었고, 국왕들도 신하들도 성균관 유생들도 지사나 동지사가 겸직일지라도 매우 중한 직책임을 인지하고 있었다.

따라서 언제든지 그 중대한 소임을 다하고 있지 않을 때에는 상소나 여러가지 방법들을 통해서 비판하거나 체직(교체)을 요구하였으며, 국왕도 비록 그 신하를 신임한다고 할지라도 계속 두둔하기 어려웠다는 것을 알 수 있었다. 반대로 아까운 인물의 경우에는 오히려 체직을 만류하고 도리어 유임을 청원하는 경우들도 상당히 있었음을 잘 살펴볼 수가 있었다.

그러나 역시 성균관 지사와 동지사는 본래부터 겸직이므로 본직보다는 충실히 할 수가 없는 것이었기 때문에 그 효과가 컸다고 볼 수는 없을 것이다. 그냥 상징적인 이미지 효과 정도로 보아야 할 것 같다.

조선시대의 성균관은 국가를 대표하는 최고의 교육기관이었다. 따라서 이러한 성균관의 수장인 정3품 품계를 가진 대사성보다 품계가 높거나, 상징적 차원에서 대사성보다 한참 위인 성균관 지사 및 동지사 직임을 맡는다고 하는 것은 가문의 영광이요 그를 따르는 문도들의 영광이라 할 것이다.

성균관 지사와 동지사는 조선 초기 태조 7년에 시작되었으며, 성균관 위상을 강화하기 위한 것이었다. 성균관 지사는 예문관이나 홍문관 대제학이 일반적으로 겸직하게 되면서 문형이라는 호칭을 들었고, 학문과 교육의 꼭대기에 도달했다는 의미를 갖는 것이었다. 명실상부하게 학문과 스승의 대표로 인정되는 것이었고, 도덕성과 학문 그리고 덕망을 고루 갖춘 자라야 인정이 되었다. 성균관 동지사는 2명(정조 때는 특별히 3명의 경우도 있음)으로 참판 수준의 벼슬 위치에 있어야 대체로 제수되었다.

이러다보니 성균관 지사나 동지사직에 어울리지 않는다고 생각되는 경우에는 사양하거나 사직하는 경우가 많았으며, 열심히 하지 않는 경우에는 교체되거나 교체를 요구 받았다. 반대로 충분한 경우에는 유임을 청원 받거나 아쉬워하는 경우도 있었다.

그러므로 성균관 지사와 동지사라는 직책은 관직이기는 하나 정치적인 것이었으며, 행정적 실직(實職)이 아닌 명예직이었다. 그렇다고 해서 아무 일도 안하는 것은 아니었고, 개인에 따라서는 열심히 성균관을 오가며 교육하였고 성균관 교육의 진흥을 위해 힘썼다. 그리고 국왕들도 성균관 지사와 동지사들에게 책임을 다하도록 당부하고 하명하였다.

결국 성균관 지사와 동지사라는 겸직은 상징적 이미지 효과는 있되 본직보다 충실할 수는 없었으므로 큰 교육적 효과를 거두기에는 상당히 어려웠다고 할 것이다.

제 2 장 성균관의 좨주 문화

1. 서언

조선시대 성균관은 명실상부한 국가의 최고 교육기관이었다. 물론 단순히 교육기관으로서의 기능과 역할만을 수행하는 것은 아니었다. 즉 향교나 4학 등 하급 교육기관에 대한 직·간접적인 관할, 교육과 과거를 통한 신진관료의 양성과 공급, 성리학 치도이념의 수호와 재생산, 석전대제와 대사례 및 양로례를 통한 사회교화, 통문과 유소를 통한 전국 유생들의 공론 형성, 중국 사신들의 문묘알성을 통한 국제적 교육문화의 교류, 재회 즉 유생자치 학생회를 통한 민주적 자치문화의 전승 등을 수행하였다.[1)]

따라서 위에 열거한 다양한 역할 뿐만 아니라 특별히 정치·사회교화적인 역할을 수행할 때에는 성균관에 좨주라는 특별한 직임이 있게 되었다. 성균관 좨주가 과연 알려져 있다시피 산림의 대표인지, 그 좨주는 발음도 어렵게 왜 제주라고 읽지 않는지, 좨주라는 직책은 대체 언제부터 시작되었는지, 구체적으로 어떠한 사람들이 임명되었는지를 살펴보고자 한다.

뿐만 아니라 또한 정확히 어떠한 때에 어떠한 역할을 하였는지, 좨주라는 자리를 둘러싸고 논란들은 없었는지, 정작 당사자들은 좨주라는 직임을 과연 명예롭게 생각하였는지, 한 번 좨주가 되면 보통 몇 년 동안이나 재임하였는지, 다른 직책과 함께 겸직을 한 이유는 또 무엇인지 등을 중점적으로 살펴보되 문헌의 부족과 선행연구의 부족으로 인하여 이번 기회에 모두 고찰해보기는 쉽지

---

1) 이에 대한 상세한 설명은 장재천, 『조선조 성균관 교육과 유생문화』, 아세아문화사, 2000과 『조선 성균관 교육문화』, 교육과학사, 2012를 참고할 것.

않을 것으로 생각된다.

그러므로 여기서는 그 성균관의 좨주가 무엇이며, 언제부터, 그리고 어떠한 역할을 하였으며, 시기적으로 숙종 재위 46년여(1674년~1720년) 동안에 국한해서 어떤 변화가 있었는지를 고구해보고자 한다. 성균관 좨주에 대한 선행 연구가 사실상 전무하므로 최대한 원전들을 통하여 기록들을 발췌해서 종합해보고 분석해나갈 것이다.

2. 좨주의 유래와 변천

좨주(祭酒)는 관직명이다. 그래서 제주라고 읽지 않는다.[2] 원래는 동한 삼국시대에 승상(丞相) · 사공(司空) · 태상(太常) · 주목(州牧)[3] 등의 수하에 설치한 속관(屬官)이었다. 그리고 좨주(祭酒)란 본래 수석(首席)이라는 뜻을 지닌다. 옛날에 잔치를 열 때는 나이가 많고 덕망이 높은 사람이 맨 먼저 술을 들어 땅에 제사 지냈기 때문에 그들을 좨주라 불렀다. 그 후 이 존경스러운 칭호를 관직명으로 사용하게 되었다.

동한(東漢)에서는 태학(太學)의 교관인 박사(博士)의 장(長)을 좨주라 불렀다. 조조(曹操)가 사공(司空)의 자리에 있을 때 군사(軍師)좨주를 설치해 모사(謀士)들의 장으로 삼았는데, 후에는 사마사(司馬師)[4]의 휘(諱)를 피하기 위해 군모(軍謀)좨주로 이름을 바꾸었다. 유비(劉備)가 익주목(益州牧)이 되었을 때는 종사(從事)좨주를 설치해 덕이 높고 명망이 있는 자를 존중하였다. 이외에도 좨주라는 이름이 붙은 관직으로는 참군(參軍) · 문학(文學) · 학관(學官)좨주 등이 있었다. 이들은 모두 해당 관직 중 나이가 많고 덕망이 높은 자를 예우하는 직함이었다.[5]

---

2) 이우성(李佑成)은 『韓國의 歷史像』(서울 : 창작과 비평사, 1992) 263쪽에서 제주라고 부르지 않고 좨주라고 부른 이유는 제향에 쓰는 술과 음을 피하기 위해서 뿐 아니라, 특수한 호칭으로 그 직능을 특수화시키려는데 있었기 때문이라고 하였다. 또한 특수한 호칭으로 산림(山林)의 대명사처럼 사용되는 좨주의 직함은 후세로 내려올수록 무척 소중하게 여겨졌고, 좨주를 지낸 산림들은 다른 높은 품계의 벼슬에 오른 뒤에도 직함은 통상 좨주로 통하게 되었다고 하였다.

3) 승상은 지금의 국무총리이며, 사공은 건설장관, 태상은 종묘제사 담당장관, 주목은 지방장관임.

4) 위나라의 정치가 사마중달(사마의)의 장남.

5) 한국학중앙연구원, 『한국민족문화대백과사전』, 1991.

회동이나 향연 때 그 가운데에서 존장자(尊長者)가 술을 땅에 부어 지신(地神)에게 감사제를 지냈다. 그것이 계기가 되어 나이 많고 덕망이 높은 사람의 관직이 된 것이다. 진(晋)나라 때부터 시작된 제도로, 함녕(咸寧, 275~279) 때 오왕(吳王) 비(濞)가 유씨(劉氏)로 좨주를 삼았다는 기록이 있다. 그 호칭도 시대에 따라 변경되었는데, 한나라 때에는 박사좨주라고 불렀으나, 진나라에 와서 처음으로 국자좨주로 불렀다.[6]

좨주는 1401년(태종 1) 사성(司成)으로 이름이 바뀌어 조선 말기까지 계속되어 왔다.[7] 이때의 사성은 성균관 대사성 밑의 직급으로 오늘날 일종의 대학부총장(?)이라고 말할 수 있을 것이다. 결국 1658년 효종 9년에 사성과는 별도로 정3품의 좨주가 생겨난 것이다.[8]

좨주라는 말은 위에서도 말했듯이 옛날 여러 사람들이 일을 논의하기 위하여 회동하거나 마을에서 경사를 축하하기 위하여 향연을 베풀 때 그것을 하늘과 땅에 알리는 의식에서 비롯되었다.

우리나라의 고구려나 신라시대 때는 잘 알 수가 없고, 고려시대 문종 때 처음 국자감(國子監)에 종3품직으로 두었다. 좨주는 국학(國學)의 노사(老師)를 일컫는 말로, 음주례에 있어서 노사(老師)의 제선(祭先)[9]을 뜻하는 말이었다. 1275년(충렬왕 1) 국자감을 국학으로 고치면서 좨주를 전주(奠酒)로 고쳤다가, 1298년 다시 국학을 성균감(成均監)으로 고치면서 본래의 명칭인 좨주로 고쳤다. 1369년(공민왕 18) 사성으로 고쳐져 조선시대로 이어졌다.[10]

『태조실록』에 보면 문무백관의 관제를 정하였는데, "성균관은 학교·이업(肄業) 등의 일을 관장한다. 대사성 1명 정3품이고, 좨주 1명 종3품이고, 악정 2명 정4품이고, 직강 1명 정5품이고, 전부 1명 종5품이고, 박사 2명 정7품이고, 순유박사 2명 종7품이고, 진덕박사 2명 정8품이고, 학정 2명, 학록 2명 정9품이

6) 한국학중앙연구원, 『한국민족문화대백과사전』, 1991.
7) 태종 1년(1401) 7월 13일 경자조.
8) 여러 문헌을 검토한 결과, 효종 9년 12월 1일이다(『효종실록』). 그리고 좨주는 정3품에서 종1품으로 하고, 겸직으로써 2명을 제수하였다. 이판 송시열과 찬선 송준길이 이때 좨주가 되었다. 국역 『태학지』 상권, 369~374쪽.
9) 조상에게 제사 지내는 일.
10) 한국학중앙연구원, 『한국민족문화대백과사전』, 1991.

고, 직학 2명, 학유 4명 종9품이고, 서리 2명 9품인데, 거관(居館)한다."[11]고 하였다.

그리고 『태종실록』에 보면 성균관 좨주를 사성(司成)으로 하고, 악정(樂正)을 사예(司藝)로 하고, 전부(典簿)를 주부(注簿)로 하여, 강등시켜 정6품으로 한다."[12]고 하였다.

또한, "예조에서 외학제를 올리었다. 계문(啓門)[13]은 이러하였다. 송나라 제도에 나라 남쪽에 외학(外學)을 세워 천하의 공사(貢士)를 받아서 행실과 재예(才藝)가 표적에 맞은 뒤에 태학으로 승진시키고 국자좨주로 학사를 총괄하여 다스리게 하고, 그 관속은 태학박사 정록(正錄)을 감하여 외학으로 돌리었습니다. 이제 오부학당을 빌건대, 이 제도에 의하여 성균관으로 하여금 사(司)를 나누어 가르치게 하고 6품 두 사람으로 교수관을 삼고, 7품 이하 5인으로 훈도(訓導)[14]를 삼아 반드시 하비(下批)[15]하여 그 직임을 오로지하게 하소서."[16]라고 하였다는 기록을 살펴 볼 수 있다.

그러나 태종 이후 쭉 임진왜란과 병자호란을 거치면서 좨주라는 호칭이 사라졌다가 산림을 우대하는 정책이 시작되었는데, 1623년 인조 1년에 정3품인 세자시강원(世子侍講院) 찬선(贊善)을 시작으로, 1646년 인조 24년에 정4품인 성균관 사업(司業), 종5품인 세자시강원 익선(翼善=進善), 종7품인 세자시강원 자의(諮議) 등이 신설되고, 1658년 효종 9년에 와서 본격적으로 정3품인 성균관 좨주가 설치되었다. 그리하여 70여 년간 전성기를 이루며 학덕을 갖춘 자로서 석전제향 책무[17]와 비상임직으로서 간혹 유생교육도 하였다.[18] 또한 식물(食

---

11) 태조 1년(1392) 7월 28일 정미조; 定文武百官之制: 成均館: 掌學校 肄業等事. 大司成一, 正三品; 祭酒一, 從三品; 樂正二, 正四品; 直講一, 正五品; 典簿一, 從五品; 博士二, 正七品; 諄諭博士二, 從七品; 進德博士二, 正八品; 學正二 學錄二, 正九品; 直學二 學諭四, 從九品; 書吏二, 九品去官.

12) 태종 1년(1401) 7월 13일 경자조; 成均祭酒爲司成, 樂正爲司藝, 典簿爲注簿, 降爲正六品.

13) 신하가 임금에게 아뢰던 일.

14) 전의감(典醫監), 관상감(觀象監), 사역원(司譯院) 등에 두었던 종9품 벼슬.

15) 임금이 종이에 적힌 세 사람의 후보자 가운데 하나를 골라 점을 찍어 벼슬아치로 임명하는 일을 이르던 말.

16) 태종 11년(1411) 11월 16일 계유조; 禮曹上外學制. 啓曰: 宋制, 國南建外學, 以受天下貢士, 行藝中率, 然後升于太學. 以國子祭酒, 總治學事, 其官屬減太學博士正錄, 歸于外學. 今五部學堂, 乞依此制, 使成均館分司而敎, 以六品二員爲敎授官, 以七品以下五人爲訓導, 必須下批, 以專其任.

17) 숙종 28년 윤6월 27일 정미조.

物)과 가교(駕轎) 및 말(馬)을 지급 받는 특혜와 경연(經筵)이나 서연(書筵)에도 참여하며 영의정도 성균관 대사성도 무시하지 못하는 영광을 누렸다.[19]

이들은 전국 유림을 대표하고 정국 안정을 기하며[20], 명분과 실리, 숭명(崇明), 북벌론, 왕권과 정권의 당위성도 제공하였다. 또 이들은 각 당의 영수 노릇과 학연에 얽히며 예학(禮學)의 거두로서 예송(禮訟) 논쟁[21]을 주도하였으나, 영조 이후 점차 쇠퇴하여 조선 말기까지는 상징적인 인물로만 자리하게 되었다.

3. 숙종 때의 성균관 좨주

『조선왕조실록』에 의하면, 숙종 대의 성균관 좨주는 허목(許穆), 윤휴(尹鑴), 박세채(朴世采), 이현일(李玄逸), 윤증(尹拯), 권상하(權尙夏), 이희조(李喜朝) 등 모두 7명이 등장한다.[22]

〈숙종 때 성균관 좨주〉

성명	당색	생몰년	겸직	재임연령
허목	남인, 청남	1595~1682	의정부우참찬	80세
윤휴	남인, 청남	1617~1680	대사헌	58세~62세
박세채	서인, 소론	1631~1695	이조참의	52세~58세
이현일	남인	1627~1704	공조참의	62세~65세
윤증	서인, 소론	1629~1714	호조참의	67세~70세
권상하	노론	1641~1721	이조참의	60세~76세
이희조	노론	1655~1724	이조참판	63세~67세

18) 국역 『태학지』 상권, 372~374쪽. 효종 9년에 송준길이 좨주가 되어 유생들을 교육했다는 기록과 현종 즉위년에 좨주는 비상임직이라는 기록이 보인다.

19) 각주 5와 같음. 조선을 대표하는 산림으로서 성균관 좨주를 지낸 사람은 김장생, 장현광, 김집, 송시열, 송준길, 윤선거, 권시, 허목, 윤휴, 박세채, 윤증, 이현일, 권상하를 들 수 있다.

20) 숙종 5년 7월 27일 기미조.

21) 현종(顯宗) 때 인조(仁祖)의 계비(繼妃)인 조대비(趙大妃)의 복상 문제를 둘러싸고 서인과 남인 사이에 크게 논란이 된 두 차례의 예법에 관한 논쟁.

22) 물론 당색에 따라 좌우된 경우가 많고, 또 성균관 좨주의 후임이 연속적으로 늘 있었던 것은 아니며 좨주 자리가 비어 있었던 기간도 많이 존재한다.

그런데 여기서 숙종 대 첫 번째로 등장하는 허목은 1675년(숙종 1년) 5월 21일(기묘)에 고령인 80세 나이로 자헌대부(정2품)가 되어 의정부 우참찬(정2품) 겸 성균관 좨주가 되었다. 대사헌 윤휴와 같이 겸 좨주로 함께 임명되었던 그는 1달 후 우의정으로 승진하였기에 활약할 일이 사실상 전무하였고, 또 본래 종3품이 맡는 좨주를 정2품의 품계를 가지고 그것도 겸직으로 맡았는데 큰 문제는 없었던 것으로 보인다.[23]

허목과 함께 남인(南人)으로서 청남(淸南)[24]이 된 윤휴는 1675년 대사헌(종2품) 겸 성균관 좨주를 맡았는데 의정부 좌찬성(종1품)과 이조판서(정2품)로 관직을 마칠 때까지 수행하였던 것으로 보인다. 붕당이 심할 때여서 그런지 좨주로서의 특별한 활약보다는 치사, 질병, 친경 상소, 예송 등의 잡다한 기록들만 찾아볼 수 있다.[25] 그러나 윤휴는 자신이 먼저 좨주를 하려다가 허목이 지명되고 그 눈치를 알아챈 허목이 윤휴를 추천하였기에, 유생들이 이를 부끄럽게 여기니까 재임을 교체하는 일을 벌여 비난을 받았다는 기록이 보인다.[26]

다음으로 세 번째 등장하는 소론의 영수격인 박세채는 이조참의(정3품) 겸 성균관 좨주로 숙종 9년 3월 8일에 명받았다.[27] 붕당문제로 수난을 많이 겪은 박세채는 같은 붕당끼리 두텁게 지내는 것이 우려스럽다는 상소[28]라든지 소론의 영수인 윤증을 두둔하는 상소[29] 등이 보일뿐 좨주로서의 특별한 역할에 대해서

---

23) 『승정원일기』, 숙종 1년 5월 21일 기묘조. 종3품으로 시작된 좨주는 아래 품계로는 내려가지 않고 종1품의 상위단계 품계로까지 오르내렸다.

24) 남인은 주로 이황을 계승한 학자들로 유성룡·김성일 등이 중심인물이었다. 임란 때 유성룡이 영의정이 되면서 집권했으나 광해군 즉위 후 북인정권 시대가 열리면서 밀려났다. 서인이 주도한 인조반정에 협조해 남인 이원익이 영의정에 오르기도 했다. 인조시대 이후 정권에 참여했으나 서인들에 눌려 권력중심에 서지는 못하였다. 효종시대까지 야당의 입장을 견지했으나 현종시대에 서인과 예송논쟁을 치열하게 전개했다. 1674년 갑인예송 승리 후 정권을 잡았으나 서인정책을 둘러싸고 온건파인 탁남과 강경파인 청남으로 갈라졌다. 허적은 탁남의 영수, 윤휴와 허목은 청남의 영수가 되었다. 숙종 때인 1680년 경신환국으로 서인들이 득세하자 다시 권력중심에서 밀려났다. 1689년(기사환국) 잠시 권력을 잡았으나, 1694년(갑술환국) 실각했다.

25) 숙종 2년 10월 16일 을축조, 12월 19일 정묘조, 숙종 3년 2월 27일 갑술조, 숙종 5년 3월 16일 신해조, 7월 27일 기미조 등.

26) 숙종 1년(1675) 5월 21일 기묘조, 윤5월 15일 임인조.

27) 『승정원일기』, 숙종 9년 3월 8일 경술조.

28) 숙종 15년 3월 19일 병술조.

29) 숙종 10년 5월 13일 무인조.

는 찾아보기 어려운 것으로 보아 그냥 무난히 직임을 수행한 것으로 보인다.

다음 네 번째는 이현일인데 62세의 나이로 숙종 15년(1689년) 6월 3일 영의정 권대운(權大運)의 천거를 받아 남인 대표로 6월 7일(임신) 성균관 좨주 겸 경연 참찬관이 되었는데, 곧 예조참판 겸 성균관 좨주 겸 원자 보양관이 되고, 8월에 사헌부 대사헌 겸 성균관 좨주 겸 원자 보양관이 되었다. 다음 내용을 보면 이현일을 박학군자로 칭하는 것을 보아 좨주 직함에 아주 걸맞은 인물이었던 것으로 생각된다.

> 대신과 비국(備局)의 여러 신하들을 인견(引見)하였다. 이때 우의정 김덕원(金德遠)이 또한 새로 일을 보면서 같이 입시하였는데, 임금이 돌아보며 이르기를, "지난날의 일은 대신을 대우하는 도리에 어긋남이 있었으니, 마음속으로 항상 미안하게 생각한다."하고, 이어서 위로하고 효유(曉諭)하기를 심히 지극히 하였다. 영의정 권대운(權大運)이 말하기를, "이현일(李玄逸)은 박학군자(博學君子)이니 마땅히 자주 강연(講筵)에 입시(入侍)하게 하고, 인하여 국자좨주를 겸하게 하면 사자(士子)의 긍식(矜式)이 될 만합니다. 그가 이부(吏部)를 면하려고 하는 것은 거짓말이 아니므로 만약 그 원에 따라 오로지 경학에만 책임을 맡기면 반드시 보탬이 있을 것입니다."[30]

또한, 이현일은 성균관과 4학 유생들에게도 신망이 두터웠던 것으로 보인다. 왜냐하면 붕당문제로 자주 사퇴하거나 물러나 있을 때 성균관과 4학 유생들이 상소하여 환임을 원하니 국왕이 응하였다는 다음과 같은 내용의 기록을 살펴볼 수 있기 때문이다.

> 성균관과 4학유생 김태윤(金泰潤) 등이 상소하여, 성의와 예절을 후하게 갖추어 좨주 이현일을 도로 부르기를 청하니, 임금이 그대로 따르고, 드디어 비망기(備忘記)를 내려 별도로 유시하도록 하였다.[31]

뿐만 아니라 다음 인용문 내용을 보면, 이현일은 성균관 좨주 역할을 매우 중시하였다는 것을 그의 사직 상소 내용에서 엿볼 수 있으며, 구체적으로 성균관 좨주가 어떤 일을 해야 하는지도 그 상소 내용을 통해서 짐작할 수가 있다.

---

30) 숙종 15년 6월 3일 무진조, 6월 7일 임신조.

31) 숙종 18년 10월 12일 정해조.

유현(儒賢)으로 천거되어 봉열대부(정4품) 성균관사업(司業)을 비롯하여 이조참의·성균관좨주 등 이 시기 산림·유현이 거치는 관직을 두루 역임하였으며, 초고속으로 승진하여 이조참판과 예조참판, 대사헌이 되어 정책결정 및 관원의 인사 등의 정무를 주관하였다. 그는 생전에 성균관좨주의 역할에 큰 비중을 두었다. 그 직책을 사양하는 상소에서 "지금 받은 국자(國子) 사유(師儒)의 직임은 어찌 중대하고도 어려운 직임이 아니겠습니까? 위로는 오교(五敎)를 펴서 밝게 임금 섬기기를 도로써 하는 의리를 알게 해야 하고, 다음으로는 고금의 사변(事變)을 말해주어 널리 들어서 도학(道學)을 갖추게 해야 합니다."라고 말했다.[32]

물론 반대편으로 보이는 성균관 유생의 비방견해도 있으나[33] 그것이 어진 선비에 대한 모함이라는 것으로 이해할 수 있는 기사[34]도 있다. 그 외에도 경연에 관한 상소, 폐비 민씨(인현왕후)에 관한 상소, 사직 상소, 경신년 무옥(경신대출척)[35]에 대한 신원(伸寃) 상소, 상복(喪服) 문제 등이 눈에 띈다.[36]

다음은 다섯 번째 윤증인데, 그는 숙종 22년 3월 1일(정사)과 3월 3일(기미)에 이조참판 오도일의 추천으로, 3월 6일(임술)에 가서 의정부 우참찬(정2품)으로 있다가 겸직으로 67세에 성균관 좨주가 되었다.

대신과 비국의 제신(諸臣)은 인견(引見)하였다. 영의정 남구만(南九萬)이 근래 형옥(刑獄)이 엄하지 못함을 극진히 말하고, 구기(拘忌)하는 날을 줄이기를 바랐으나, 임금이 다만 다시 더 신칙(申飭)하라고 명하였다. 이조참판 오도일(吳道一)이 단망(單望)으로 좨주를 차출하기를 청하였으니, 윤증을 뜻에 둔 것인데, 임금이 윤허하였다.[37]

---

32) 홍기은 역, 『갈암집』 제3권 사직 상소, 한국고전번역원, 1999.
33) 숙종 18년 4월 13일 임진조.
34) 숙종 18년 4월 17일 병신조.
35) 숙종 초기에는 남인이 정권을 잡고 있었다. 그러나 군권을 비롯한 권력이 남인, 그 가운데서도 탁남에 편중되자 숙종은 이들을 견제할 필요성을 느끼고 서인들을 유배에서 방면해주었다. 그러던 중 1680년 남인의 영수인 영의정 허적이 조부의 시호를 맞이하는 잔치에 허락도 없이 궁중천막을 가져다 쓴 사건이 발생했다. 이에 노한 숙종은 군권을 서인에게 넘기는 조치를 취했는데 허적의 서자인 허견이 이들과 함께 역모를 꾸몄다는 고변이 있자 허견이 사사되고 관련되었던 복선군이 교수형에 처해졌다. 그리고 역모와 관련이 없다고 판명된 허적·오정창·윤휴·이원정·민희·유혁연 등 남인실권자들은 유배를 당했다. 이 계기로 남인이 중앙정계에서 축출되고 서인이 재등장했다.
36) 숙종 15년 6월 29일 갑오조, 7월 6일 경자조, 7월 21일 을묘조, 9월 24일 정사조, 9월 30일 계해조, 11월 12일 을사조 등.
37) 숙종 22년 3월 1일 정사조, 『숙보』, 숙종 22년 3월 3일 기미조.

그러나 그는 정승도 마다한 산림처사로서 제수되는 모든 벼슬을 끝까지 사양해 실제로는 부임한 일이 전혀 없으므로, 3년여 동안의 성균관 좨주 직함은 진짜 명예에 불과했던 것으로 보아야 하겠다. 그의 인생 시기는 정쟁(政爭)이 가장 격렬했던 시기여서 죽어서도 논란의 중심이 되었다. 소론의 영수였던 윤증은 스승인 송시열과도 대립하게 되고 결국 노론으로부터 공격을 가장 많이 받았던 인물이었다.[38]

다음은 여섯 번째 권상하인데, 그는 숙종 27년(1701년) 7월 5일(경인) 60세의 나이에 이조판서 이여(李畬)의 천거로 이조참의 겸 세자시강원 찬선(정3품) 겸 성균관 좨주가 되었고, 그가 16여년 정도 성균관 좨주 직함을 갖고 있었으니 7명 중에서는 가장 오랜 기간 좨주 호칭을 유지하였던 셈이다.

> 대신과 비국(備局)의 여러 신하들을 인견하였다. 이조판서 이여(李畬)가 아뢰기를, "권상하(權尙夏)는 일찍이 진선(進善)을 겸직하였는데, 지금은 통정대부로 올랐으니, 그 직책을 그대로 가질 수 없습니다. 찬선(贊善)은 원래 정원(定員)이 없는 것이니, 송시열·송준길도 이전에 모두 겸직을 하였습니다. 지금 비록 찬선이 있긴 하지마는 마땅히 전례에 따라 권상하에게 겸직하도록 하소서. 그리고 좨주도 3품이니, 권상하가 진실로 이 임무에도 딱 알맞습니다. 모두 그에게 임명을 허락하소서."하니, 임금이 따랐다.[39]

다음은 일곱 번째 이희조인데, 그는 숙종 44년(1718년) 12월 26일(기사) 이조참판 겸 성균관 좨주가 되었다. 1723년(경종 3년) 1월 7일 영암으로 유배를 가기 전까지는 좨주 호칭이 유지되었던 것으로 보인다.[40] 그리고 한참 세월이 흘러간 후 이희조의 뒤를 이은 성균관 좨주는 정제두(鄭齊斗, 1649~1736)로서, 그는 1724년 경종 4년 7월 2일(계묘) 이조참판으로서 성균관 좨주를 겸직하게 되었다.[41]

---

38) 윤증은 예학자로 학명이 높았다. 1663년(현종 4)에 천거되어 내시교관, 공조랑, 지평 등에 제수되었으나 모두 사양했다. 숙종 대에도 호조참의, 대사헌, 우참찬, 좌찬성, 우의정, 판돈녕부사 등에 임명되었으나 모두 사퇴하고 학문에 전념했다. 그러나 정치적으로 중요한 문제가 생겼을 때는 상소를 올려 소견을 피력하였다. 숙종 초 정치적 견해차로 서인이 노론과 소론으로 분열할 때 노론 영수 송시열과 대립해 소장파들을 이끌며 소론 영수가 되었다.

39) 숙종 27년 7월 5일 경인조.

40) 경종 3년 1월 7일 정해조.

41) 경종 4년 7월 2일 계묘조.

도목정사(都目政事)를 행하여 조관빈(趙觀彬)을 부교리로, 조상경(趙尙絅)을 부수찬으로, 김취로(金取魯)를 수찬으로, 신사철(申思喆)을 대사간으로, 송만(宋塈)을 장령으로, 황선(黃璿)을 헌납으로, 이택(李澤)을 부제학으로, 이야(李埜)를 경기관찰사로, 이희조(李喜朝)를 좨주로 삼았다.[42]

이희조는 1721년(경종 1년) 신임사화(辛壬士禍)[43]로 김창집(金昌集) 등 노론 4대신이 유배를 당할 때 영암으로 유배되었고, 철산으로 이배 도중 죽었다. 1725년(영조 1년) 신원되어 좌찬성에 추증되었다.

조선시대의 성균관은 국가를 대표하는 최고의 교육기관이었다. 따라서 이러한 성균관의 수장인 정3품 품계를 가진 대사성과 동등하거나, 상징적 차원에서 오히려 대사성을 능가하는 성균관 좨주 직임을 맡는다고 하는 것은 가문의 영광이요 문도들의 영광이라고 할 것이다.

더구나 사림의 대표로서 눈앞에 안 보이는 공자보다는 육안으로 직접 볼 수 있는 학덕을 갖춘 성균관 좨주는 실무직 대사성보다는 비상임직인 명예직으로서 상징적 이미지를 가진 성현으로 구현된 것이 아닐까 한다. 즉 살아 있는 군자의 모델로 보는 것이 맞는 것 같다.

그러나 이상과는 또 다르게 현실은 붕당정치로 인해 아무리 훌륭한 사람을 세워놔도 따르기는커녕 배척하는 것을 보니 성균관 유생들까지도 소인 천지였다고 생각된다.

좌우간 성균관 좨주는 사표(師表)가 될 만한 충분한 자질과 덕행 및 학문적 실력을 높이 갖춘 자라고 생각할 수 있다. 산림으로서 숙종 재위 46년여 기간에 겸 성균관 좨주 명함을 가진 사람은 모두 7명으로 나타났고, 첫 번째 등장하는 허목은 80세의 고령으로 1달 정도, 가장 젊은 나이에 좨주가 된 사람은 박세채로 52세에, 좨주라는 이름에 가장 걸맞은 사람으로서는 이현일, 가장 길게 오랫동안 좨주 명함을 16년 정도 가지고 있었던 사람은 권상하, 죽어서도 논란의 중심이 되었고 실제 관직 부임을 전혀 하지 않은 사람은 윤증이었다.

---

42) 숙종 44년 12월 26일 기사조.

43) 신임사화는 1721년(경종 1년)부터 1722년까지 일어났던 정치적 분쟁으로, 연잉군을 왕세제로 책봉하는 문제를 에워싸고 일어난 노론과 소론의 싸움으로 신임옥사(辛壬獄事)라고도 한다.

이로써 산림을 우대하고 존중하려는 정부의 정책과 산림의 대표로서 상징적인 인물로 명망을 유지하려는 사림들 간의 정치적인 고려로 활용한 직함이 성균관 좨주가 아닐까 한다.

제3장 성균관의 대사성 문화

1. 조선 전기

조선시대의 성균관은 국가의 최고 교육기관이었다. 성리학이라는 철학이 고도로 발달한 나라에서 성균관은 성리학적 지배 이념을 수호하고 재생산하는 그런 학교일뿐만이 아니라, 더 나아가 전국 모든 학교의 대표로서 서울의 4학도 주관하며 어진 선비들과 신진관료들을 양성해내는 막중한 책무를 지닌 그런 특별한 곳이었다.

이와 같은 성균관에 당상관으로서 최고 책임자인 정3품의 품계인 대사성이라는 직임은 막중하고, 또 막중한 자리라는 것이 아주 다양한 곳에서 찾아볼 수 있다. 많은 논란이 되었던 대사성들에 대한 인용문들 내용을 살펴보게 되면 대부분 성균관 대사성이라는 자리의 막중함을 논하고 있기 때문이다. 말하자면 누구나 성균관 대사성이 얼마나 중요한 직임인지 하나 같이 동일하게 인식하고 있었다는 뜻이다.

장유유서를 강조하는 나라에서 특히 학교야말로 장유유서를 가르치고 지켜야 하는데 성균관 수장이 너무 젊다고 하는 것은 말이 아니 되며, 인격과 덕망 그리고 학문적인 실력, 신망이나 성품 및 지도력 등등을 갖춘 자라야 한다고 이구동성으로 주장하였다.

이처럼 언제나 사표가 될 만한 적합한 인물들이 성균관 대사성에 제수되는 것은 아니었다. 물론 칭송을 들었던 대사성도 많았지만[1] 그에 못지않게 혹평이

---

1) 졸고, 「대사성까지 역임한 성균관 우수 교관 사례」, 『한국사상과 문화』 77집, 한국사상문화학회, 149~169쪽.

나 악평을 받았던 인물들도 많았으며, 즉각 교체해야 한다고 주장하는 상소들과 공론들도 많이 발생하였다.

따라서 여기서는 이 점에 착안하여 조선 전기에 논란이 많았던 대사성들 5명에 국한하여 집중적으로 고구하고자 한다. 문제는 이런 분야에 대해 참고할 만한 선행연구가 전무하다는 점이다. 좌우간 오늘날도 이러한 일들이 발생하는 것은 문화적인 전승관계가 있다는 것을 입증하고, 여기서 교훈을 얻어 이와 같은 유사한 일들이 자주 발생해서는 안 된다는 시사점들을 얻고자 한다.

2. 성균관 대사성 자질 논란 사례

다음 인용문들의 내용을 살펴보면 알 수 있듯이, 첫 번째 사례로 세조 때 서강[2]은 대사성이라는 성균관 최고 책임자의 지위를 가지고, 국왕인 세조를 비롯한 대신들과 함께 충순당 술자리에서 세조의 질문에 교만한 자세로 대답하여 도리어 불경죄로 도합 장 40대를 맞고 후원에 결박까지 당하였다가 교살되었다고 하니 누가 보아도 지위에 걸맞지 않게 매우 부끄러운 일을 저질렀다.

그가 쉽게 혈기까지 부린 것을 보아서는 성품이 매우 경박하였음을 알 수 있으며, 나중에 세조가 서강의 숭불논변에 대한 이때의 가혹한 처사를 두고 뉘우쳤다고는 하나 세조도 모름지기 성균관 대사성을 이렇게까지 대우한 것을 생각해보면, 결단코 어진 임금이었다고 말할 수는 없을 것이다. 물론 가혹한 처분을 내리기까지 신중하게 세 번씩이나 생각하며 미루었다고는 하지만.

2) ?~1461. 1447년 생원으로 식년문과 정과급제, 문한직 역임. 1452년 집현전부교리, 경연부검토관으로 『세종실록』 편찬 기사관. 다음해는 홍문관수찬으로 『병요』 편찬. 1454년 행집현전부교리로 『문종실록』편찬 기주관, 사간원 우헌납·좌헌납. 세조의 왕위찬탈 뒤 집현전응교로 원종공신 일등에 책봉. 지사간원사를 거쳐 1459년 예문관직제학으로 사헌부감찰 이근(李覲)과 함께 왕명으로 『잠서주해』를, 다음해 김구(金鉤)·최항(崔恒) 등과 함께 『손자주해』 교정. 1461년 대사성이 되었고 그에게 병서·장자·노자·불교 등에 대해서 강하게 했는데, 왕의 숭불을 논변하다가 불경죄로 몰려 장 40여 도를 맞고 후원에 감금되었다가 교살당함. 그 뒤 세조는 언사(言事)에 의한 사사(賜死)를 뉘우치고 후손을 서용할 것을 명함. 평소 성품이 너그럽지 못하고 경박하였으며 시비의 변론을 좋아했다.

충순당에 나아가 술자리를 베푸니, 종친·재추(宰樞) 및 성균관 대사성 서강(徐岡)·판봉상시사 임원준 등이 입시(入侍)하였다. (중략) 서강이 진강할 때 그 말이 석교(釋敎)에 대한 시비에 미치자 망령되게 석교로써 마음을 다스린다는 말을 가지고 억지로 모르는 것을 꾸며 대답하였다. 임금이 그 의중을 떠보려고 연하여 두어 잔의 벌주를 내리고는 취하느냐고 물으니, 취하지 않는다고 대답하고 억지로 스스로 변명하여 논하였다. 임금이 노하여 반복해서 캐물으니, 서강의 말이 몹시 불손하였다. 임금이 말하기를, "이러한 인물이 바로 하위지 같은 무리이다."하니, 서강이 소리를 높여 대답하기를, "성상의 하교가 이와 같으시니, 신이 무슨 면목으로 진신(縉紳) 사이에 끼겠습니까? 죽음이 있을 따름입니다."하고 임금의 옷자락을 잡고는 스스로 하소연하기를 그치지 않았다. 도로 충순당에 나아가 전교하기를, "서강은 스스로를 높이려고 탐하고 군부(君父)를 경멸하였으니, 죄가 막대하다."하였다. 이때 날이 이미 어둡고 재추들도 모두 나갔으므로, 환관 임동·엄경지 등에게 명하여 서강에게 장 30여 도를 때리게 하였다. 성임(成任)으로 하여금 불경한 정상을 묻게 하니, 서강이 갑자기 성난 목소리로 대답하기를, "신이 집에 있을 적에도 항상 내전(內典)을 열람하고 있습니다."하였다. 임금이 말하기를, "서강의 대답하는 바가 다 묻는 데 대한 것이 아니니, 더욱 죄가 있다."하고, 또 별감으로 하여금 장 10여 도를 때리게 하고 그쳤는데, 성임 등이 나가자, 서강을 후원에 결박해 두었다.[3]

임금이 동교(東郊)에 거둥하여 매를 놓아서 사냥하는 것을 보고, 좌의정 신숙주에게 이르기를, "서강이 한낱 소신으로서 임금을 능욕하였으며, 그 말이 불공(不恭)함에 관계되니 죄가 이보다 큰 것이 없다. 내가 중한 법전으로 다스리려고 하는데 미루고 있는 것은 세 번 생각하기 위함이다."하고, 또 좌우를 돌아보고 이르기를, "모든 재추들은 마땅히 이 뜻을 알아야 할 것이다."하였다[4] (하략)

두 번째 사례로 성종 때의 성균관 대사성 신자승[5]은 종2품 동지사 정자영과 서로 힐난하여 성균관 유생들에게 좋지 않은 영향을 끼쳤던 것으로 보인다. 삼강오륜을 실천하고 예와 질서를 가르치는 성균관에서 겸양의 태도를 보이지 못하고 스승들이 서로 아옹다옹하는 것은 누가 보더라도 좋지 않은 모습이었을 것이다. 더구나 동지사 정자영이 대사성 신자승보다는 품계가 하나 높고 선배

---

3) 세조 7년 1월 21일 임술조. 御忠順堂 設酌 宗親宰樞及成均大司成徐岡 判奉常寺事《任元濬》等入侍 (중략) 還御忠順堂 傳曰 岡狃於貢高 輕蔑君父 罪莫大焉 時日已昏 宰樞等皆出 命宦官林童 嚴敬之等杖岡三十餘度 令成任問不敬之情 岡率爾厲聲對曰 臣在家常閱內典 上曰 岡所答皆非所問 尤有罪焉 又令別監杖十餘度而止 任等出 縛置岡于後苑.

4) 세조 7년 1월 23일 갑자조. 上幸東郊 觀放鷹 謂左議政申叔舟曰 徐岡以小臣 陵辱君上 言涉不恭 罪莫大焉 予欲置重典 所以遲之者三思耳 又顧謂左右曰 諸宰樞等宜知此意 (하략).

5) 생몰년 미상. 1444년 생원으로 친시문과에 정과급제, 사간원좌정언. 1451년 정랑이 되었으나 탄핵 받고 파면. 1452년 사헌부지평을 거쳐, 1453년 예조정랑이 되고 1458년 지사간원사를 역임. 1463년 집의를 거쳐 1469년 예종 때 성균관대사성이 된 후 당시 동지사 정자영(鄭自英)과 사이가 좋지 않아 성균관의 학생들에게 예의를 어지럽힌다는 비판을 받기도 하였다.

임이 확실하였기 때문이다.

사간원 정언 여호(呂篪)가 와서 아뢰기를, "성균관은 예를 강습하는 장소인데, 동지사 정자영(鄭自英)[6]과 대사성 신자승(申自繩)이 매양 서로 힐난하여 문득 능욕을 가하니, 여러 생도에게 예의로 보이는 것이 아닙니다. 청컨대 개차하게 하소서."하니 그대로 따랐다. 정자영과 신자승은 모두 고집이 세어 이기기를 좋아하기 때문에 이에 이른 것이었다.[7]

세 번째 사례는 과거에 급제 하자마자 성균관 대사성으로 제수된 한언[8]에 대한 논란인데 사헌부 대사헌 이예, 장령 허적, 정언 안침, 영사 신숙주 등이 여기저기서 한 결 같이 그를 단연코 교체해야 한다는 주장들은 이제 막 급제한 한언에게 성균관 대사성이라는 벼슬의 제수는 너무 어울리지 않는 고관직 임명으로서 비슷한 연배의 유생들을 어찌 복종시킬 수가 있겠느냐 하는 것이었다. 물론 그는 이러한 논란 때문에 4일 만에 교체되고 말았다.

아무리 한명회의 조카요 공신(韓明澮)의 아들로 특별한 혜택이 주어져 처음부터 당상관이 될 수 있었다고는 하나 다른 기관의 수장은 몰라도 성균관의 수장 대사성은 기본적으로 인망도 있어야 하고 학덕도 있어야 하며 나이도 좀 있어야 한다는 것이었다. 이 점은 성균관 대사성이 어떤 위치인지 어떤 사람이 임명되어야 하는지에 대한 생각들이 누구나 동일하다고 파악할 수 있게 되는 측면이다.

---

6) ?~1474. 1434년 알성문과 을과3등급제, 학유·박사·직강·사예를 지내고, 경연에서 경사를 강론하자 해박한 지식에 감동한 세조에 의해 장령으로 발탁. 1465년 사성·첨지중추원사·시강원우보덕, 1467년 공조참판. 오경과 사서에 조예가 깊어 많은 선비양성. 1470년 지중추부사가 되었다가 경연에서의 실책으로 호분위행사직으로 좌천. 학문을 즐겼고, 특히 역학에 밝았으나 변통과 응용력이 부족하고 문의파악에도 고집스러운 면이 있었다.

7) 성종 1년 4월 1일 기유조. 司諫院正言呂篪來啓曰 成均館乃講禮之地 而同知事鄭自英 大司成申自繩每相詰 輒加陵辱 非示諸生以禮義也 請改差 從之 自英與自繩 皆執拗好勝 故至此.

8) 1448~1492. 영의정 한명회(韓明澮)의 조카. 음보(蔭補)로 등용, 1469년 부사과로서 진사시 장원, 1474년 식년문과 병과급제, 대사성이 되고, 1475년 형조참의 겸 부총관. 1477년 천추사 통사 조숭손(趙崇孫)에게 부탁하여 명나라 물건을 사들인 죄로 삭직, 1479년 행호군으로 복직, 선위사가 되어 명나라에 다녀왔다. 청평군으로 습봉, 1480년 이조참의·공조참의, 판결사·장흥부사. 1485년 대사간, 1486년 호조참의, 1487년 동부승지 겸 경연참찬관, 도승지 겸 예문관직제학·대사헌·상서원정·병조참지·형조참판, 사은사로 명나라에 갔다가 죽었다.

황효원을 숭정대부 상산군으로, 박건을 가선대부 공조참판으로, 한언(韓堰)을 통정대부 성균관대사성으로 (중략)[9]

사헌부 대사헌 이예(李芮) 등이 차자를 올리기를, "지금 신급제를 한 한언을 성균관 대사성으로 삼았는데, 한언은 공신의 아들로서 일찍이 3품직을 지냈으니, 응당 당상관에 임명할 수 있는데, 다른 관직은 가하나, 대사성은 사표(師表)의 장으로서 늙은 스승이나 학식이 높은 선비가 아니면 그 자리에 앉을 수 없는 것입니다. 한언은 겨우 과거에 급제하였는데, 갑자기 사표의 장에 임명하면 스승에게 경례하는 학생이 모두 한때의 제배이니, 반드시 수업을 즐기어 하려고 하지 아니할 것입니다. 청컨대 다른 관직으로 고치게 하소서."하니 전교하기를, "한언은 이미 등제하였으니, 어찌 불가할 것이 있겠느냐?"하였다.[10]

경연에 나아갔다. 강을 마치자 장령 허적(許迪)이 아뢰기를, "대사성은 사표의 장이 되니, 마땅히 나이와 덕이 모두 뛰어난 자를 가려서 임명해야 합니다. 한언은 인망에 합당하지 아니하니 개차하소서."하고, 정언 안침이 아뢰기를, "사표의 직임은 모름지기 인망이 무거운 자를 가려서 제수해야 합니다. 이제 한언은 겨우 과거에 급제하고 사표의 자리에 뛰어 올랐으니, 어찌 그 직임을 감당하고 제생들의 마음을 복종시킬 수 있겠습니까? 청컨대 갈아 치우소서."하니 임금이 말하기를, "내가 마땅히 대비에게 품하겠다."하였다[11] (중략)

경연에 나아갔다. (중략) 영사 신숙주가 아뢰기를, "성균관은 옛날에 현관이라 일컬었으며, 진신의 선비가 모두 여기를 거쳐 나왔습니다. 마땅히 나이가 높고 덕망이 있는 자를 가려서 교양을 맡겨야 합니다. 전일 대사성 이육(李陸)[12]이 제생에게 무시를 당하는 바가 되었는데, 이는 여러 학생을 복종시킬 만한 덕망이 없었기 때문입니다. 지금 대사성 한언도 또한 대간의 말로 인연하여 갈게 하였으니 청컨대 학문과 명망이 있는 자를 가려서 대신하게 하소서."하니 임금이 말하기를,.."사표로 임명할 만한 자를 뽑아서 아뢰라."하니 승정원에서 행 사과 강노(姜老)를 추천하여 아뢰니, 곧 이조에 전교하여 강노를 대사성으로 삼았다.[13]

---

9) 성종 5년 3월 18일 계묘조. 以黃孝源爲崇政商山君, 朴楗嘉善工曹參判, 韓堰通政成均館大司成 (하략).

10) 성종 5년 3월 19일 갑진조. 司憲府大司憲李芮等上箚子曰 今以新及第韓堰爲成均館大司成 堰以功臣之子 曾經三品職 應拜堂上 他官則可也 若大司成 師表之長 非老師 宿儒 莫宜居也 堰今纔釋褐 遽爲師長之任 摳衣函丈者 皆一時儕輩 必不肯受業 請改他職 傳曰 堰旣登第 何不可之有.

11) 성종 5년 3월 21일 병오조. 御經筵 講訖 掌令許迪啓曰 大司成師表之長 當擇年德俱邁者任之 韓堰不合人望 請改差 正言安琛啓曰 師表之任 須擇望重者授之 今堰纔釋褐 躐居師席 豈能稱其職 而服諸生之心 請遞之 上曰 予當承稟大妃 (하략).

12) 1438~1498. 1459년 생원·진사, 1464년 춘방문과 장원급제, 겸예문, 성균관직강. 예문관응교. 장령. 1469년 겸예문, 1471년 장례원판결사, 이듬해 대사성·공조참의, 1477년 충청도관찰사. 예조·이조·호조참의, 병조·형조참의. 1484년 가선대부, 경상도관찰사·한성부우윤, 1488년 동지중추부사, 형조참판. 이듬해 강원도관찰사, 1490년 예조참판, 정조사 부사, 병조·형조참판. 1494년 고부청시청승습사 부사, 동지춘추관사. 1495년 경기도관찰사, 대사헌. 동지중추부사, 한성부 좌·우윤, 호조·병조참판. 성품은 정한(精悍), 행정수완, 시문에 능했으나 도량이 좁고 축재에 힘쓰기도 했다.

13) 성종 5년 3월 22일 정미조. 御經筵 講訖 (중략) 領事申叔舟啓曰 成均館 古稱賢關 縉紳之士 皆由此出 宜擇年尊德邵者 以任敎養 前日大司成李陸 嘗爲諸生所謾 無德望可以厭服故也 今大司成韓堰 亦因臺

네 번째 사례는 위 인용문 내용에서도 살펴볼 수 있듯이 한언의 전임자인 대사성 이육에 대한 것인데, 그도 34세 정도인 1472년(성종 3년)에 성균관 대사성이 되었으니 이 역시 너무 젊은 나이에 된 것으로 성균관 유생들의 무시를 당하는 바가 되었다는 것이다. 성균관 유생들 중에는 30대가 보통이요 40대 50대 유생들도 많이 있었으니,[14] 이들을 이끌기 위해서는 나이가 좀 많아야 하고 유생들을 복종시킬 덕망도 있어야 한다는 주장들이 충분히 일리가 있었다고 생각된다.[15]

다섯 번째 사례는 이희보[16]에 대한 것인데 먼저 첫 번째 인용문 내용을 살펴보면, 사헌부에서 바라보는 이희보라는 인물은 간사하고 아첨을 잘하며 모두가 침을 뱉으며 더럽게 여긴다는 것이었다. 그래서 다른 관직도 부당한데 더구나 어진 선비를 양성하는 성균관 책임자로서는 도저히 합당하지 아니 하니 교체해야 한다는 것이었다. 역시 이 부분을 기록한 사신도 간사하고 아첨을 잘하며 보잘 것 없는 사람으로 이희보를 평가하였다. 『성균관대학교 육백년사』 286쪽에 의하면 얼마 후에 이희보 대신 황헌으로 대사성이 교체되기는 하였으나, 사헌부의 요청을 당장은 들어주지 않은 것으로 보아 중종은 이희보를 꽤나 신임했던 것으로 보인다.

헌부가 아뢰기를, "대사성 이희보(李希輔)는 인물이 간사하고 아첨을 잘하여 공론에 용납되지 않은 지가 오래입니다. 비록 조그마한 문필의 재능은 있다고 하더라도 그가 행하는 것은 사람들이 모두 침 뱉으며 더럽게 여깁니다. 다른 직임도 오히려 부당한데 더구나 성균관은 어진 선비를 양성하는 기관으로 모범이 되어야 할 중요한 직임이니 그런 사람을 외람되이 있게 할 수는 없습니다. 체직

諫之言而遞之 請擇有學問名望者代之上曰 (중략) 擇可任師表者以啓 承政院以行司果姜老擬啓 卽傳吏曹 以老爲大司成.

14) 『반중잡영』을 지은 윤기(尹愭)는 33세에 성균관에 들어가 51세 때까지 있었다.

15) 『성균대학교 육백년사』, 285쪽에 의하면 이육은 1472년 12월 9일 부임하여 채 1년 조금 넘어 1474년 3월 18일 한언으로 교체되었다가 위 논란으로 한언도 4일만에 3월 22일 강로로 교체되었다.

16) 1473~1548. 1501년 식년문과에 병과로 급제하였고, 연산군 때 홍문관수찬·이조정랑·내수사별제 등을 역임하였다. 1506년 직제학에 재직 중 연산군의 나인 장녹수에게 아부하였다는 사헌부의 탄핵을 받고 이듬해 파직되었다. 1509년 다시 기용되어 연서도찰방·선산부사·예빈시첨정·돈녕부정·장례원판결사·공조참의·나주목사·여주목사 등을 역임하였다. 중종이 여러 번(중종 27년, 29년, 31년) 성균관대사성에 임명하려 하였으나 사헌부의 반대로 임명되지 못하다가, 1536년 대사성 동지가 되었다. 그 뒤 대호군·첨지중추부사 등을 지냈고, 문장에도 능하였다.

시키소서 (중략)", "이희보가 실수한 것은 매우 오래 전의 일이다. 오래된 잘못으로 그 사람을 버릴 수는 없는 것이다. 대사성을 시킬 만한 인재가 부족하다. 아무리 적당한 사람이 있더라도 대간이나 시종이면 그 직임에 오래 있지 않았다. 마땅히 구임자(久任者)를 임명해야 하기 때문에 이희보를 외임(外任)에서 불러들여 대사성을 삼았으니, 체직하지 않는 것이 좋겠다 (중략)"(사신은 논한다. 이희보는 간사하고 아첨하는 보잘 것 없는 사람이다. 김안로[17]를 아첨으로 섬겨 노예와 같이 하기까지에 이르렀는데 태학장관이 되었으니 당시의 일을 알 만하다.)[18]

또한 다음 인용문에서 보면 사간원에서 대간이, 또 영의정 김근사와 우의정 윤은보 및 예조판서 심언경이, 그리고 또 시관 김인손, 권예, 정백붕, 정옥형, 박홍린 등이 모두 이희보의 잘못을 이구동성으로 말하고 있다. 그에 대한 표현들은 사특, 외람된 처사들이지만 계속 이희보가 둘러대며 거짓되게 중종에게 진술하여 혼란시키려 하지만 결국 중종도 이희보가 진실하지 못하다고 판단하게 되었다.

대간이 아뢰기를, "대사성 이희보는 전일에 상이 학교를 순행할 때 '친림반궁전(親臨泮宮箋)'이라 출제하고 사사로이 유생을 접견했고 독권관이 되어서는 또 자신이 제목을 냈으니 친시할 적에 사사로이 정을 쓴 것입니다. 이 같은 일을 차마 했으니 마음 쓰는 게 지극히 사특합니다. 추고하여 치죄하시고 입격유생들은 아울러 개정하게 하소서." (중략) 영의정 김근사, 우의정 윤은보, 예조판서 심언경이 같이 의논해 아뢰기를, "지금 간원이 아뢴 것을 보니 지극히 놀랍습니다. 유생을 친시할 때 이희보가 전제를 거듭 냈는지 여부는 자세하지 못합니다. 그러나 과거는 중요한 일이라 간원이 지금 그의 외람한 처사를 논집했습니다. 사정을 핵실하는 동안 입격유생들은 우선은 시험에 응시하지 못

17) 1481~1537. 1501년 진사, 1506년 별시문과 장원급제. 전적·수찬·정언·부교리. 유운·이항과 사가독서, 직제학·부제학·대사간·경주부윤. 1519년 기묘사화로 조광조가 몰락한 뒤 발탁, 이조판서. 아들 희가 효혜공주와 혼인해 중종의 부마가 되자 권력 남용, 1524년 영의정 남곤·심정, 대사간 이항의 탄핵을 받고 경기도 풍덕 유배. 남곤이 죽자 1530년 유배 중이면서도 대사헌 김근사와 대사간 권예를 움직여 심정의 탄핵에 성공, 이듬 해 유배에서 풀려나 도총관·예조판서·대제학·이조판서, 1534년 우의정, 이듬해 좌의정. 1531년 재임용된 이후부터 동궁(東宮: 인종)보호를 구실로 실권장악, 허항·채무택·황사우 등과 함께 정적 축출하는 옥사를 일으켰다. 정광필·이언적·나세찬·이행·최명창·박소 등이 유배, 사사되었으며, 경빈박씨와 복성군 미 등도 죽음을 당했다. 왕실외척 윤원로·윤원형도 실각했다. 1537년 중종의 제2계비인 문정왕후 폐위기도 발각, 중종의 밀령을 받은 윤안인과 대사헌 양연에 의해 체포, 유배되었다가 사사. 허항·채무택과 함께 정유삼흉(丁酉三凶)으로 일컬어진다.

18) 중종 29년 2월 3일 경오조. 憲府啓曰 大司成李希輔 人物邪諂 爲公論所不容 久矣 雖有文墨小技 其所行 人皆唾鄙 他職尙不可爲 況成均館賢士之關 表率重任 如此之人 決不可冒處 請遞 (중략) 答曰 李希輔所失 甚久也 以久遠之咎 不可棄其人也 大司成乏人 雖有可當之人 臺諫 侍從 則不久在其職 宜差久任者 故李希輔自外任 入爲大司成 勿遞可也 (하략).

하게 하는 것이 마땅할 듯합니다."하고, 시관 김인손·권예·정백붕·정옥형·박홍린 등이 아뢰기를, "친시할 적에는 시험문제를 반드시 많이 내고 가려서 아뢰어 수점(受點)한 다음에 쓰는 것이 예입니다. 그 날 수점한 전제는 참으로 희보가 낸 것입니다."했다. 묻기를 마치고 김인손 등이 잠시 물러나자, 또 이희보를 불러 묻기를, "전제는 누가 낸 것인가?"하니, 답하기를, "출제할 때 상시관이 으레 모두 주장해서 합니다. 그러나 신이 대사성에 제수되었으므로 출제할 수 있느냐고 묻기에 (중략) 상시관 등이 즉시 신이 출제한 것을 고쳐서 '태학생 등이 임금이 반궁에 친림한 것을 사례하는 전[太學生等謝車駕親臨泮宮箋]'으로 출제했으니 사실 신이 출제한 게 아닙니다. 더구나 이 제목은 '사(謝)'이고 신이 낸 것은 '하(賀)'입니다. 하와 사는 문장체가 크게 다르니 이것이 더욱 사실이 밝혀지는 부분입니다."했다. (하략)[19]

이어서 진실여부를 끈질기게 가리려고 하고 있는데 다음 인용문 내용들을 살펴보면 이희보가 끝끝내 진실을 말하지 않았음을 알 수 있다. 왜냐하면 계속 이어지는 조사에서 많은 대신들의 진술을 듣고 중종은 결국 이희보가 끝까지 거짓을 말하고 있다는 것을 확실히 파악하고 그를 파직시켰기 때문이다. 이 부분을 기록한 사신도 이희보를 천성이 사특하고 아첨을 잘하며 비루한 사람인데 이때 김안로에게 빌붙어서 성균관 대사성이 된 것이라고 하고 있고, 이희보의 파직을 성균관 유생들이 모두 좋아하였다고 기록하였다.

재상 5인이 같은 말을 하였으니 희보가 바르지 않은 것이 분명하다. 다만 합격한 유생은 직부하게 하거나 서책을 내리라는 명이 정해졌으니, 이른바 "친시하기 앞서서 사사로이 유생을 접했다. 고한 것을 물은 "다음에 개정하는 것이 어떻겠는가?"하였는데, 김근사 등이 회계하기를, "희보가 바르지 않은 것은 알 수 있습니다. 유생은 추문할 수 없습니다. 합격한 유생은, 다른 상이라면 그래도 괜찮지만 전시·회시에 직부하게 하는 것은 안 됩니다."하였다. (중략) "희보가 정직하지 않은 것은 알 수 있다. 가자를 개정하고 아뢴 대로 추고해야 한다. 입격유생의 일은 아울러 거행하지 않는 것이

---

19) 중종 32년 8월 15일 신유조. 臺諫啓曰 大司成李希輔 前日幸學時 親臨泮宮箋出製 私接儒生 及爲讀劵官 又自出其題 親試之時 循私用情 忍爲如此之事 用心至爲邪慝 請推考治罪 其入格儒生等 請竝令改正 (중략) 領議政金謹思 右議政尹殷輔禮曹判書沈彦慶等 同議啓曰 今觀諫院所啓 至爲駭愕 親試儒生時 李希輔箋題重出與否 未之詳也 然科擧重事 諫院今方論執猥濫 事情究覈之間 其入格儒生 姑勿許試似當 試官金麟孫權輗鄭百朋丁玉亨朴洪鱗等啓曰 凡親試時 所試之題必多出 而擇啓受點 然後用之例也 其日受點箋題 實希輔之所出也 問畢 金麟孫等姑退 又招李希輔問曰 箋題誰之所出耶 答曰 凡出題時 上試官 例皆主掌爲之 然以臣爲大司成之任 問曰 可以出題矣 臣以擬漢朝群臣賀車駕臨雍拜老出題 上試官蘇世讓等 以爲好則好矣 必有古作矣 更出他題 臣答曰 然則以今日之事 出題何如 上試官等卽改臣之所出之題 以太學生等謝車駕親臨泮宮箋出之 實非臣之所出也 況此題 謝 而臣之所出者 賀也 賀謝表體 大有不同 此尤發明處也 (하략).

마땅하다."(사신은 논한다. 희보는 천성이 사특하고 아첨을 잘하며 또 지극히 탐하고 비루하여 사림에 용납되지 않아서 오래도록 외방에 물리쳐져 있었는데 이때에 와서 김안로에게 빌붙어서 대사성이 되었다가 상이 시학할 때에 송(頌)을 바쳐 왕을 치켜세우니 상이 즉시 상으로 2품을 가자하였다. 여러 사람들이 분하여 그를 논박하고 이로 인해 대간이 다시 사악하고 비루한 실수를 논하고 그 직책을 아뢰어 파직시키니 관중(館中) 선비들이 모두 좋아하였다.)[20]

위와 같이 살펴본 결과 국가를 대표하는 최고 교육기관인 성균관의 최고 책임자인 대사성은 정3품의 당상관으로서 아주 막중한 자리라는 것을 재확인하였다. 자격 미달의 인물들에 대해 논란이 될 수밖에 없었던 이유는 국왕이 너무 안일하게 여기고 측근이나 아첨하는 인물들을 임명하였기 때문이다.

뿐만 아니라 삼강오륜의 유교적 질서를 강조하는 나라에서 학교야말로 장유유서를 가르치고 솔선수범해야 하는데, 하물며 성균관 최고 책임자가 지나치게 연소하다고 하는 것은 도저히 납득할 수 없는 일이라는 것이었다. 또한 성균관 유생들이나 대신들이 국왕에게 교체를 요구했던 이유는 한 결 같이 사표가 될 만한 인격, 덕망, 학식, 신망, 성품, 지도력 등등을 반드시 갖춘 자라야 한다는 것이었다.

조선시대 세조부터 중종까지 국한하여 살펴본 결과 성균관 대사성에 제수되어 또는 그 직위에 있으면서 당장 교체 또는 자질 논란에 휩싸였던 인물들은 『조선왕조실록』을 통해서 대략 5명 정도에 이르렀다.

서강, 신자승, 한언, 이육, 이희보 등이었는데, 서강은 세조의 질문에 불경스러운 태도로 답하여 능욕죄로 장 40여 대를 맞고 감금되었다가 교살되었고, 신자승은 동지사 정자영과 자주 힐난하며 다투어서 본이 되지 못하였다. 한언은 급제하자마자 바로 임명되어 성균관 유생들과 거의 동년배인데 무슨 대사성이냐고 비난이 일어 바로 교체되었다.

---

20) 중종 32년 8월 15일 신유조. 宰相五人同辭 希輔之不直明矣 但儒生入格者 已定直赴及書冊之命 所謂私接先製儒生問之 然後改正如何 謹思等回啓曰 希輔之不直見矣 儒生不可推問也 入格儒生 他賞則猶可也 不可使直赴於殿試會試也 傳于謹思等曰 今依所議 入格儒生等改正可也 以爲虛僞 則雖書冊等物猶不可賞也 傳于政院曰 希輔不直啓達於下問之時 其爲邪譎極矣 依臺諫所啓 加資改正 而推考可也 儒生論賞承傳 勿令擧行事 更奉承傳 亦可也 答臺諫曰 希輔之不直見矣 加資改正 而依所啓推考可也 入格儒生之事 竝勿擧行爲當. 史臣曰 希輔性本邪諂 又極貪鄙 不容於士林 長斥於外 至是 攀附金安老得爲大司成 及上視學 乃獻頌褒贊 卽命賞加二品 下情憤鬱 駁奪之 因此臺諫 更論邪鄙之失 啓罷其職 館中之士 皆賀.

또한 이육도 한언의 전임자로서 한언과 마찬가지로 덕망도 없고 너무 젊다는 이유로 신망을 받지 못하였다. 이희보는 매우 간사한 인물로 사특하다는 힐난을 받았다.

이와 같이 성균관 대사성은 국가에 하나 밖에 없는 최고 고등교육기관의 수장으로서 다종다양한 일들을 수행해야 것뿐이 아니라, 기본적으로 다른 기관의 수장들과는 달리 학식과 덕망 그리고 인격과 지도력을 갖추어야 하는 특별한 자리였다.

오늘날도 최고 대학의 총장 자리는 국민 모두가 같은 생각을 가진 것처럼 많은 자질들을 소유한 인물이 되어야 할 것이다. 인사가 만사이므로 예나 지금이나 총장이라는 자리는 권모술수를 통해 차지해서는 아니 되며 반드시 모든 구성원들이 신망하는 사람이 되어야 할 것이다.

3. 숙종 때 성균관 대사성 자질 논란 사례

조선시대의 성균관은 국가의 최고 고등교육을 책임진 기관이었다. 이러한 최고 교육기관의 지위를 가진 성균관의 총책임자인 대사성이라고 하는 위치는 사표가 될 만한 자질과 덕행, 학문적 실력 및 리더십을 골고루 갖춘 자라야 한다고 『조선왕조실록』의 이곳저곳에서 수도 없이 말하고 있다.

그런데 여기서는 일반적으로 이러한 기대와는 전혀 다른 경우들을 살펴보려고 한다. 그것도 숙종 때로 한정하여 논란이 많았던 대사성들의 특정 사례들만을 간추려 볼 것이다.

조선시대 태조부터 고종까지 502년간 25왕이 있었고 성균관 대사성은 무려 2050회나 교체되었다. 한 사람이 여러 차례 재임한 경우를 계산해 개별 사람 수로만 쳐도 1309명이 대사성이 되었다.[21] 한 사람 당 어림잡아 5개월도 채 근무하지 않았다고 할 수 있으니 전체적으로 보면 성균관 교육이 부실하기 짝이 없었다는 것을 파악할 수 있다.

---

21) 『성균관대학교 육백년사』. 284~311쪽 참고.

숙종 때로 국한하여 볼 때 재위 46년간 무려 100명의 대사성이 교체되었는데, 이는 평균 한 사람이 5개월 반 정도밖에 근무하지 않았다는 것으로, 교육기관의 특성상 장기간 재직해야 함에도 불구하고 성균관 교육과 행정에 문제가 엄청 많았다는 뜻이 된다. 이런 문제에 대한 연구는 차후에 다루어 볼 것이다.

좌우간 성균관 대사성에 제수되어서 또는 그 직위에 있으면서 이런저런 이유로 논란에 많이 휩싸였던 대사성들은 숙종 때에 『조선왕조실록』을 통해서만 살펴본다면, 시기 순으로 민종도, 오도일, 이돈, 김진규, 윤성준 등 대략 5명 정도에 이르고 있다.

이제 이 5명의 인물들이 왜 논란이 되었었는지를 해당되는 인용문들을 통해 차례로 살펴볼 것이다.

첫 번째 사례로는 숙종 1년 1월 대사성이 된 민종도(閔宗道)[22]에 대한 것인데, 그는 아래 인용문 내용에 등장한 것만 보더라도 오히려 기본 원칙을 지키려는 성균관 수복(守僕) 소선에게 장형을 가하며 남인 파당에 매여 성균관의 질서를 어지럽히는 자가 되었음을 알 수 있다.

성균관 수복 소선의 말로는 대북파가 집권하고 있을 때에도 이와 같은 원칙에 어긋나는 행위를 하지 않았다고 말하는 것으로 보아, 남인세력이 성균관을 장악해 성균관 학생회 간부들을 자기파로 무리하게 바꾸려고 시도하여 이런 일이 생겼으니, 대사성 민종도가 남인유생들과 한패가 되어 정도(正道)를 전혀 지키지 않았던 것이다.

> 윤휴(尹鑴)가 이미 꾀하여 성균관 좨주가 되었으나 재임들이 그를 스승으로 모시는 것을 부끄럽게 여겨 분향을 하지 아니하였다. 윤휴가 그들에게 벌주고자 하여 지관사 김석주에게 통보하였으나, 김석주는 이를 물리치고 답하지 아니하였다. 윤휴가 또 관관(館官)에게 독촉하였으나, 관관도 이에 따르지 아니하자 윤휴와 허목이 계(啓)를 올려 그들을 도태하고 다른 관원을 시켜 재임에게 벌을 주게 하였다. (중략) 그러나 민종도(閔宗道)가 대사성이 되고는 남인유생들이 틈을 타고 재임을 바꾸려 하자, 수복 소선(素先)이 재(齋)의 궤(櫃)를 짊어지고 달아나면서 말하기를 "대북의 때에도 이러하지는 아니하였다."하니, 민종도가 성이 나서 소선에게 장형을 가하였고 유생들도 소선의 아내에게 장형을

---

22) 1633~?. 1662년 증광문과 병과급제. 예문관대교, 지평, 정언. 1666년 중시문과 병과급제. 헌납, 부승지, 부교리, 세자시강원문학, 1674년 병조참지, 1675년 대사성. 갑술환국(1694년) 때 남인이 몰락하면서 유배됨.

가하기를 심히 혹독하게 하여 낙태까지 하게 하였는데, 이에 이르러 마침내 관학을 차지하더니 성균관을 더럽히고 어지럽히는 것이 이르지 않는 데가 없어서 교상(膠庠: 학교)의 강송하는 곳이 무뢰한 자제들이 무리로 모여서 희희하는 장소가 되었으니, 듣는 자가 한심하게 여겼다.[23)]

뿐만 아니라 사신이 그에 대해 평한 다음 인용문 내용들을 살펴보면, 민종도는 젊어서부터 행실이 극히 문란하였고 노상 주색잡기에 빠져 있었으며, 어떤 관직이든지 일을 제대로 수행하는 경우가 없었고 그래서 모든 백성들은 그를 짐승처럼 여겼다는 것이다. 민종도는 성균관 대사성이 되어서도 이런 버릇은 달라지지 않아 집에서 기생을 품고 앉아 있다가 4개월 후 그의 두 번째 후임 대사성이 된 당시에 이조판서였던 홍우원에게 발견되어 크게 견책을 당하기도 하였다.

사신은 논한다. (중략) 민종도(閔宗道)는 민점(閔點)의 아들이다. 사람됨이 박정하고 행검이 없었으며, 젊어서부터 창기집에 출입하였다. 그의 매부인 신선온도 경솔하고 불량한 자이다. 일찍이 종실인 이연의 비(婢)의 집에 가서 자고 있었는데, 민종도가 사간으로 몰래 가서 신선온과 더불어 싸우다가 신발의 뾰족한 것을 들어 비의 눈을 때려 거의 병신을 만들었다. 그러한 소문을 듣고 놀라지 않는 사람이 없었다. 후에 간당들이 뜻을 얻어 갑자기 청환(淸宦)과 현직에 올라 전형과 삼사·국자감의 장을 역임하였다. 국자장이 되었을 때, 현종의 대상 초에 홍우원이 마침 민점을 방문하였는데, 그가 출타하고 민종도가 홀로 있었다. 홍우원이 곧바로 청사로 들어가니, 민종도는 자색의 짧은 옷을 입고 기생을 품에 안고 앉아 있었다. 홍우원이 크게 꾸짖어 말하기를, '지금이 어느 때인데 그대가 국자장으로서 이와 같이 놀라운 짓을 하는가?'하고 마침내 말하지 않고 나왔다. 또한 관서의 방백이 되어서도 오직 여색을 탐내는 것만 일삼아, 비록 형제·숙질이 일찍이 눈을 흘길지라도 피하지 않았으며, 사람들이 모두 금독(짐승)에 비유하였다. 밤낮으로 주색에 빠져, 백성들이 소장을 제출해도 한 번도 심리하지 않았으며, 높은 데 올라가 원통함을 호소하는 백성이 있으면, 심하게 성을 내었고, 문득 백성들로 하여금 문권을 가지고 와서 바치게 하고서는 모두 불살라 버렸다. 그의 행동거지가 어긋남이 이와 같으니, 온 도내가 떠들썩하였다.[24)] (하략)

---

23) 숙종 1년 윤5월 15일 임인조. 鑴既圖拜祭酒 齋任等恥以爲師 不爲焚香 鑴欲施罰 通于知館事金錫胄 錫胄斥不答 鑴又督館官 館官不從 鑴穆啓汰之 使他官施罰齋任 (중략) 閔宗道爲大司成 南人儒生乘隙欲易齋任 守僕素先負齋櫃而走曰 大北時 亦不得如此 宗道怒杖素先 儒生杖素先妻 甚酷墮胎 及是竟得之 汚亂賢關 無所不至 膠庠講誦之地 爲無賴子弟群聚嬉戲之所 聞者心寒.

24) 숙종 6년 7월 3일 경인조. 史臣曰 宗道 點之子也 爲人薄倖無檢 自少出入娼家 其妹夫申善溫亦輕佻浪子也 嘗往宿於宗室㮒婢家 宗道以司諫潛往 與善溫相鬨 擧靴尖打婢目幾成病 人聞者莫不駭然 及奸黨得志 驟躐淸顯 歷踐銓衡及三司國子之長 爲國子時 顯廟大喪之初 洪宇遠適訪點 點出他 獨宗道在 宇

다음 두 번째 사례로는 짧게 숙종 14년 10월과 15년 1월에 이어 22년 11월에 세 번째 성균관 대사성이 된 오도일(吳道一)[25]에 관한 것인데, 그는 유생들과 자주 갈등을 하여 문제가 많은 사람이었다. 물론 당색이 유생들과 달라서 여러 가지 허물을 이유로 들어 배척을 받는 경우도 있었다. 그렇지만 기본적으로 자질이 부족하였다고 볼 수밖에 없는 일은 자신보다 나이가 세 살 위였지만 후임자인 대사성 이돈을 매우 업신여겼던 일이었다.[26]

또한 아래 인용문에서 나오는 최석정(崔錫鼎)[27]은 네 차례나 대사성을 하였는데 그는 오도일의 전임자였으며, 마지막 인용문의 내용에서 살펴볼 수 있듯이 그도 결국 유생들로부터 좋은 평가를 받지는 못하였다. 결과적으로 그들은 소론으로서 남인들과 척을 지고 나중에는 노론과도 척을 지었다.

> 성균관에서 아뢰기를, "국자감 수석은 실로 주자를 가르치는 일을 맡았으므로, 중외의 장보가 다 사장이라 칭하니, 그 직임과 사체의 중요함이 어떠한 것인데, 한두 유생이 버젓이 방자하게 헐뜯어 욕하고 주워 모아서 죄를 만들어 반드시 쫓아내고야 말려 하는 것입니까? 이런데도 버려두면, 장차 나라의 체모를 높이고 선비의 버릇을 바로잡을 수 없을 것이니, 윤득신·조상적은 국가에서 죄벌을 분명히 보여서 징계하고 장려하는 바탕으로 삼으소서."했는데, 지관사 최석정의 말이었다. 최석정은 오도일의 당이므로 윤득신을 매우 미워해 중법으로 다스리려고 처음에는 '전형을 분명히 바루소서'

遠直入廳事 則宗道着紫色短衣 抱妓而坐 宇遠大叱曰 此何時 而君以國子之長 爲此可愕之擧耶 遂不言而出 及爲關西伯 唯以獵色爲事 雖兄弟叔姪之所曾眄者亦不避 人皆比之禽犢 日夜荒湎酒色 民人牒訴 一不聽理 有民登高呼冤 宗道怒甚 輒使民人等持納文券 竝皆焚燒 其擧措之乖戾類是 一道嗷嗷 (하략).

25) 1645~1703. 1673년 춘당대문과 을과급제, 지평, 부수찬, 승지, 자파 옹호하다 파직됨. 1688년 대사성, 개성부유수, 대사간, 강원도관찰사, 도승지, 대사헌, 대사성, 이조참판, 공조참판, 양양부사, 삭출되었다가 대제학, 한성부판윤, 병조판서, 1702년 민언량 옥사에 연루되어 장성으로 유배됨, 문장으로 동인삼학사라 불림.

26) 뿐만 아니라 오도일은 앞에서 알 수 있는 것처럼, 1702년 대제학일 때 영의정 유상운과 함께 공모하여 자신의 아들 봉휘를 합격시키는 과거부정을 저질러 대사성 이만성에게 탄핵을 받았고, 결국 봉휘는 합격이 취소되었다.

27) 1646~1715. 남구만·이경억 문인, 1666년 진사시 장원, 1671년 정시문과 병과급제, 승문원, 남인 영수 허적을 비판한 오도일을 변호하다 삭직, 응지소에서 윤휴를 비난하다 삭출, 1680년 승정원동부승지, 대사성, 노소분당 심해지자 윤선거 옹호한 나양좌를 지지함, 노론세력의 지탄을 받음, 연안부사, 1694년 갑술환국 이후 대사헌, 이판, 우의정, 남인 서용 주장, 노론세력의 반발, 좌의정, 영의정, 인현왕후가 죽고 장희빈에 의한 무고의 변이 일어나자 왕세자를 위해서는 장희빈 사사 반대, 다시 영의정이 되었는데 1710년까지 10차례 입상함, 저서 『예기유편』이 주자의 주와 다르다며 비판받는 등 노론공격을 받자 은퇴함.

라는 말을 썼는데, 어떤 사람이 최석정에게 말하기를, '성혼·이이 두 유현을 헐뜯어 무함한 자도 그 죄가 귀양 가는 데에 지나지 않았는데, 오도일을 배척한 죄가 어찌 죽음에 이르겠는가?'하니, 글을 고쳐서 아뢴 것인데, 전교하기를, "일이 매우 놀랍기가 이보다 심할 수 없다. 두 사람은 모두 우선 정거하라."하였다.[28]

문제가 많았던 오도일의 뒤를 이은 세 번째 사례로, 대사성 이돈은 사람됨이 비루하고 잗달고 권세에 아부를 잘하는 아첨꾼으로, 나이가 세 살 아래인 오도일을 섬기며 굴종하고 있었는데, 전에 오도일이 이이와 성혼을 모욕한 일로 유생들이 배척할 때 무뢰인을 시켜 주도자들인 성균관 재임들을 몰아내고 악심을 품고 상소를 올렸다 하여 유생들이 모두 분하게 여겼다는 것이다. 모름지기 성균관 대사성이라는 자가 유생들을 제압하기 위해 무뢰배를 동원한다는 것 자체가 상식 이하라고 생각된다.

대사성 이돈(李墪)이 상소하기를, "반제하는 날에 두 반수가 뵙기를 청하고 말하기를, '좨주 윤증을 부르자고 청하는 일로 진소하려고 하는데, 장의 서종진은 일찍이 윤증을 욕하는 상소에 참여했고, 이협은 배척을 당했으므로, 모두 공무를 행하지 못하고 있으니, 빨리 변통하게 하소서.'하므로, 출대를 허락했습니다. 그런데 부박한 무리들이 저지시키려는 계교를 내 벌 받는 것을 무릅쓰고 사학 유생이라고 양양하게 대궐 아래 이르렀으니, 한 짓이 아주 패악스러웠습니다. 그런데도 박사 이동언이 발론한 유생과 반수를 멋대로 벌했으니, 이 같은 풍습은 자라게 할 수 없습니다."하니, "인심과 세도가 이 지경에 이르렀는가? 참으로 해연하다. 이동언은 파직하고 소란을 일으킨 유생은 정거하도록 하라."했다. 이돈의 사람됨은 비루하고 잗달며 권세에 아부하는 데에 교묘하여 나이가 오도일보다 세 살이나 많은데도 굴복하여 오도일 섬기기를 자식이나 조카와 다름없이 했다. 오도일도 그를 업신여겨 번번이 부를 때는 돈아(豚兒)라고 하였는데, 돈(豚)자가 돈(墪)자와 음이 같아서이다. 그런데도 이돈은 욕되게 여기지 아니하고 더욱 아첨하고 붙좇았었다. 이때 유생들이 오도일이 유현을 모욕했다는 죄로 배척하려고 했는데, 이돈이 저지시키려고 무뢰인을 시켜 사건의 실마리를 끌어 일으키게 해 재임을 몰아내고, 소를 올려 남의 나쁜 일을 들추어 고발했으므로, 사론이 그것을 분하게 여겼다.[29]

---

28) 숙종 22년 12월 6일 무자조. 成均館啓曰 國子首席 實掌敎胄 中外章甫 皆稱師長 其職任事體之重如何 而一二儒生 公肆詆罵 捃摭成罪 必欲驅逐而後已 此而置之 將無以尊國體而正士習 尹得莘趙尙迪 請自朝家 明示罪罰 以爲懲勵之地 知館事崔錫鼎之言也 錫鼎是吳道一之黨 故深惡得莘等 欲繩以重法 初以明正典刑爲辭 人有謂錫鼎者曰 詆誣成李兩賢者 其罪重不過竄配 斥道一之罪 豈至死耶 乃改下文字以啓 傳曰 事之痛駭 莫此爲甚 兩人竝姑先停擧.

29) 숙종 23년 2월 14일 을미조. 大司成李墪上疏言泮製日 兩班首 卽泮中齋儒序齒居首者之稱 請謁言 以

다음 네 번째 사례로 인용문 내용을 읽어보면 대사성 김진규[30]는 유생들을 옹호하려고 하기보다는 자신을 변호하려고 힘쓰는데 급급하였음을 알 수 있다. 즉 유생들의 뜻을 반영하지 않고 자기가 원하는 대로 소본작성을 요구해 유생들이 따로 소를 올리자 분노를 참지 못하고 급히 먼저 자기 것이 올라가게 하려고 하다가 유생들이 알아채고 공관을 단행하였다는 것이다.

> 성균관과 사학의 유생들이 선정신 송시열을 위하여 이하성의 무소를 변박하려고 소본을 대사성 김진규(金鎭圭)에게 청하니, 김진규가 허락하였다. 글을 지어 놓고 꼭 그 글대로만 쓸 것을 요구하여 조절하며 내놓으려 하지 않자, 여러 유생들이 따로 소를 지어 정서하여 올리려 하였다. 김진규가 분노를 참지 못해 즉시 자신이 지은 변무하는 글을 앞질러 올렸는데, 소에서 성균관유생들을 몹시 공격하였다. 그런데 국기가 있을 때에는 승정원에 보류해 두는 것이 구례이지만, 성균관과 사학상소는 재일에 구애받지 않고 즉시 위에 올리게 되어 있었으므로, 김진규는 유소가 곧이어 들어오리라는 것을 알고 먼저 들어갈까 걱정이 되어 관인을 시켜 소의 줄거리를 베껴 소청에 두루 보였다. 여러 유생들이 모두 깜짝 놀라 성묘를 배알하고 물러가니 관중이 텅 비었다.[31] (하략)

결국 대사성 김진규는 공관한 경우 즉시 유생들을 권유하여 다시 들어오게 해야 되는데도 불구하고 그렇게 하기는커녕 도리어 공격하여 반드시 몰아내려고 하였으며, 이러한 잘못된 처사로 인해 많은 이들로부터 꽉 막힌 사람이라고 탄식을 받았다. 지나치게 자기만 옳다고 여겨 반드시 이기려고 하는 버릇 때문

祭酒尹拯請召事 欲陳疏 而掌議徐宗震 曾參辱拯之疏 李浹遭斥 俱不行公 請速變通 故竝許出代 浮薄之輩 敢生沮遏之計 冒罰而稱四學儒生 揚揚到闕下 所爲絶悖 本館博士李東彦 擅罰發論儒生及班首如許風習 不可長也答曰 人心世道 一至於此 誠可駭然 李東彦罷職 作挐儒生特施停擧之罰 整爲人鄙細 工於附勢 年長於吳道一三歲 而屈事道一 無異子姪 道一亦輕侮之 輒呼爲豚兒 以豚與整音同也 整不以爲辱 愈益諂附 至是 泮儒將斥道一侮賢之罪 整欲沮其論 使無賴人 惹起事端 驅逐齋任 仍以疏訐告 士論憤之.

30) 1658~1716. 송시열의 문인, 1682년 진사시 수석, 1686년 정시문과 갑과급제, 이조좌랑 중 1689년 기사환국으로 남인이 집권하자 거제도로 유배, 1694년 갑술환국으로 서인 재집권, 노·소론 대립이 깊어지자, 1695년 소론 남구만에 의해 척신으로 월권행위가 많다는 탄핵을 받고 삭직됨, 1699년에는 스승을 배반했다는 명목으로 윤증을 공박, 대사성, 강화유수, 병조참판 중일 때 소론에 의해 유배형, 대표적인 노론 정객.

31) 숙종 29년 7월 9일 계축조. 館學儒生將上疏 爲先正臣宋時烈辨李厦成之誣 求疏本於大司成金鎭圭 鎭圭許之 文旣成 要以必專用其文 操切而不肯出 諸生乃別構疏 繕寫將呈 鎭圭不勝忿恚 卽以所撰辨誣文字 先自陳聞 疏中仍力攻泮儒 以國忌留政院 舊例 館學疏 不拘齋日 登時上徹 鎭圭知儒疏繼至 恐其先入 使館人 謄送其疏概 遍示疏廳 諸生俱駭愕 拜辭聖廟而退 泮中一空 (하략).

에 일이 더욱 잘못되었다는 것이었다.

(상략) 김진규가 선정을 위해 변무한 말은 매우 명쾌했으나, 처사가 전도되어 공의가 놀라워하였다. 구례에는 공관하면 바로 권유하여 기필코 들어오게 했는데, 김진규는 재차 상소하여 힘써 공격하고 반드시 몰아내려고 했다. 그리고 조정에서도 그의 말에 따라 마침내 선비를 대우하는 도리를 잃었으므로, 식자들이 더욱 한탄했다. 김진규는 정개 염결하고 자신을 단속함이 매우 엄하여 사람들이 미치지 못할 바가 많았지만, 사람 된 품이 꽉 막혀 자기만이 옳다고 여기고 남에게 이기기를 좋아하는 버릇이 있었기 때문에 이런 일이 생긴 것이다.[32)]

또한 다음 인용문에서도 알 수 있듯이, 정언 이해조는 김진규의 처사가 이제껏 들어보지 못하였을 정도로 참으로 어긋났으며, 공정치 못하였고 해괴하다고까지 하였다. 결국 이해조의 청대로 숙종이 김진규를 갈아치움으로써 모두가 통쾌하게 여겼다는 것이다.

(상략) 정언 이해조가 아뢰기를, "대사성 김진규는 여러 선비들의 사표가 되어 예양의 기풍을 일으키지 못하고, 선비들을 대신하여 소사를 엮었다가 그 글이 써지지 않음에 도리어 노해 장황하게 투소하며 뜻을 다해 꾸짖었으니, 이러한 거조는 이제껏 들어보지 못한 일입니다. 그리고 선비들이 마침내 공관했으니, 전도되어 어긋남이 참으로 심합니다. 김진규가 참으로 대로를 위하여 신변하려고 했다면, 애당초 선비들의 이름을 빌릴 필요도 없었고, 만약 반소에서 분석하고 논파한 것에 미진함이 있다면 글을 올려 추가로 변론해도 늦지 않았을 것입니다. 그러나 기어코 관유들로 하여금 자기 글을 그대로 다 쓰라고 했으니, 이미 공정한 마음이 아니었습니다. 그리고 김진규도 선비들의 글을 보지 못했고 선비들도 김진규의 소를 보지 못했으니, 소사의 완화와 준엄은 피차가 몰랐을 것인데, 엄준한 사기를 꺼려서 그랬다고 한 것은 억측이 됨을 면할 수 없습니다. 설사 허물하는 말이 있었다 하더라도 무엇이 그리 깊이 노여워할 일이라고 앞질러 폭로하여 상소하는 일을 그르친단 말입니까? 주자들을 가르치는 소임을 맡고서 도리어 선비들과 말을 놓고 꼬치꼬치 다투고 따졌으니, 그가 사체를 손상하고 이목을 놀라게 함이 이보다 심할 수가 없습니다. 청컨대 대사성 김진규를 체직하소서." 하니, 답하기를, "아뢴 대로 하라."했다. 김진규의 처사가 해괴하더니, 대계가 나오자 공론이 통쾌하게 여겼다.[33)]

---

32) 숙종 29년 7월 9일 계축조. (상략) 鎭圭爲先正辨誣 言甚明快 而處事顚倒 公議駭然 舊例 儒生空館 輒勸入乃已 而鎭圭再疏力攻 必欲迫逐 朝家又循其言 竟失待士之道 識者尤歎之 鎭圭貞介廉潔 律已甚嚴 多有人所不及處 而爲人膠滯 有自是好勝之癖 故如此.

33) 숙종 29년 7월 19일 계해조. (상략) 正言李海朝啓曰 大司成金鎭圭 不能表率多士 以興禮讓之風 而代士子構疏 反怒其文之不見用 張皇投疏 極意噴罵 如此擧措 未或前聞也 士子之終至空館 固甚顚錯 而鎭圭苟欲爲大老申辨 則初不必假士子之名 泮疏若有未盡剖破者 則陳章追辨 亦似未晚 必令泮儒 盡用

다음 다섯 번째 사례로 대사성 윤성준[34]은 유생들을 거느려야 하는 위치에서 대사성이라는 자신의 최고책임자로서의 소임을 제대로 이행하지 못하고 도리어 유생들에게 위협을 받아 끌려 다니는 행태를 보여서 일을 올바르게 처리하지 못한 점이 많았다. 소신이 없이 행동하는 이런 일들 때문에 사람들은 모두 그를 비루하게 여겼다는 것이다.

> 태학의 재생 박두산 등이 재임을 쫓아내려고 도모하여 갑자기 권당하면서 말하기를, "우리들이 유상을 존경하고 사모하여 심지어는 소환하도록 하는 의논을 하게 되었는데, 재임에게 저지 받아 감히 입당하지 못하고 있습니다."하므로, 대사성 윤성준(尹星駿)이 이를 진품하니, 임금이 재임 장식과 윤봉소 등이 감히 유현을 가볍게 여기고서 시종 가로막은 것을 들어 특별히 정거하도록 명하고, 잘못이 저쪽에 있음을 들어 깨우치어 입당하도록 권유하게 하니, 재생들이 드디어 도로 들어왔다. 이때 성균관과 사학의 소임을 바꾸거나 빼앗음을 한 결 같이 조정의 득실에 비교하게 되므로, 선비들 중에 자신을 아끼는 사람들은 모두가 그 속에 들어가는 것을 부끄럽게 여겼다. 이러므로 거재유생은 거개 모두 야박하여 검속할 수 없는 무리로서 밥 먹기 위해서가 아니라 공천을 노리면서 의논을 선동하고, 때에 따라서는 아첨하는 짓을 했었는데, 이에 이르러 윤성준이 그들의 위협을 받아 일을 올바르게 하지 못한 점이 많으므로, 사람들이 모두 비루하게 여겼다.[35]

갈수록 그러한 윤성준의 행태는 더욱 심해져 유생들을 공격하기도 하고 성균관 대성전 신문(神門)에 붙인 유생들의 처벌에 관한 방을 찢어버리도록 하였을 뿐만이 아니라, 아첨하는 상소를 통해 쉽게 승진하는 일도 있었고, 소론으로서 자기 파당인 최석정을 위해 소장을 막는 행위들, 또 자기 파당이 아닌 재

已文 已非公心 而鎭圭不見士子之文 士子不見鎭圭之疏 則疏語緩峻 彼此難知 謂憚嚴峻之辭 未免臆逆 設有追咎之言 何足深怒 而徑先暴發 沮敗疏事 任敎胄之責 而反與士子輩 切切爭較於言語之間 其壞損事體 駭惑瞻聆 莫此爲甚 請大司成金鎭圭遞差 答曰依啓 鎭圭處事怪駭 臺啓之發 公議快之.

34) 1655~1716. 1683년 증광문과 병과급제, 예문관검열, 갑술환국으로 사헌부지평, 장희재의 처벌을 주장함, 홍문관수찬, 소론으로 노론과 대립, 1702년 과거부정으로 소론 오도일이 탄핵 받았을 때 변호, 세자보호 주장하던 강세구 두둔하다가 대간 탄핵으로 파직, 1705년 교리로 복직, 홍문관부응교, 충청도관찰사, 대사성으로 있을 때는 노론학생들과 분쟁, 성균관 식당에 여종들 대신 남종으로 시행케 함, 강원도관찰사, 곤양군수, 초계부사로 임지에서 사망.

35) 숙종 35년 3월 12일 계미. 太學齋生朴斗山等謀逐齋任 猝然捲堂以爲 吾輩尊慕儒相 至發召還之議 而見格齋任 不敢入堂 大司成尹星駿以此陳稟 上以齋任張植尹鳳韶等 乃敢輕視儒賢 終始阻搪 特命停擧 諭以所失在彼 俾令勸諭入堂 齋生遂還入 時 館學換奪 一視朝廷之得失 士之自愛者 皆羞入其中 是以居齋儒生 (卒)〔率〕皆偸薄不檢之輩 非爲糊口 輒覬公薦 皷煽論議 隨時取媚 至是 星駿爲其所(脅)〔脅〕事多不正 人皆鄙之.

임들을 변칙적으로 갈아치우는 등 매우 후안무치한 행동들을 일삼았다는 것이었다.

> (상략) 태학유생들에 벌칙을 내리게 되어서는 윤성준이 방을 찢어버리고서 도리어 공격하는 짓을 했습니다.(당초에 태학유생 민흥수 등이 윤회를 먹칠해 버리고 또한 박두산 등 제인을 처벌하고서, 방을 신문에다 붙이었는데, 윤성준이 대사성이 되어 찢어버리도록 하였다) (중략) 정승에게 아첨하는 상소를 올리자마자 바로 전조의 차석이 되었습니다.(곧 윤성준을 가리킨다) (중략) 맨 끝에는 윤성준의 행사를 논하기를, "성균관과 사학의 재임을 바꾸거나 빼앗기에 급급하여, 처벌을 한 방을 찢어버리고서 사학의 소임을 정지하기까지 하였고, 응당 장의로 차임된 수효가 모두 삭천 된 속에 있게 된 것을 민망히 여겨야 할 것인데, 재궤를 열고서 재생 하나를 불러 천기를 가져다가 칼로 글자를 지워버리고서 즉각 장의를 차임했습니다. 무릇 이런 설시를 하였음은 진실로 최석정을 위해 유생들의 소장을 막아버리려는 계책에서 나온 것인데, 아침에 반궁재임들을 갈아치우자 저녁때에는 이부에 의망되었으니, 낯가죽이 제아무리 두껍다 하더라도 어떻게 감히 스스로 해명할 수 있겠습니까?"하였는데, 상소를 주달하자, 임금이 도로 내주도록 명하였다.[36] (하략)

조선시대의 최고 교육기관으로서 성균관의 총책임자인 대사성이 되었다고 하는 것은 대개 사장(師長)이 될 만한 인품과 덕망, 학식 및 리더십 등을 골고루 갖춘 자였다고 생각할 것이다.

그런데 우리가 기대하는 바와 일치하는 경우는 그리 많지 않았고 오히려 상식 이하인 경우가 자주 발견되었다는 것이 매우 실망스러운 일일 것이다.

숙종 때로 국한하여 본 결과 재위 46년간 무려 100명의 대사성이 교체되었다. 교육기관의 특성상 잦은 수장의 교체는 안정적 교육을 할 수 없음에도 불구하고, 평균 한 사람이 5개월여 밖에 재직하지 못하였다는 것은 붕당문제로 인하여 성균관 교육과 행정에 문제가 많았다는 뜻이었다.

특히 그중에서도 성균관 대사성에 제수되어서 또는 그 직위에 있으면서 이런저런 이유로 가장 논란에 많이 휩싸였던 대사성들은 5명 정도였는데, 민종도

---

36) 숙종 35년 5월 12일 임오. (상략) 學儒施罰 則星駿裂榜而反擊之【初 學儒閔興洙等塗墨尹會 又罰朴斗山等諸人 粘其榜於神門 星駿爲大司成 使裂去之】(중략) 媚相之疏纔投 卽亞銓席【卽尹星駿也】(중략) 末論尹星駿事曰急於換奪館學 拆去罰榜 至停四學之任 悶其應差掌議之數 俱在削薦中 擅開齋櫃 招一齋生 取薦記 刀割削字 卽差掌議 凡此設施 實出爲錫鼎杜絶儒章之計 而朝換泮任 夕擬吏部 面皮雖厚 何敢自解乎疏奏 上命還給.

, 오도일, 이돈, 김진규, 윤성준 등이 그 인물들이었다.

민종도는 어떠한 일도 제대로 하지 않았을 뿐만이 아니라 사생활도 지극히 문란하여 말썽이 많았으며, 오도일은 파당성이 강하여 유생들과의 갈등을 많이 일으켰고, 이돈은 비루하기 짝이 없고 아첨을 일삼았으며, 김진규는 옹졸하기 짝이 없는 처사로 유생들과 마찰을 빚었고, 윤성준도 역시 유생들을 배척하기 위해 변칙적으로 일처리를 하여 유생들과의 갈등이 심하였다.

위와 같이 성균관 대사성들이 시대적, 사회적 사표가 되어야 함에도 불구하고 사익만 추구한다든지 모범과는 거리가 멀다든지 편협하기 짝이 없는 처사로 인하여 배척을 당하는 일들이 발생하였다.

따라서 우리는 고등교육기관의 수장이 되는 사람들은 반드시 어느 시대나 시대적, 사회적 사표가 되어야 한다는 사실을 명심해야 하고, 인격과 학덕과 군자다운 리더십을 갖추는데 최선을 다해야 할 것이다.

4. 정조 때 성균관 대사성 교체 이유

조선시대의 성균관은 명실상부한 국가의 최고 교육기관이었다. 따라서 최고 교육기관으로서의 성균관 수장인 대사성은 매우 중요한 직임으로서 선행연구[37]에서도 살펴보았듯이 대단히 많은 역할들을 수행하였으며, 조선시대를 통틀어 언제 어느 때든 매우 중요한 자리라는 고정된 인식이 있었기 때문에 그에 적합한 사람을 임명해야 한다는 것이 항상 중론이었다. 다음의 인용문 한두 가지만 읽어보아도 그것을 충분히 알 수 있을 것이다.

> 경연에 나아갔다. (중략) 영사 신숙주가 아뢰기를, "성균관은 옛날에 현관이라 일컬었으며, 진신의 선비가 모두 여기를 거쳐 나왔습니다. 마땅히 나이가 높고 덕망이 있는 자를 가려서 교양을 맡겨야 합니다. 전일 대사성 이육(李陸)[38]이 제생에게 무시를 당하는 바가 되었는데, 이는 여러 학생을 복종

---

37) 『대사성까지 역임한 성균관 우수교관 사례』, 한국사상과 문화 77집, 한국사상문화학회.

38) 1438~1498. 1464년 춘방문과 장원급제, 겸예문, 성균관직강, 예문관응교, 장례원판결사, 대사성, 공조참의, 충청도관찰사, 예조·이조·호조참의, 병조·형조참의, 경상도관찰사·한성부우윤, 동지중추부사,

시킬 만한 덕망이 없었기 때문입니다. 지금 대사성 한언(韓堰)[39]도 또한 대간의 말로 인연하여 갈게 하였으니 청컨대 학문과 명망이 있는 자를 가려서 대신하게 하소서."하니 임금이 말하기를, "사표로 임명할 만한 자를 뽑아서 아뢰라."하니 승정원에서 행 사과 강노(姜老)를 추천하여 아뢰니, 곧 이조에 전교하여 강노를 대사성으로 삼았다.[40]

사헌부 대사헌 이예(李芮) 등이 차자를 올리기를, "지금 신급제를 한 한언을 성균관 대사성으로 삼았는데, 한언은 공신의 아들로서 일찍이 3품직을 지냈으니, 응당 당상관에 임명할 수 있는데, 다른 관직은 가하나, 대사성은 사표(師表)의 장으로서 늙은 스승이나 학식이 높은 선비가 아니면 그 자리에 앉을 수 없는 것입니다. 한언은 겨우 과거에 급제하였는데, 갑자기 사표의 장에 임명하면 스승에게 경례하는 학생이 모두 한때의 제배이니, 반드시 수업을 즐기어 하려고 하지 아니할 것입니다. 청컨대 다른 관직으로 고치게 하소서."하니 전교하기를, "한언은 이미 등제하였으니, 어찌 불가할 것이 있겠느냐?"하였다.[41]

(중략) 그리고 삼가 듣건대 성균관 유생들이 윤광안(尹光顔)이 대사성이 된 일로 통문을 보내 그 소문이 중외에 퍼졌으니, 이는 실로 조정의 일대 수치입니다. 이 어찌 알성에 하자가 있는 자가 성균관의 장관이 될 수 있단 말입니까. 인물을 잘 알아보시는 성상의 혜안으로 그 사람을 아껴 써야겠다고 생각하셨다면 지방이나 서울 가운데 무슨 벼슬인들 안 될 것이 없을 것인데 하필 요직 중에서도 요직인 대사성을 맡기신단 말입니까. 청컨대 윤광안에게 대사성직을 제수한다는 중비(中批)[42]의 명을 특별히 거두소서. (하략)[43]

형조참판, 강원도관찰사, 예조참판, 정조사 부사, 병조·형조참판, 고부청시청승습사 부사, 동지춘추관사, 경기도관찰사, 대사헌, 동지중추부사, 한성부 좌·우윤, 호조·병조참판. 성품은 정한(精悍), 행정수완, 시문에 능했으나 도량이 좁고 축재에 힘쓰기도 했다.

39) 1448~1492. 영의정 한명회의 조카. 1474년 식년문과 병과급제, 대사성, 형조참의, 선위사로 명나라 출장, 이조·공조참의, 판결사·장흥부사, 대사간, 호조참의, 동부승지, 도승지·대사헌·형조참판, 사은사로 명나라 출장 중 사망.

40) 성종 5년 3월 22일 정미조. 御經筵 講訖 (중략) 領事申叔舟啓曰 成均館 古稱賢關 縉紳之士 皆由此出 宜擇年尊德邵者 以任敎養 前日大司成李陸 嘗爲諸生所譏 無德望可以厭服故也 今大司成韓堰 亦因臺諫之言而遞之 請擇有學問名望者代之上曰 (중략) 擇可任師表者以啓 承政院以行司果姜老擬啓 卽傳吏曹 以老爲大司成.

41) 성종 5년 3월 19일 갑진조. 司憲府大司憲李芮等上箚子曰 今以新及第韓堰爲成均館大司成 堰以功臣之子 曾經三品職 應拜堂上 他官則可也 若大司成 師表之長 非老師 宿儒 莫宜居也 堰今纔釋褐 遽爲師長之任 摳衣函丈者 皆一時儕輩 必不肯受業 請改他職 傳曰 堰旣登第 何不可之有.

42) 시험을 거치지 않고 임금의 특명으로 벼슬을 시키는 일.

43) 정조 24년 5월 22일 계묘조. (상략) 且伏聞泮儒以尹光顔泮長事 有所發簡 中外傳播 此誠朝廷之一大羞恥也 豈有見塞於謁聖 而爲長於國子乎 以聖上則哲之明 愛其人而用其人 則於外於內 何官不可 而必於極選師儒之長乎 臣謂尹光顔所帶國子之任 特收中批之命 (하략).

그래서 성균관 대사성의 자격으로는 사표(師表), 학식, 인격, 덕망, 연령, 지도력 등등이 요구되었고, 또한 교육기관의 특성상 장기간 재임해야 된다는 것이 조선시대 지도층의 상식이었는데도 불구하고 이상하게도 그런 것들이 잘 지켜지지는 않았다.

학문적 식견이나 정치적인 판단이 높은 수준으로 알려진 정조 임금 때라고 해도 이런 측면은 마찬가지였다. 정조 임금의 재위기간이 24년(1776~1800) 정도였는데 그 기간 동안 74명이나 대사성을 역임하였으니, 1인당 겨우 4개월도 채 안 되는 기간 동안 재임하였다는 것이 되며, 동일인이 여러 차례 재임명된 것들을 합하여 계산해보면 대사성이 251회나 교체되었으니, 이는 평균 1.1개월마다 교체된 셈이었다.[44]

심지어는 임명하고 나서 하루 이틀 만에 다시 다른 사람을 임명한 경우도 너무 자주 나타나고 있다.[45] 아무리 붕당문제가 있었다는 것을 염두에 두더라도 이것은 해도 너무했다는 생각이 든다. 이러니 성균관 교육이 당연히 안정적으로 이루어질 수가 없었을 것이라고 생각된다.

더구나 그 대사성이라는 직임이 매우 중요하다고 이구동성으로 말하고 있는데도 왜 얼마 되지도 않아 곧바로 다른 사람으로 자꾸 교체하였는지에 대해서는 문헌에 뚜렷한 해명이 되어 있는 곳을 찾아보기도 어렵다.[46] 그래서 이

---

44) 『성균관대학교 육백년사』, 297~301쪽 참고.

45) 정조 1년 1월 9일 홍낙순→11일 김하재, 2년 9월 21일 이의익→24일 김익, 5년 8월 4일 정지검→5일 조시위, 7년 1월 17일 조정진→19일 조시위, 2월 13일 심풍지→16일 서정수, 8년 12월 12일 조정진→14일 민종현, 12월 26일 민종현→27일 신대승, 9년 6월 11일 이경양→13일 심풍지, 7월 15일 박우원→16일 이경양→18일 서정수, 8월1일 심풍지→4일 이경양→7일 조상진→9일 박우원→12일 이경양→13일 신대승, 11월 6일 이문원→9일 서정수→11일 신대승, 17일 김우진→20일 서용보→21일 서정수, 12월 5일 신대승→9일 조시위, 10년 4월 19일 서정수→20일 민종현, 6월 3일 서용보→5일 이시수, 17일 김우진→20일 조시위→23일 민종현, 12월 25일 조상진→26일 홍검, 13년 12월 1일 조윤대→2일 정범조, 14년 12월 2일 정범조→4일 홍문영, 20일 홍명호→22일 이홍재, 17년 9월 10일 정대용→11일 서용보, 22년 12월 5일 남공철→8일 이만수로 교체했다. 『성균관대학교 육백년사』, 297~300쪽 참고.

46) 혹시 권지(權知)일까 의심해 보았는데 아니었다. 왜냐하면 권지는 조선초기에는 과거와 상관없는 비정규직이었다. 뒤에는 과거합격자를 우선 임명하게 되었고, 적체되면서 비합격자를 권지로 임명하는 일은 없어졌다. 문과출신의 경우 갑과 3인만이 즉시 임용되었고, 나머지는 성균관·승문원·교서관 3관에 권지로 분관되었다. 직명은 권지승문원부정자·권지성균관학유·권지훈련원봉사 혹은 훈련원권지 등으로 호칭되었고, 연소하고 총민한 자는 승문원, 박식한 자는 교서관, 노숙하고 덕망 있는 자는 성균관에 분관

문제에 착안하여 첫 연구를 하고자 교체된 이유를 명확히 알 수 있는 곳만을 찾아보았는데 정말 매우 드문드문 몇 곳만 있을 뿐이었다.

따라서 여기에서는 교체이유를 잘 알 수 없는 곳을 부득이 제외하고 좀 더 확실한 이유가 명시된 곳만을 몇 군데 찾아 그 사례들을 중심으로 논지를 전개해나가고자 한다.

다음 첫 번째 인용문 내용을 살펴보면, 제주도에서 진상한 감귤을 성균관에 나누어줄 때 그 기념으로 성균관 유생들을 대상으로 하는 시험인 감제(황감제)를 실시했는데, 특별히 국왕의 하교도 받지 않고 임의로 방외유생 즉 4학 유생들까지 응시하게 한 국자장(이때의 대사성은 이명식)[47]과 시험과 관련된 업무를 맡고 있던 문임(홍문관, 예문관 제학)을 추고하게 했는데, 추고는 벼슬아치의 죄와 허물을 문초하거나 캐어물어 고찰(考察)하던 일로, 결국 이 일로 인하여 이명식(李命植)은 이틀 후인 12월 12일 전임자였던 이의필(李義弼)[48]로 교체되었다. 더구나 이 이명식은 각주에서도 알 수 있듯이 벼슬살이 하는 동안 3차례씩이나 파직 당한 것으로 보아서 그다지 성실한 관리는 아니었던 것으로 판단된다.

동부승지 김면주(金勉柱)가 아뢰기를, "절제(節製) 때에는 방외도 통하게 하라는 하교가 없으면 반유(泮儒)만 부거(赴擧)하는 것이 본디 정식(定式)인데, 일전 감제(柑製)[49] 때에는 전례에 없이 혼동하

하였다. 조선중기 이후에는 권지로 임명된 뒤 6, 7년을 기다려야 9품직에 임용되었다. 승문원·교서관은 4년, 성균관은 8년이 경과한 뒤에 6품직인 참상관이 되었다.

47) 1720~1800. 1751년 정시문과 병과급제. 검열, 어사, 교리, 집의, 갑산부 귀양, 대사간, 수원부사, 마병을 허술히 관리한 죄로 파직. 승지, 대사성, 대사간, 경상도관찰사, 김소사(金召史)와 논쟁한 일로 파직. 대사헌, 경기관찰사, 대사성, 함경도관찰사, 호판, 한성부판윤, 공판, 홍문관제학, 형판, 의금부사, 예판, 이판, 병판, 좌참찬, 패소(牌召 : 임금이 패를 내려 신하를 부르던 제도)를 어겨 파직, 함경도관찰사, 판의금부사, 개성부유수, 병판, 가례도감 제조, 평안도관찰사, 시파로 분류. 지중추부사, 예문관제학, 수원부유수, 공도회(관찰사나 유수가 지방유생 뽑는 소과초시) 개정, 판중추부사, 진휼용 상진곡(常賑穀 : 상평청과 진휼청의 소관곡물)의 감소와 대처방안 상소.

48) 이명식이 10월 22일 임명되어 두 달도 채 못했지만, 전임자였던 이의필도 10월 15일 임명되었다가 22일 다시 이명식으로 교체되었던 것이니 7일밖에 재임하지 못하였었다. 물론 이의필은 총 5회를 역임하였고, 이명식은 이미 영조 45년(1769) 12월 18일 임명되어 이듬 해 3월 19일 김노진(金魯鎭)으로 바뀌기까지 3개월여 근무하였다.

여 시취하였으니, 문임(文任)과 국자장을 추고(推考)하고서."하니, 그대로 따랐다.[50]

다음 두 번째 인용문 내용에서는 전 대사성 민종현[51]에 대한 것인데, 민종현은 성균관을 연구하는 데 있어서 가장 많이 활용되고 있는 문헌인 『태학지』를 기록한 대사성으로 학계에 널리 알려져 있다. 그런데 이 민종현은 13차례나 성균관 대사성을 역임하였다.[52] 이는 정조 때뿐이 아니라 조선왕조 500년을 통틀어 같은 자리를 여러 차례 역임한 가장 많은 사례이기도 하다. 그러나 13차례라고 해도 재임기간을 모두 합치면 2년 5개월밖에 되지 않으니, 고작해야 한 번에 2.2개월에 불과하다.

더구나 『태학지』를 통해 상당히 성실한 대사성이었다고 알기 쉬운데 실상은 전혀 그렇지를 않았다. 인용문 내용에서 보는 것처럼 병신년 즉 정조 즉위년인 1776년부터 성균관 과거시험 글제를 기록해두라고 명하였는데, 을사년 즉 정조 9년인 1785년부터 누락되었다는 것을 정조가 파악하고 그때 당시의 대사성이 누구였는지 알아내 지금의 현직에서 파직시키라고 명령하였다. 1785년에는 민종현이 8번째로 대사성을 다시 하고 있을 때였으며, 그는 1790년 파직을 당할 당시의 관직은 이조참판이었다.

그런 그가 8번째로부터 13번째까지 다시 대사성을(1785년부터 1787년까지) 3년간 띄엄띄엄 하였는데, 그 기간 동안 민종현도 다른 이들도 제대로 기록해놓지 않았던 것이다. 『태학지』는 정조 9년인 1785년 2월 6일에 민종현이 8번째

49) 정조 3년 12월 9일 기미조. 設柑製于泮宮 居首幼學徐昇修直赴殿試 命對讀官 以直閣待教 與入直玉堂同擬 著爲式.

50) 정조 3년 12월 10일 경신조. 同副承旨金勉柱啓言 節製無通方外之教 則只泮儒赴擧 自是定式 而日前柑製 不有前例 混同試取 請文任國子長推考 從之.

51) 1735~1798. 1766년 정시문과 병과급제, 문학, 우부승지, 대사성, 형조참판, 수원부사, 총융청 마병도시(馬兵都試)를 늦게 시행해 탄핵됨, 대사성으로 영재교육방책을 올렸으며, 동지의금부사 때 아래 율관의 잘못으로 삭직, 대사헌, 홍문관부제학, 대사성, 개성부유수, 비변사당상 파직, 이조참판, 대사성, 과거시험 서제를 기록해두지 않아 파직, 1791년 관상감제조, 태상신 모시는 방에 비 새는데도 고칠 날을 점치지 않은 죄로 파직, 홍문관부제학, 예판, 빈대에 불참해 파직, 홍문관제학, 이판, 경원부사, 1795년 예판으로 상을 받았으나 향례연길을 살피지 않아 파직, 예판, 동지 겸 사은정사, 홍문관제학, 장악원제조, 이판, 평안도관찰사, 국가예식 상소를 많이 올림.

52) 정조 5년 윤달 5월 3일과 8월 18일, 7년 7월 7일과 10월 16일 및 11월 20일, 8년 12월 14일과 12월 26일, 9년 2월 6일, 10년 3월 18일과 4월 20일 및 6월 23일, 윤달 7월 29일, 11년 6월 11일 등.

로 다시 대사성이 되었을 때 왕명을 받아 1785년 2월 말경에 지어올린 것으로 되어 있다. 따라서 그 후로는 잘 기록하지 않았던 것으로 파악된다. 그리고 파직 명령을 내릴 때의 성균관 현직 대사성은 이면긍(李勉兢)[53]이었다.

직무에 태만하였음을 추궁당하여 파직을 당한 민종현은 다른 데서도 문제가 있어서 8번 가까이 파직을 당하였는데, 그럼에도 벼슬 운이 있었는지 복직되고 또 복직되어 이조판서까지 지낸 꽤나 운이 좋은 인물이었던 것으로 생각된다.

> 전 대사성 민종현(閔鍾顯)을 파직시켰다. 하교하기를, "태학은 바로 선비들을 시험하는 곳으로 과거시험의 글제를 베껴 보관하는 것은 원래부터 본관(本館)의 고사(故事)로 되어 있다. 내가 어린 시절에 본 바로는, 숙묘조(肅廟朝) 때 반유(泮儒)들에게 명하여 아무 때고 응제하도록 하였고 성적을 매긴 시권(試券)에서 우등한 4, 5명에게는 모두 급제를 내렸다. 그 후 절일제에서도 혹은 초시로 인정해주기도 하고 글 제목을 모두 기재하여 두는 등록(謄錄)[54]이 있었다. 그런데 몇 해 전에 들으니, 본관에는 요즘 글제를 기록해두는 책이 없다고 하므로, 특별히 예전처럼 적어두게 하였다. 오래 전의 과거시험 글제를 다 모아서 베껴 쓰기가 어렵다면 병신년부터 시작하여 임금이 낸 글제와 시관이 낸 글제를 두 책에 갈라 적어두라는 내용으로 규정을 정한 바가 있었다. 오늘 그것을 가져다 보니, 을사년 이후의 것을 이유 없이 빠뜨렸다. 거행하는 태도가 극히 태만하였으니, 당해 대사성을 파직하라."하였다.[55]

다음은 김방행[56]에 대한 것인데 그가 파직을 당한 이유는, 아마도 7월 19일에 있었던 응제시(應製試) 때 조금 천시 받는 관서지방 출신 어떤 유생의 1인

---

53) 1753~1812. 1783년 증광문과 장원, 홍문관 응교, 동지사 서장관, 이조참의, 대사성 특진, 영천군수, 이조참의, 관리 명단작성을 소홀히 해 판서·참판과 함께 파직, 경상도관찰사, 우부승지, 제헌관 감독 불충분으로 파직, 이조참의, 기일 내 부임하지 않아 금성현 유배, 이조참판, 형조참판, 호판, 평안도관찰사, 한성판윤, 대사헌, 육조판서 역임, 의정부우참찬 역임.

54) 전례(前例)를 적은 기록.

55) 정조 14년 3월 8일 무자조. 罷前大司成閔鍾顯職 敎曰 太學卽試士之所 科題之謄置 自是本館故事 予於幼時見 肅廟朝命泮儒無時應製 考下諸券 以優等四五人幷賜及第 其後節製或賜初試 書題俱有載錄之謄錄 年前聞之 本館近無題錄冊云 特令復舊錄置 而久遠科題 如難聚謄 則自丙申爲始 御題與試官之題 分錄兩冊之意 有所定式 今日取見 乙巳以後無端闕却 擧行極爲慢忽 當該大司成罷職.

56) 1738~1793. 1773년 증광문과 병과급제. 성품이 강직해 교리일 때 친구 홍상간이 역적으로 죽음을 당하자 시체를 거둬 매장함. 이로 인해 유배를 당했으며, 1778년에 특별 방면됨. 1791년 평안도사로 폐해 상소. 같은 해 대사성이 되었으나 이듬해에 파직 당했다가, 1793년 황해도관찰사로 재직 중 사망.

시위를 신칙, 즉 단단히 타일러 경계시키지 않았다는 것으로, 일종의 직무태만에 대한 벌로 파직된 것이었다.

대사성 김방행(金方行)을 파직하고 중비(中批)로 이가환(李家煥)으로 대신하였다. 반유 응제(應製)[57] 때에 관서지방의 어떤 유생이 호소할 것이 있다고 말하면서 제목을 걸어 놓은 판자 아래 엎드려 있었는데, 김방행이 이를 신칙(申飭)하지 못한 데에 연좌된 것이었다.[58]

또 다음은 이의필[59]을 파면한 것인데, 그 이유는 성균관 유생들을 대상으로 하는 황감(귤)제 시행 때 압반 즉 백관이 자리할 위치를 제대로 정돈하지 않았다는 것이었다. 뭐 그런 정도를 가지고 파직까지 시키느냐 하겠지만, 성균관 수장으로서의 책무를 소홀히 하였다는 것으로 책임이 귀결되느니 만큼 당연한 것이었고, 그는 벼슬 경력에 있어서도 파직과 귀양을 4차례나 반복한 것으로 보아서 그다지 성실한 관리는 아니었던 것으로 보인다.

춘당대에 임어하여 감제시를 다시 행하고 초계문신(抄啓文臣)[60]에 대한 친시도 겸하여 행하였다. (황)감제시의 수석을 차지한 유학 이진숭(李鎭嵩)을 직부전시[61]하게 하였다. 성균관 대사성 이의필(李義弼)의 직을 파면하였으니 감제시에 압반(押班)하지 않았기 때문이었다. 이만수(李晩秀)를 대신 임명하였다.[62]

---

57) 관학유생에게 수시로 특별한 시제를 주어 응시하게 하는 임시과거.

58) 정조 16년 9월 17일 계축조. 罷大司成金方行職 中批李家煥代之 泮儒應製時 有關西儒生 口稱訴籲 伏於懸題板下 方行坐不飭也.

59) 1738~1808. 성품 강직, 1766년 정시문과 병과급제, 청요직 역임. 정조 즉위 시 대사성 발탁, 승지, 1779년 부제학, 이듬해 홍국영의 사주를 받은 대사헌 이보행이 영의정 서명선·명응 형제를 탄핵할 때 동조하는 소를 올려 부제학에서 파직, 재기용되어 강계부사, 대사헌 때 천주교인 처벌강경 고수, 대사간 최헌중이 천주학 배척에 가탁해서 왕을 비방한다며 처벌을 주장하다가 도리어 편당으로 몰려 단천으로 귀양. 풀려나 호조참판·형조판서·함경도관찰사, 우참찬. 우참찬 때 사포서 일로 좌의정 서매수를 심히 탄핵해 순안으로 유배. 이듬해 귀양에서 풀려나 광주유수. 1807년 7년 전 함경감사 때 귀양 간 사람을 임의로 죽였다는 정언 서준보의 상소로 죄가 소급 적용되어 파직됨.

60) 규장각에 특별히 마련된 교육 및 연구과정을 밟던 문신들.

61) 직부전시(直赴殿試)는 과거 최종단계인 전시에 곧바로 응시케 하는 것.

62) 정조 21년 12월 7일 임인조. 壬寅/御春塘臺 更試柑製 兼行抄啓文臣親試 柑製居魁幼學李鎭嵩 直赴殿試 罷成均館大司成李義弼職 以柑製不押班也 以李晩秀代之.

다음은 윤광안(尹光顔)[63]에 대한 것으로, 그가 정조 24년(1800년) 4월 12일 성균관 대사성으로 제수되자 성균관 유생들이 전국에 통문을 발하며 문묘 알성을 제대로 하지 않은 자가 성균관 수장이 된다는 것은 말이 안 된다며 금령도 어겨가며 반대 공론을 조성하였다는 것이다. 물론 다른 이유도 많이 있는 것으로 여겨진다.[64]

인용문은 지평 민영조(閔榮祖)의 상소인데 인물을 잘 알아보시는 군주가 요직 중의 요직인 대사성 자리를 맡기신다는 것이 잘못되었다며 거두어달라고 요청하고 있다. 이에 대해 정조는 이런 일을 하지 말라고 엄히 했는데도 어기고 있다고 노하며, 민영조의 편견이라고 주장하고 있음을 알 수 있다. 정조는 좀처럼 뜻을 굽히지 않고 있다가 결국 한 열흘 정도 지나서 4월 24일 윤광안을 우부승지로 임명하였다가, 5월 22일에는 이조참의로 임명했고, 5월 26일에 가서는 대사성을 정대용(鄭大容)으로 임명하였다.

(상략) 그리고 삼가 듣건대 관유들이 윤광안(尹光顔)이 대사성이 된 일로 통문을 보내 그 소문이 중외에 퍼졌으니, 이는 실로 조정의 일대 수치입니다. 이 어찌 알성에 하자가 있는 자가 성균관의 장관이 될 수 있단 말입니까. 인물을 잘 알아보시는 성상의 혜안으로 그 사람을 아껴 써야겠다고 생각하셨다면 지방이나 서울 가운데 무슨 벼슬인들 안 될 것이 없을 것인데 하필 요직 중에서도 요직인 대사성을 맡기신단 말입니까. 청컨대 윤광안에게 대사성직을 제수한다는 중비의 명을 특별히 거두소서."하니, 비답하기를, "처음에 말한 일은, 모든 일에 대해 이미 아뢴 다음 또 상소하는 게 근래의 잘못된 풍조 가운데 하나로서 매우 엄히 금지시켰는데 네가 어찌 감히 금령을 범한단 말인가. 감히 말할 일이 아니다. (중략) 대사성에 대한 중비를 특별히 거두라고 한 일은, 내가 그의 문장과 식견을 잘 알아 현 관직에 중비한 것으로서 인물에 걸맞게 부리자는 뜻이었는데, 너의 이 소장의 말은 사적인 편견이 아니고 무엇인가. 이 같은 행위를 어찌 감히 자행하는가."했다. (중략) 전교하기를, "중비를 상소해 논박한 것은 일반적으로 아름다운 법이나, 잡스러운 자까지도 모두 금하지 않는다면 이

63) 1757~1815. 1786년 정시문과 병과급제, 교리, 대사간·대사성·충청도관찰사·이조참의·부호군, 경상도관찰사. 주자와 송시열을 배향한 영양 운곡서원 사당과 영정 철거로 1808년 어사 이우재의 탄핵을 받아 사문난적이라는 죄명으로 함경도 무산부에 유배됨.

64) 즉, 노론은 남인 이가환(李家煥)을 집중적으로 공격함으로써 남인의 정계진출을 견제했고, 소론계 윤광안(尹光顔)을 대사성에 임명한 정조의 인사를 비난하는 여론이 조성되었으며, 노론계 재야 선비들이 관직 맡기를 거부했고 초계문신들이 정조의 시험을 거부하는 등 전제정치에 대한 불만도 증가했다.특히 노론 강경파는 소론에 대한 대대적인 공세를 폄으로써 국왕과 대립했다. [네이버 지식백과 '꿈은 사라지고'(문화콘텐츠닷컴(문화원형백과 화성의궤), 2002, 한국콘텐츠진흥원).

어찌 우순(虞舜)[65]이 참소를 증오해 간관(諫官) 용(龍)을 명한 뜻이겠는가. 어느 벼슬인들 적당한 자리가 없겠느냐고 대간의 상소에서도 말했으나 대사성에 먼저 제수한 것은 그의 문학이 정사 쪽보다 낫다는 생각에서였다. 그러나 다시 생각해 보니 여러 해 동안 시종신으로 데리고 있으면서 그와 얘기를 해본 바 논리가 매우 분명했다. 선부의 관직도 적격자가 아니라 할 수 없으니 현직을 체차(遞差)[66]하여 염치의 도리를 신장할까 한다. 전 대사성 윤광안을 이조참의에 제수하라."했다.[67]

논란이 된 이 윤광안은 나중에 순조 때에 가서 그가 경상도관찰사로 재임(1806. 2~1808. 1) 때의 주자(朱子)와 송시열(宋時烈)을 배향한 영양 운곡서원(雲谷書院)의 사당을 헐고 영정을 철거한 일로, 결국 성균관 유생들의 분노를 사 1808년 3월 2일에 유생들이 주자 영당을 훼절한 일을 상소했고, 4월 13일에는 경상 감사 정동관이 윤광안을 탄핵하는 내용의 상소문을 올렸다.

그리고 4월 15일에 가서는 관학 유생 등 6백 77인이 상소하여 윤광안의 죄를 논했다. 이것이 문제가 되어 1808년(순조 8) 암행어사 이우재(李愚在)의 탄핵까지 받아 사문난적(斯文亂賊)이라는 죄명으로 4월 20일 함경도 무산부에 유배된 적이 있었다.[68]

조선시대의 성균관은 국가를 대표하는 최고의 교육기관이었다. 따라서 이러한 성균관의 수장인 정3품 품계를 가진 대사성이 된다고 하는 것은 사표(師表)가 될 만한 충분한 자질과 덕행 및 학문적 실력을 높이 갖춘 자라고 생각할 수 있다.

왜냐하면 실제로 각종 문헌 곳곳에서 성균관 대사성을 제수할 때는 언제나 성균관 유생뿐만이 아니라 전국 각지의 모든 유생들의 모범이 될 만한, 그리고

---

65) 당(唐)나라의 요(堯), 우(虞)나라의 순(舜) 임금.

66) 관리의 임기가 차거나 부적당할 때 다른 사람으로 바꾸는 일을 이르던 말.

67) 정조 24년 5월 22일 계묘조. (상략) 而且伏聞泮儒以尹光顔泮長事 有所發簡 中外傳播 此誠朝廷之一大羞恥也 豈有見塞於謁聖 而爲長於國子乎 以聖上則哲之明 愛其人而用其人 則於外於內 何官不可 而必於極選師儒之長乎 臣謂尹光顔所帶國子之任 特收中批之命 批曰 首陳事 凡事之旣啓又疏 近來謬習中一事 飭禁何如 則爾何冒犯 (중략) 泮長中批特收事 稔知其文與識 中批於見職 意在器使 爾之此疏非偏私而? 此等之習 安敢爲乎 (중략) 敎曰 中批封駁 非不是美規 挾雜者一例不禁 則是豈命龍堲讒之意乎 何官不可 臺疏亦言之 而先除泮長 意謂文學之優於政事 更思之 多年近密 與之語 分數甚明 選部之職 亦未必非其人 見任許遞 以伸廉隅 前大司成尹光顔 吏曹參議除授.

68) 『승정원일기』 순조8년 4월 13일 기묘조, 『순조실록』 4월 20일 병술조, 『민족문화대백과사전』 등.

조선이라는 국가사회의 모범이 될 만한 훌륭한 자질과 높은 학문적인 실력 및 덕망, 그리고 어느 정도 유생들보다 높은 나이까지를 고려해야 한다는 것이 대체적인 기준이었다.

하지만 이러한 통상적인 의식과 기준이 통용되어야 함에도 불구하고 부정적인 여론이 생기지 않는 걸맞은 인물들이 성균관 대사성으로 제수되는 일은 실상 많지를 않았다.

본 연구는 정조 때에 한정하여 이 문제를 살펴보았다. 『조선왕조실록』이나 『승정원일기』 등의 문헌을 통해 확인하였는데, 이명식·민종현·김방행·이의필·윤광안 등 5명만이 교체이유를 제대로 알 수 있었다.

정조 임금이 재위한 24년 동안 성균관 대사성은 74명이었으며, 1인당 4개월여 재직한 것으로 계산되었다. 동일인이 여러 차례 대사성에 재 등용되었던 것을 계산한다면 교체가 251회나 되고, 이는 재직기간이 평균 1.1개월에 불과하였다. 그러므로 성균관 교육이 안정적으로 운영될 수 없었다.

성균관 대사성 이명식은 성균관 유생들만을 대상으로 해야 하는 황감제 때 국왕의 특명이 없었는데도 임의로 수도권 유생들까지 응시하게 했었고, 민종현은 과거글제를 제대로 기록하지 않았으며, 김방행은 시험에서 불만을 표출한 관서유생을 철저히 타이르지 않았다. 그리고 이의필은 황감제 때 춘당대에서 대신들의 자리를 제대로 정돈해놓지 않았으며, 윤광안은 붕당문제와 문묘알성 태만이 이유가 되어 교체되었다.

그런데 위 5명에 대한 관직 경력을 살펴보니 흥미롭게도 이명식은 2회, 민종현은 8회, 김방행은 2회, 이의필은 4회, 윤광안은 1회의 파직 경력들이 있었다. 말하자면 그들은 붕당문제를 차치한다고 하여도 논란의 여지가 없는 성실한 인물들은 아니었다고 생각되는 것이다.

제4장 성균관의 교관 문화

1. 성균관의 우수 교관 사례

조선시대의 성균관은 국가의 최고 교육기관이었다. 물론 단순한 고등교육 기관으로서만이 아니라, 전국 모든 학교의 대표로서 서울의 4학을 주관하며 신진관료를 공급하는 곳이요, 과거시험도 일부 주관하는 기관이요, 중국 사신들이 문묘에 참배하기 위해 내방하는 곳으로서 외교적 기능을 하는 기관이요, 전국 선비들의 공론을 선도하는 곳이요, 공자를 비롯한 선현선사를 추모하는 최고의 사당이요, 성리학 지배이념을 수호하고 존속시키는 곳이요, 기타 대사례와 양로례를 주관하는 등 대단히 많은 역할을 수행하였다.

이 성균관에서 근무하는 교관들에게는 정교일치와 예악일치 및 제교일치를 기본 소양과 생활로 체득하여 국가로부터 다양한 역할이 부여되었다. 교관들 중에서는 정부 요직으로 진출하거나 가끔 사신으로 차출되어 가기도 하였고, 지방교육의 진흥을 위해 전국 각지에 파견되기도 하였다.

그러므로 성균관 교관이 되거나 총책임자가 된다고 하는 것은 사표가 될 만한 자질과 실력을 갖춘 자만이 임명되는 것이 상식이었다. 물론 처음부터 끝까지 원칙과 상식이 지켜지지를 않아서 논란이 되고, 비난과 배척을 받으며 교육다운 교육이 이루어지지를 않는 경우가 다반사가 되어서 조용한 날이 많이 없었지만 말이다.

성균관 직제가 1895년 바뀌어 대사성 이름이 사라지게 되기 전까지 497년간 총 1310여 명이 대사성으로 제수되었다. 이 중에서 20여 명이 다른 국왕 때 다시 대사성으로 제수되어 근무했으니 중복을 제외하면 1290여 명이라고 할 수 있다. 따라서 평균 재직 연수는 2.6년 정도에 불과하다. 『성균관대학교 육백년사』를 참고하여 각 국왕의 재위연도와 임명된 대사성 수를 작성한 표는 다음과 같다.

국왕	재위연도	대사성	국왕	재위연도	대사성
태조	1392~1398	7	광해	1608~1623	30
정종	1398~1400	1	인조	1623~1649	34
태종	1400~1418	8	효종	1649~1659	23
세종	1418~1450	13	현종	1659~1674	28
문종	1450~1452	2	숙종	1674~1720	100
단종	1452~1455	4	경종	1720~1724	18
세조	1455~1468	19	영조	1724~1776	151
예종	1468~1469	2	정조	1776~1800	78
성종	1469~1494	21	순조	1800~1834	119
연산	1494~1506	7	헌종	1834~1849	62
중종	1506~1544	44	철종	1849~1863	112
명종	1545~1567	25	고종	1863~1907	34
선조	1567~1608	57			

그러나 여기서는 대사성을 연구하고자 하는 것이 아니다. 우수한 교관을 연구하고자 하는 데 필요한 하나의 참고일 뿐이다. 그런데 이렇게 대사성을 역임한 교관들이 많았지만 평판에 대해서는 자세히 알기가 어렵다. 또 이러한 주제를 다룬 선행연구물들은 거의 전무하고, 관련 문헌들도 결코 풍부하지는 않으므로, 『조선왕조실록』을 중심으로 해서 이번 기회에는 대사성까지 역임한 평판이 좋았던 우수 교관들의 사례를 중심으로 살펴보고, 다음 기회에는 대사성까지 역임하지는 않았지만 평판이 좋았던 우수 교관들의 사례를 중심으로 고찰해 보고자 한다.

2. 대사성을 역임한 교관

우수한 성균관의 교관으로 이름을 남긴 이들이 많이 있었겠지만 기록들을 찾기가 너무 힘들고, 그나마 『실록』을 통해서 파악된 평판이 좋았던 성균관 교관들로서는 대사성까지 역임한 경우가 13명, 대사성까지는 역임하지 않은 경우가 8명으로 모두 21명으로 집계되고 있다. 본고에서는 대사성까지 역임한 교관들을 중심으로 먼저 살펴보고자 한다.

첫 번째로 『실록』을 통해서 등장하는 평판이 좋은 성균관 교관으로서는 성균관의 사예(정4품)와 좨주(종3품)를 거쳐 대사성(정3품)이 된 조용(趙庸, ?~1424)[1]인데, 그는 정종 2년에 대사성을 하였고, 다시 태종 3년에, 10년에, 18년에 제수되어 모두 4차례나 대사성을 역임하였다.

아래 인용문 밑줄 친 부분에서 살펴볼 수 있는 것처럼 성균관 생원 200여 명이 국왕에게 상서하여 스승으로 청함을 받아 대사성이 되었으니 그전부터 성균관의 사예, 좨주를 할 때부터 이미 평판이 좋았던 상황이었다. 중략된 부분에 성균관 유생일 때 성리학에 능통하고 암기력이 뛰어났었다고 하는 내용이 있고, 본 인용문 후반부 내용으로도 봐서는 매우 학문적 실력이 우수하였고 상당히 잘 가르쳤었다는 것을 알 수 있다. 그리고 그는 정몽주의 문인으로서도 이름이 있었고, 형조전서로 있다가 경북 예천에서 귀양살이 하고 있었을 때에도 생원 200명이 상소하여 풀려났다고 할 정도로 신망을 받는 스승이었다.

> 판우군도총제부사로 치사한 조용(趙庸)이 죽었다. 용은 경상도 진보현(청송) 사람이다. (중략) 조정에 들어와서 사헌부지평이 되었다가, 성균사예·예조총랑을 지냈다. 태조께서 즉위한 후는 간의대부

---

1) 1374년 급제해 전교주부, 계림부판관, 시학, 전농시승, 지평, 윤이·이초의 당 중에서 귀양 안간 우현보·권중화·장하·경보들을 탄핵·유배시킴. 1392년 사예, 성균좨주를 거쳐 보주(甫州)에서 자제교육. 1398년 간의대부, 우간의. 이조전서 이첨, 전지선주사 정이오와 함께 경사에 기재된 왕의 마음가짐과 정치에 관계되는 것만을 찬집하여 상절을 만들어 헌정. 1401년 경연시강관, 1402년 대사성으로 생원시 시관, 1402년 좌사간, 1403년 생원 60인 요청으로 검교한성윤겸성균대사성, 우부빈객, 검교판한성부사·우빈객, 겸대사성, 예문대제학, 성절사. 예판, 예문대제학, 우군도총제, 예문대제학·세자좌빈객·행성균대사성, 1421년 검교의정부찬성, 판우군도총제부사, 시호는 문정(文貞).

를 제수했다가 성균대사성·경연시강관으로 옮겼으며, 형조전서로 승직되었다가 일로써 면직되었더니, **국학 생원 2백여 명이 상서(上書)하여 용을 기용하여 스승으로 삼기를 청하므로 특히 검교 한성부윤 겸 성균대사성에 임명하였다.** 예문제학·예조판서·예문관대제학으로 옮겼으나 모두 성균대사성과 세자빈객을 겸했다. 임금이 경사(經史)를 보다가 의심되는 곳이 있으면 경연관을 시켜 용의 집에 가서 질문했고, 전후에 상 준 것이 여러 차례였다. 용은 젊어서부터 학문에 힘써서 경사를 넓게 통하고 더욱이 성리학에 정통하여 당시 유학의 으뜸이 되니, 배우는 자가 태산과 북두성같이 우러러 보았다. 문장을 지을 때는 종이를 들고 선 자리에서 바로 끝내버렸는데, 빠르기가 귀신같았고 마음먹고 하는 것 같지 않아도 말이나 뜻이 함께 훌륭하게 짜여서 흡사 애써서 지은 것 같았다. (하략)[2]

두 번째로 나오는 인물은 유백순(柳伯淳, ?~1420)[3]인데 앞의 조용처럼 그도 4차례나 대사성을 지냈다. 태종 6년, 12년, 15년에, 그리고 세종 1년에 대사성으로 제수되었기 때문에 인용문에 나오는 것처럼 오랫동안 국학(성균관)의 장관(대사성)이 되어 부지런히 후학들을 교육시켰다고 한 것이다. 그러한 경력이 있었기에 죽었을 때 관곽과 종이 70권 및 부의(賻儀)를 보내 후히 장례를 치르게 한 것이었다. 그리고 겸직했던 인녕부윤은 인녕부(仁寧府)의 수장 직책으로 곧 경순부(慶順府)로 고쳐졌는데, 경순부는 이조(吏曹) 소속의 중앙부서로 후에 동궁(東宮) 소속이 되었다.

인녕부윤 행대사성 유백순이 졸하니, 명하여 관곽과 종이 70권을 하사하고, 사신을 시켜 부의를 보냈다. 백순은 서산 사람이니, 성품이 굳세고 곧으며, 경전에 밝고 역사에 통달하여, **오랫동안 국학 장관이 되어, 사람을 가르치기를 게을리 하지 아니하고 후학들을 교육시켜,** 성취한 사람이 많아서, 한 때의 문사가 많이 그 문하에서 나왔으므로 특별히 부의를 보낸 것이었다.[4]

세 번째 등장하는 인물은 윤상(尹祥, 1373~1455)[5]인데, 그는 대사성으로서

2) 세종 6년 6월 28일 신미조.

3) 문숙공(文肅公) 유백순은 1391년 공양왕 때는 성균사예, 1406년 대사성, 1408년 좌사간대부, 생원시원(生員試員). 태종이 시학자(侍學者: 왕과 왕세자와 학문을 논하는 일을 맡은 사람)를 청하자, 유생 중에 생원 이수(李隨)를 천거. 학문에 조예가 깊던 김과(金科)와 권근(權近) 등은 여러 관직을 겸직하여 바빴던 관계로 그를 추천. 그 뒤 좌사간대부, 인녕부윤(仁寧府尹), 경사에 통달해 국학장관을 지냄.

4) 세종 2년 3월 16일 갑신조.

5) 정몽주 문인으로 1392년 역성혁명 반대해 예천유배, 조말생·배강과 함께 문인이 됨. 그 해 진사시, 이듬해 생원시 합격, 1396년 식년문과급제, 선산·안동·상주 및 한성서부 교수관, 예조정랑 때 서장관으로 연경에 다녀와 성균사예, 가친이 연로하자 황간·영천·대구의 군사(郡事)를 맡은 뒤, 사성을 거쳐 대사

는 세종 17년 6월초에 제수되었지만 며칠 지나지 않아 곧바로 유효통(兪孝通)이 임명되었기 때문에 국학의 장관으로서보다는 박사(정7품), 사예(정4품), 사성(종3품)으로서 오랫동안 재직했다고 여겨진다. 인용문과 각주에 나오는 것처럼 그는 단종이 세자로서 성균관에 입학할 때 특명을 받은 박사였고, 많은 학자들이 스승으로 받들었으며 당시의 유명한 김반과 김말보다도 오히려 그의 학설을 학생들이 따랐다는 것은 더 이상의 설명이 필요하지 않을 정도로 훌륭한 교관이었다는 뜻이 된다.

> 전 예문제학 윤상(尹祥)에게 옷 한 벌을 내려 주었다. 윤상은 치사하여 예천에 사는데, 이때에 이르러 부묘를 하례하기 위하여 내현하였다. 윤상은 일찍이 노산군이 입학하였을 때에 박사였기 때문에 이 명령이 있은 것이었다. **윤상은 학문이 정박(精博)한데, 더욱이 『역경』에 뛰어나고 시문을 잘하며, 오랫동안 성균관에 벼슬하여 학자들이 많이 스승으로 받들었다.** 윤상은 하나하나 자상하게 사람들을 가르쳐 주며, 종일토록 정좌하고 있었으나 일찍이 피로한 빛이 없었다. 당시에 김반과 김말이 모두 숙유(宿儒)로서 사성을 겸하여 각기 소견을 고집하며 쟁론하기를 서로 양보하지 않았으나, 학생들은 많이 윤상의 설을 받들었다. 예천군에서 학생들을 가르치니, 사방의 학자들이 많이 그를 따랐다.[6]

네 번째는 김반(金泮, ?~?)[7]인데 그는 앞의 인용문 그리고 다음의 인용문이나 주석에서도 읽어볼 수 있는 것처럼 세종 때부터 김구, 김말과 함께 '3김', '관중3김', '경학3김'으로 유명하였다. 그 3인은 성균관에 오래 재직하면서 인품이나 스승으로서의 자질과 함께 경학에도 능통하고 잘 가르쳤다는 스승들이다. 각종 기록들을 검토해보면 김반의 출몰연도는 미상이지만 성균관에 40여

성, 1448년 예문제학으로 단종 입학례 때 박사. 성균관교육에 오래 종사해 문하에 과거합격자 다수. 문종 초에 고령으로 고향에 가니, 국왕이 사궤(食饋)를 내렸는데, 궤물제도가 이때 시작. 자제교육 3년만에 83세로 졸. 세종대 성균관교육에 종사, 중앙학계에 성리학기운을 진작, 김숙자에게 『주역』을 가르쳐 정몽주계열의 도통에 학문적 기여, 시호는 문정(文貞).

6) 단종 2년 8월 28일 정미조.

7) 1399년 식년문과 을과급제, 1405년 성균주부, 직강, 1423년 우헌납 제수, 이듬해 좌헌납. 1428년 서장관으로 명에 들어가 시가 4편을 지어 선종(宣宗)의 은혜에 사례, 선종이 한림원에 내려 후세에 전함. 1429년 사예, 1436년 사성, 1441년 대사성, 1443년 첨지중추원사, 1445년 행대사성, 1448년에 겸사성 윤상, 사성 김말과 경서논쟁 하다가 파직, 1454년 대사성, 퇴직 후 가난해서 아사, 『성리대전』·『이학제강』·『역상도설』·『사서장도』와 여러 격언을 채집·보설했으나 미간행. 권근 문인으로 경서통달, 성균관에 40여년 재직. 김구·김말과 함께 많은 인재양성. 학동서원에 제향.

년 재직했다는 것으로 보아 최장수 성균관 교관 근무자일 것으로 본다. 그는 주부[8](종7품), 직강(정5품), 사예, 사성을 거쳐 세종 23년, 27년, 단종 2년에 성균관 대사성에 제수되었으니 대사성도 3회 지낸 인물로 대단한 스승이라고 할 수 있다.

다섯 번째는 김말(金末, 1379~1464)[9]인데 그는 학유(종9품), 사성을 거쳐 성균관 대사성은 문종 원년에 한 번 제수되었으니 김반만큼은 안 되지만 '관중3김'에 속하니 역시 우수한 스승 중 한 명이다.

여섯 번째는 김신민(金新民, 1398~?)[10]인데 그는 세조 4년에 성균관 대사성이 된 인물로 같은 해에 이승소(李承召)가 대사성에 제수되었으니 그리 오래 성균관에 재직한 인물은 아니지만 다음의 인용문 내용으로 추정해보면 나름대로 평판이 좋았던 스승으로 생각된다.

> 성균생원 임맹지 등이 상언하기를, "신 등은 전하께서 문치에 정성을 다하고 유술을 숭상하고 존중하는 때를 삼가 만나서, 성균관을 인재를 만들어 내는 곳으로 삼으시고, **김구(金鉤)[11]·김말·김신민을 특별히 뽑아 사표로 삼아서 그들로 하여금 그 임무를 전담하도록 하셨는데,** 김구와 김말이 서로 잇달아 봉조청[12]이 되었으므로, 신 등이 감히 성청을 번독[13]하게 하고 유윤(兪允:윤허)을 얻어 특별히 품계를 승진시켜 복직하도록 명하셨습니다. 그런데 지금 한번 비지(批旨)[14]를 내려 김말과 김

8) 주부는 물품공급을 담당하는 양현고 일을 하는 데 성균관 전적이 겸임하였다.

9) 1417년 식년문과급제, 성균학유, 1427년에 백언의 청에 의해 백춘·박진과 함께 부사정으로 승급, 1449년 사성, 대사성 김반, 겸사성 윤상과 경서논쟁, 그는 종학으로 좌천. 1450년 문종원년 대사성, 1451년 첨지중추원사, 1453년 경창부윤, 1456년 예문제학, 1457년 중추원부사, 1462년 판중추원사, 경사와 성리학에 정통. 후진교육과 경학발전에 공로가 컸으므로 김구(金鉤)·김반과 더불어 관중삼김(館中三金). 성질이 굳고 정확하며 방정. 시호는 문장(文長).

10) 1426년 식년시 진사과 동진사 합격, 전옥부승, 검열, 대사성(1458, 세조 4년), 제학을 거쳐 동지중추부사에 이름.

11) 1383~1462, 1416년 친시문과 을과급제, 1435년 종학박사, 종친인 경녕군 비 등 19인이 상소해 한관(閒官), 1446년 사성, 1448년 상주목사, 판종부시사, 사서언해 번역, 사간, 1450년 사성·부제학, 예문제학, 중추원부사, 1458년 이승소와 함께 최선복 등 12인과 『초학자회』 번역, 1459년 군기부정 김석제와 함께 진법논의, 1461년 최항·정인지 등 9인과 함께 『손자주해』 개정 한문국역, 1462년 아산현 회복도모, 사헌부 탄핵으로 고신(告身) 삭탈, 사후 성균생원 이고소 등의 상언으로 관직과 과전 회수, 김말·김반과 함께 성균관 후진양성·학문발전, 경학삼김, 관중삼김(館中三金), 윤상의 문인, 시호는 문장(文長).

12) 봉조청(奉朝請): 전직 관원을 예우하여 정3품 관원이 퇴직한 뒤에 특별히 내린 벼슬. 1469(예종 1)년에 제정한 제도로, 실무는 보지 않고 의식에만 참여하며 종신토록 녹봉수령.

13) 너저분하게 많고 더럽다.

신민을 함께 봉조청으로 하시니, 신 등의 전날의 바람이 결망되었습니다. 하물며 한사람 남은 김구는 잡학까지 겸임하여 상시로 자리에 앉아 있는 날이 적으며, 또 두 신하로 하여금 산지에 두고 그 임무를 회복시키지 않는다면, 신 등은 국학이 소홀하게 되어 성상께서 덕화를 숭상하고 현사를 장려하는 뜻에 어그러짐이 있을까 염려됩니다. 바라건대 전하께서는 의사를 굽혀 신들의 희망에 따라 두 신하의 관직을 특별히 회복시켜 주소서."하니, 어서로 답하기를, "마음속으로 진실로 구한다면 남은 스승이 있을 것이니, 훗날에 다시 아뢰라."하였다.[15]

즉 세조가 사표로 뽑아서 임무를 맡겼다는 것 자체가 훌륭한 스승이라는 것이 증명되는 것이고, 봉조청으로 차출되었지만 다시 성균관으로의 복귀를 성균관 생원 임맹지가 상언하고 있는 것으로 보아 김신민은 충분히 좋은 평가를 받고 있었던 것이다.

일곱 번째는 성종 때의 이육(李陸, 1438~1498)[16]인데 그는 직강을 거쳐 성종 3년과 9년에 두 차례나 성균관 대사성에 제수되었다. 또한 그는 주석에서 읽어볼 수 있는 것처럼 과거에 5번 급제한 대단히 우수한 실력자로 알려져 있었으며, 다음 인용문에 나온 것처럼 성품이 강직하고 분명해 오히려 해이해진 유생들은 싫어하고 제대로 양심을 갖춘 다른 이들은 다 좋아했다는 것을 알 수 있다.

조하를 받고, 경연에 납시었다. (중략) 영사 이극균은 아뢰기를, "요사이 유생들이 학문은 연구하지 않고 이득과 녹부터 먼저 도모하여 의서를 강습하는 습독관 등의 관직에 소속되기를 다투니, 이것이 비록 집이 가난하여 봉록을 위해서 그러는 것이라지만, 선비의 기풍이 좋지 못합니다."하며, 특진관 채수는 아뢰기를, "지금의 선비가풍은 창졸간에 변화시킬 수 없습니다. **옛날에 이육(李陸)이 대사성이 되어 날마다 학문의 강론을 일삼으며 그 중에 잘하지 못하는 자는 처벌하여 조금도 용서하지 않으니, 유생들이 이육의 강명함을 싫어하여 성균관을 비워 버렸는데, 성종께서 노하시어 주창한 유생들에게 정거하였습니다.** 뒤에 이칙이 대사성이 되어서는 학내의 영을 일체 관대히 하였습니다. 이칙이 갈리게 되자, 상소하여 유임시키기를 청하였으니, 이와 같이 선비의 풍습은 유사가 갑자

---

14) 상소에 대한 임금의 답변.

15) 세조 5년 10월 7일 을묘조.

16) 시호는 문광(文光). 15세에 사마시, 22세 진사, 세조 10년 27세 온양 별시문과 장원, 겸예문, 성균직강, 세조 12년 29세로 발영시(拔英試) 2등, 세조 14년 31세 문과중시을과 급제, 5번 급제. 예문관응교, 사헌부장령, 예문관전한, 대사간, 성균관 대사성, 성종 8년 40세 나이로 충청관찰사. 경상관찰사, 강원관찰사, 예조참판, 병조참판, 형조참판. 명나라 견문기 『청파극담』이 유명.

기 변경시킬 수 없는 것입니다."하니, 왕이 이르기를, "별도로 과조를 세울 필요는 없고, 다만 해조에서 거듭 밝히도록 하라."하였다. (하략)[17]

여덟 번째는 노자형(盧自亨, 1414~1490)[18]인데 그는 사예, 사성을 거쳐 성종 13년에 성균관 대사성이 되었다. 노자형은 다음 인용문 말미에 사신(史臣)이 논평한 것을 보면, "노자형은 성품이 본래 청렴하고 겸손하며 경서에 밝고 행실을 닦아 오랫동안 국학에 있으면서 가르치기를 부지런히 하였는데, 이때에 이르러 늙고 병들었다 하여 여러 번 사직하고 물러가기를 구하니, 사람들이 매우 아름답게 여겼다."고 평하였다. 이로 보아 다른 이들에 못지않게 충분히 훌륭하고 우수했던 교관이라고 할 수 있다.

대사성 노자형이 늙고 병들었다 하여 사직하였다. (중략) "학교는 풍속과 교화의 근본이므로 주나라에서는 서를 설치하여 윤리를 밝혔고, 사표는 인재양성의 근원이므로 순임금이 설에게 명하여 교육을 펴게 하였으니, 임무가 이미 중하여 인재를 얻기가 어렵지 아니한가? **오직 그대는 성품이 온순하고 행실이 단정하여, 힘입은 바는 공자를 배워서 성리의 미묘함을 깊이 연구하였고, 그 뜻은 이단을 물리쳐서 능히 양묵(楊墨)의 해를 말하였다.** (중략) **일민(逸民)을 찾기를 근심하며 기다렸더니 마음을 돌려 세 번 부름에 응하여 와서는 여러 선비를 이끌고 경서를 놓고서 정성으로 일관의 뜻을 밝혔다.** 내가 옛글을 상고하는 공을 가상하게 여겨서 차례를 밟지 않고 벼슬에 올려 쓰는 은혜를 보였다. 선생이 사람을 가르치는 데에는 그 치우침을 바로잡아서 너그럽고 엄하게 하며, 제자가 학업을 묻는 데에는 그 덕에 감화되어 착하고 어질게 하였다. 인재를 양성하는 명망이 바야흐로 높은데 걸해(乞骸)의 글이 어찌하여 갑작스러운가? 나이는 비록 많을지라도 몸이 건강하여 병이 중한 데에는 이르지 아니하였으니, 나의 지극한 뜻을 체득하여서 굳이 사양하여 번거롭게 하지 말도록 하라."하였다.[19]

아홉 번째는 중종 때의 유숭조(柳崇祖, 1452~1512)[20]인데 중종 2년과 7년에

17) 연산 8년 5월 1일 임신조.
18) 1450년 생원으로 추장문과 병과급제. 1477년(성종 8) 사예, 1482년 사성·대사성을 하면서 인재양성. 1488년 첨지중추부사로 봉직. 성리학에 정통하여 존경을 받았고, 정신적인 지조도 있어 후진양성에 공을 세움.
19) 성종 18년 2월 1일 신미조.
20) 1489년 식년문과급제, 사유(師儒)에 선임되고, 검열·봉교·정언, 1501년 공안상정청 낭청, 이후 장령으로 연산군 실정을 간하다가 1504년 갑자사화 때 원주유배, 1506년 중종반정으로 풀려나 판결사 특진, 공조참의·경연참찬관·대사성·황해도관찰사. 관학대표자이면서도 사림옹호, 대사성 때 조광조·김석홍·

대사성을 제수 받았다. 다음 인용문 후반의 사신 논평에서 살펴볼 수 있는 것처럼 유숭조는 가르치기를 게을리 하지 않았다고 하고 있으며, 주석에 나왔듯이 부지런히 연구하여 학문적 성과도 많이 냈던 것으로 보인다.

> 정원이 아뢰기를, "대사성 유숭조가 『계몽』을 진강하려 했는데, 오늘 아침에 갑자기 죽었습니다. 집이 가난하여 염하고 장사할 수도 없으니, 법례에 의해 관곽을 내려 주소서."하니, '아뢴 대로 하라.'고 전교하였다. 사신은 논한다. **유숭조는 본디 경의에 밝다고 칭하였는데, 국학의 장관이 되어서는 사람들 가르치기를 게을리 하지 않았다.** 상이 시학하여 횡경문난하고 환궁한 이튿날 대학잠을 올리니, 상이 매우 아름답게 여겨 특별히 가선으로 승진시켜 황해감사를 삼았다. 부임에 앞서 경연에서 『역학계몽』을 진강하려 했는데, 유숭조가 통달하므로 머물기를 청했으나 진강하지 못하고 병으로 죽었다. (하략)[21]

다음 인용문에서도 유숭조에 대한 영사 신용개의 평을 읽어볼 수 있는데, 유숭조가 성균관 대사성으로 있을 때 유생들이 많이 거관 즉 재학하였다고 말하고 있는 것으로 보아 분명히 그가 성균관 교육의 진흥에 힘을 쏟았었고, 따라서 전반적으로 유생들의 면학분위기가 좋았던 것으로 판단된다.

> 조강에 나아갔다. 『예기』를 강독하였다. 상이 '군자가 백성을 화육하여 좋은 풍속을 만들고자 하면, 반드시 학문에 의하여야 할 것이다'라는 말을 들어서 분부하기를, "근래 풍속이 예와 같지 아니하여 학교가 퇴폐하였다. 인재를 육성하는 방법은 원래 위에서 어떻게 전이하느냐에 달려 있는 것이나, 학교가 아니면 그 일을 어떻게 할 수 있으랴? 내가 그 육성하는 방도를 다하지 못함을 매우 염려한다."하매, 영사(領事) 신용개가 아뢰기를, "전일 **유숭조가 대사성일 때에는 유생이 많이 거관하고, 나이 젊은 자는 다 학교에 나아가니 또한 성하다고 할 만하였는데,** 근일에는 사습이 아름답지 아니하여 다 집에서 글을 읽고, 사장에게 나아가지 않으며, 생원·진사도 거관하지 않고, 그 원점에는 외람된 것이 많이 있습니다. 사습이 이러하니 어떻게 바로잡아야 할는지 모르겠습니다. 상께서 부지런히 권면하신다 할지라도 아래에서 봉행하지 않으므로 사습이 절로 이렇게까지 되었습니다. 지난해 외방의 향시 때에 유생이 소란을 많이 일으켜 시관을 능욕하였으니, 이런 풍습은 매우 나쁩니다. 반드시 학교를 진흥하여 교화를 밝히고서야 변화할 수 있을 것입니다." (하략)[22]

황택 천거. 이기호발 주장. 역학에도 뛰어났으며, 사서삼경에 구결 또는 토를 달아 놓은 칠서언해를 남겼다. 저서로 『진일재집』, 시호는 문목(文穆).

21) 중종 7년 2월 3일 무인조.

22) 중종 11년 5월 8일 무자조.

열 번째는 김세필(金世弼, 1473~1533)[23]인데, 그는 중종 8년(1513년)에 성균관 대사성을 제수 받았으며, 인용문에 나온 것처럼 중종 14년에 가서야 형조판서를 지낸 신상(申鏛, 1480~1530)의 천거를 받아 종2품인 성균관 동지사가 되었다. 추천을 받았다는 것은 그만큼 성균관 교육경영의 적임자로 객관적 평가를 받은 것이었다. 정2품 성균관 지사와 함께 성균관 동지사는 오늘날로 말하자면 일종의 학교경영책임자로서 성균관 대사성이 총장, 성균관 동지사가 부이사장, 성균관 지사가 이사장이라고 할 수 있다.

> 조강에 나아갔다. (중략) 상이 이르기를, "요사이 듣건대 김식이 대사성이 된 뒤부터 유생들이 학궁에 많이 모인다고 한다. 그러나 식 한 사람이 어떻게 능히 감당하겠는가? 나머지 차임하지 않은 관원도 또한 가려서 제수해야 한다."하매, 신상이 아뢰기를, "어린 유생들이 배우는 구두는 아래 관원들이 가르치고, 의리의 정미한 의미는 김식과 윤탁이 가르치는데, **김세필이 또한 동지의 소임에 합당합니다.**"하였다. 상이 이르기를, "학교가 근본이고, 그 다음은 병무가 크다. 지금 양계(兩界)에 비록 일이 없다고 하나, 만일 의외의 변이 있게 된다면, 군사들이 말 한 필 없고 무기가 갖추어지지 않았으니 장차 어떻게 할 것인가?"[24] (하략)

열한 번째는 윤탁(尹倬, 1472~1534)[25]인데 그는 전적(정6품)을 거쳐 사성, 대사성, 동지사를 역임하였다. 윤탁은 대사성을 4회나 제수 받은 조용이나 유백순보다도 1회 더 많은 5회, 즉 중종 13년, 14년, 20년, 27년, 28년에 제수 받았으니 열세 번째 언급하게 되는 조명정의 8회에 이어 두 번째다.[26] 그는 다음에 언급하는 김식(金湜) 앞의 대사성이었다가 다시 김식의 뒤를 이어 대사성

---

23) 1495년 사마시 합격, 식년문과 병과급제, 홍문관 정자·박사, 수찬, 사헌부지평, 1504년 갑자사화로 거제도유배, 1506년 중종반정으로 홍문관응교, 전한·형조참판·부제학, 광주목사(廣州牧使)·전라도관찰사, 대사헌·이조참판, 1519년 사은사, 기묘사화로 유춘역(留春驛) 장배, 1522년 고향으로 가서 십청헌을 짓고 후진교육, 시호는 문간(文簡). 저서 『십청헌집』 4권.

24) 중종 14년 6월 22일 갑신조.

25) 김굉필의 문인이자 종실 이심원(李深源)에게 수학. 1501년 식년문과 병과급제, 사관(史官), 성균전적, 1504년 갑자사화 때 삭녕 유배. 1506년 중종반정으로 재등용되어 사성·대사성·동지성균관사, 1519년 기묘사화로 파직. 1525년 대사성, 1527년 동지중추부사, 한성부좌윤, 1531년 성균관동지사, 1534년 개성부유수. 학문이 높아 조광조, 송인수, 이황 등에게 도학을 가르쳤다.

26) 성균관 대사성을 최고로 많이 제수 받은 이는 정조 때의 민종현(閔鍾顯)으로 13회다. 윤탁은 지금 성균관에 남아 있는 수령 500년이 넘는 네 그루의 은행나무(교육을 상징)를 심어놓은 장본인이다.

이 되었으니 전임자이자 후임자이다. 후임자가 된 이유는 김식이 11월 기묘사화로 파직되었기 때문이다.

> 조강에 나아갔다. (중략) 상이 이르기를, "요사이 듣건대 김식이 대사성이 된 뒤부터 유생들이 학궁에 많이 모인다고 한다. 그러나 식 한 사람이 어떻게 능히 감당하겠는가? 나머지 차임하지 않은 관원도 또한 가려서 제수해야 한다."하매, 신상이 아뢰기를, **"어린 유생들이 배우는 구두는 아랫 관원들이 가르치고, 의리의 정미한 의미는 김식과 윤탁이 가르치는데, 김세필이 또한 동지의 소임에 합당합니다."**하였다. (하략)[27]

위 인용문에서 살펴볼 수 있는 것처럼 중종이 좋은 교관에 대한 제수 문제를 말하고 있을 때 신상이 아뢰기를, 이미 김식과 윤탁이 잘 가르치고 있고 동지사에는 김세필이 적합하다고 천거하고 있다.

열두 번째는 김식(金湜, 1482~1520)[28]인데 그는 사성을 거쳐 중종 14년 5월에 대사성이 되었다. 대사성으로의 재직기간은 비록 6개월 남짓밖에 안되지만 앞의 인용문에서, 또 다음의 인용문에서 알 수 있는 것처럼 김식 때문에 유생들이 성균관으로 많이 몰려들었고 옛날부터 이미 스승으로 삼고자 했었다는 것이다.

> ① 경연관을 소대하였다. 상이 이르기를, "옛적에는 사우(師友)의 도리가 있었는데 후세에는 사우의 도리가 없다."하매, 검토관 안처함(安處諴)이 아뢰기를, "대저 사람은 사우가 있은 후에야 덕을 성취하게 됩니다. 지금 듣건대 **김식이 대사성이 된 뒤로 유생들이 학궁에 많이 모인다 하니, 배우는 사람들이 식을 스승 삼으려 한 지 오래입니다.**"하니, 상이 이르기를, "매양 사람을 가려 사장의 직을 맡기고 싶으면서도 이때까지 사람을 구득하지 못했었는데, 이번에 식을 구득하여 맡겼으니 나중에는 반드시 효과가 있을 것이다."하매, 처함이 아뢰기를, "먼 데 사람들이 장차 오게 될 것이니, 이로 본다면 원점으로는 모이게 할 수가 없고 자연히 모이게 되는 도리가 있는 것입니다." (하략)[29]

---

27) 중종 14년 6월 22일 갑신조.

28) 1501년 진사, 조광조·박훈과 함께 성균관과 이판 안당의 천거로 광흥창주부에 서용. 형조좌랑·호조좌랑·지평·장령. 1519년 사림파 건의로 실시된 현량과에서 장원. 5일 만에 성균사성, 며칠 후 홍문관직제학. 이판 신상과 우의정 안당은 대사성에 추천했으나 중종은 홍문관부제학 제수. 신상과 안당의 거듭된 상계로 대사성. 11월 기묘사화가 일어나자 절도안치, 영의정 정광필의 비호로 선산유배. 신사무옥에 연좌되어 다시 절도로 이배된다는 소식을 듣고, 거창에서 자결. 선조 때 이조참판을 거쳐 영의정에 추증. 시호는 문의(文毅).

② 경연관을 소대했다. 상이, "원점법은 학생들이 학궁에 모이게 하려는 것이나, 법으로 몰아세워서는 안 되고 **현명한 사장이 있게 되면 자연히 학궁에 나아가는 사람이 많아지는 것인데, 이제는 대사성을 잘 가려서 맡기게 되었다.**"하매, 설경(說經) 경세인(慶世人)이 아뢰기를, "유생들이 흠모하는 사람은 학식이 있고 또한 덕이 있어서이니, 한갓 글만 잘하는 사람을 둘 수가 없고, 비록 덕행이 있다 해도 학문을 알지 못하면 또한 반드시 가지 않으려 하는데, **지금의 대사성은 이 두 가지를 갖추었기 때문에 사람들이 즐겨 나아가는 것입니다.**"[30] (하략)

위 두 번째 인용문에서도 살펴볼 수 있는 것처럼, 중종이 아주 현명한 스승을 잘 가려서 성균관 대사성으로 맡겼다는 것을 자평하고 있는 가운데, 경세인이 김식은 유생들이 흠모하는 학문과 덕행의 두 가지를 다 잘 갖추었다고 호평을 하고 있다.

열세 번째는 조명정(趙明鼎, 1709~1779)[31]인데 그는 영조 20년, 36년 두 차례, 37년, 38년, 39년 두 차례, 40년 등 모두 8회를 성균관 대사성에 제수 되었다. 다음의 인용문에서 볼 수 있는 것처럼 많은 성균관 유생들을 잘 가르치고 면학시켰다고 하여 영조로부터 특별히 호피를 하사 받고 있다.

임금이 경현당에 나아가 인일제(人日製)에 친림하여 단지 반유(泮儒)로 하여금 부거하도록 하였는데, 인일의 뜻으로 책문의 제목을 내어 수석을 차지한 생원 이장로(李長老)에게는 급제를 내렸다. 이보다 먼저 조명정이 말하기를, "오늘의 과거는 전적으로 강독하는 반유를 위해서 베푸는 것이니, 성상께서 제생을 불러 잠·명·송을 외우게 하여 그 부지런하고 게으름을 시험하는 것이 마땅하겠습니다."하니, 임금이 차례대로 시강하고, 이어서 1년에 12차례 강독에 참여하게 한 뒤에 응제를 허락하도록 명하였다. 길주의 김숙명(金淑鳴)은 76세의 나이로 숙흥야매잠을 잘 외우므로 특별히 『서전』을 하사했으며, 이혁주(李爀胄)는 이수광(李睟光)의 후손으로 경학에 대한 공부가 높일 만하였으므로 특별히 종이·붓·먹을 하사하였다. 삭주의 박동집(朴東楫)은 『모시』 및 숙흥야매잠을 잘 외우므로 특

29) 중종 14년 6월 8일 경오조.

30) 중종 14년 6월 9일 신미조.

31) 1735년 생원시, 1740년 정시문과 갑과급제, 예문검열, 1746년 중시문과 병과급제, 소론 이광좌 비난하다 삼수유배, 1748년 풀려나 부교리, 승지, 1751년 이광좌 공격죄로 거제유배, 1754년 경기좌도심휼사, 우승지, 충청도관찰사, 재해토지 면세조처로 해남유배, 이듬해 교정당상, 이조참의, 도승지, 홍문관부제학, 대사간, 대사성, 황해도관찰사, 한성판윤, 빈객, 이판, 특진관, 대사헌, 예문관제학, 우참찬, 홍문관제학, 정조 즉위 후 홍문관제학, 6월에는 대사간 이양정으로부터 이전의 인사처리 내용이 잘못되었고, 정조를 모해한 정후겸의 심복 심상운과 혼인관계를 맺었다는 등의 공격 받고 유배, 1777년 홍국영 권세를 비난하다가 고향으로 방축. 저서로 『노포집』, 시호는 문헌(文獻).

별히 『시전』을 하사했으며, **대사성 조명정에게는 많은 선비들을 권과(勸課)하였다는 것으로 특별히 호피를 하사하였다.** (하략)[32]

학교는 책임자의 면학분위기 조성 노력과 교육 열정이 없다면 위와 같이 상 받는 사람이 많이 나올 수가 없으며 칭찬 받을 일도 없을 것이다. 그러므로 조명정이 여러 차례 대사성을 역임했다는 것은 그의 성균관 교육에 대한 열정과 노력이 매우 지대하였음을 반증해주는 것이다.

지금까지 성균관 교관 중에서 대사성까지 역임하며 평판이 좋았던 경우 13가지 사례들을 중심으로 살펴보았다. 첫째, 성균관 대사성을 4차례 역임한 조용은 성균관 생원 200여 명이 국왕에게 상서하여 스승으로 청함을 받아 대사성이 되었으니 성균관 사예, 좨주를 할 때부터 이미 평판이 좋았었다.

둘째, 유백순도 조용처럼 4차례나 대사성을 지냈는데 오랫동안 성균관 대사성이 되어 부지런히 후학들을 교육시켰다. 그래서 그가 죽었을 때 관곽과 종이 70권 및 부의(賻儀)를 보내 후히 장례를 치르게 하였다.

셋째, 윤상은 대사성으로서보다는 박사, 사예, 사성으로서 오랫동안 재직했다. 그는 단종이 세자로서 성균관에 입학할 때 특명을 받은 박사였고, 많은 학자들이 스승으로 받들었으며 당시의 유명한 김반과 김말보다도 오히려 그의 학설을 학생들이 따랐을 정도로 훌륭한 교관이었다.

넷째, 김반은 김구, 김말과 함께 '관중3김'으로 유명하였다. 3인은 성균관에 오래 재직하면서 인품이나 스승으로서의 자질과 함께 경학에도 능통하고 잘 가르쳤다는 스승들이다. 성균관에 40여 년 재직했다는 것으로 보아 최장수 성균관 교관 근무자일 것으로 본다.

다섯째, 김말은 학유, 사성을 거쳐 성균관 대사성은 문종 원년에 한 번 제수되었으니 김반만큼은 안 되지만 '관중3김'에 속하니 역시 우수한 스승 중 한 명이다.

여섯째, 김신민은 그리 오래 성균관에 재직한 인물은 아니지만 나름대로

32) 영조 37년 1월 24일 갑자조.

평판이 좋았던 스승으로 이름이 남았다. 즉 세조가 사표로 뽑아서 임무를 맡겼다는 것 자체가 훌륭한 스승이라는 것이 증명되는 것이고, 봉조청으로 차출되었지만 다시 국학으로 복귀 청원이 나타났으니 충분히 좋은 평가를 받고 있었던 것이다.

일곱째, 이육은 과거에 5번 급제한 대단히 우수한 실력자로 알려져 있었으며, 성품이 강직하고 분명해 오히려 해이해진 유생들은 싫어하고 제대로 양심을 갖춘 다른 이들은 다 좋아했다는 것이다.

여덟째, 노자형은 성품이 본래 청렴하고 겸손하며 경서에 밝고 행실을 닦아 오랫동안 국학에 있으면서 가르치기를 부지런히 하였다.

아홉째, 유숭조는 가르치기를 게을리 하지 않았다고 하고 있으며, 부지런히 연구하여 학문적 성과도 많이 냈던 것으로 보인다. 유숭조가 성균관 대사성으로 있을 때 유생들이 많이 거관하였다고 하며 전반적으로 유생들의 면학분위기가 좋았던 것으로 판단된다.

열째, 김세필은 중종 8년(1513년)에 대사성을 제수 받았으며, 중종 14년에 가서야 종2품인 성균관 동지사가 되었다. 정2품 지사와 함께 동지사는 오늘날로 말하자면 일종의 학교경영책임자로서 대사성이 총장, 동지사가 부이사장, 지사가 이사장이라고 할 수 있다.

열한째, 윤탁은 대사성을 4회나 제수 받은 조용이나 유백순보다도 1회 더 많은 5회를 제수 받았으니 조명정의 8회에 이어 두 번째다.

열두째, 김식은 대사성으로의 재직기간은 비록 6개월 남짓밖에 안되지만 생도들이 성균관으로 많이 몰려들었고 옛날부터 이미 스승으로 삼고자 했었다는 것이다. 유생들이 흠모하는 학문과 덕행의 두 가지를 다 잘 갖추었다고 하였다.

열셋째, 조명정은 모두 8회를 성균관 대사성에 제수 되었다. 많은 성균관 유생들을 잘 가르치고 면학시켰다고 하여 영조로부터 특별히 호피를 하사 받았다.

위 사례들은 그들이 그만큼 성균관 교육에 대한 열정과 노력이 남달랐다고 할 수 있다.

3. 비 우수 교관 사례

조선시대의 성균관은 고구려의 태학이나 신라의 국학, 또는 고려의 국자감보다는 훨씬 진화되고 발전된 모습을 갖추었다. 동시대의 중세시대를 통틀어서 서양의 대학들과 비교한다 하더라도 스타일만 다를 뿐 크게 손색이 없는 최고로 발달한 고등교육기관이었다.[33] 이러한 최고 학부에서 한양을 비롯한 전국에서 모인 수재들을 가르치는 교관으로 근무한다는 것은 그 자체가 대단한 자랑거리요 자부심을 갖지 아니할 수 없었을 것이다.

따라서 이에 걸맞게 상당한 학문적 지식과 지도력도 나름대로 갖추어야 했을 것이고, 고매한 성품이나 인격도 높은 수준으로 유지해야 되었을 것이다.[34] 물론 잘만 근무하면 대대로 개인의 명예와 가문의 명예도 함께 드높여질 수 있었을 것으로 생각된다.

그런데 과연 우리가 예상하고 기대하는 것만큼 훌륭한 학식과 덕망을 갖춰서 존경 받는 교관들만이 성균관에 재직하고 있었을까? 대답은 당연히 그렇지 않았다고 본 연구의 결과를 통해서 말할 수가 있다. 간신배, 무식자, 용렬한 자, 나태, 주색(酒色), 탐음(貪淫), 뇌물, 정직하지 못함, 개인영달의 추구 등등 부정적 평가의 사례들을 살펴볼 수 있기 때문이다.

우리는 역사공부를 통해 많은 교훈을 얻지만 정작 교훈을 실천하지 못한다. 그래서 역사는 되풀이 된다고 하는 것이 통설이다. 왜냐하면 오늘날에도 각종 부조리와 비리에 만연된 여러 가지 형태들의 대학교수들이 하루가 멀다하고 뉴스를 통해 흘러나오고 있기 때문이다.

정말로 낯 뜨거운 성폭력, 성추행, 성희롱, 간통사건, 논문표절, 폴리페서

---

33) 참고로 손정목의 『조선시대 도시사회 연구』(일지사, 1994)의 165쪽에 의하면, 런던이 5만, 파리가 8만, 베니스가 10만, 로마가 10만 전후인데 비해 한성부 인구는 20만에 가까웠다고 하니 한양은 세계적인 굴지의 대도시였다.

34) 장재천, 「대사성까지 역임한 성균관의 우수 교관 사례」, 『한국사상과 문화』 77집에 의하면, 『조선왕조실록』을 통해 파악한 대사성까지 역임한 우수 교관은 모두 13명으로 파악되었다. 그러나 다소 연구자의 주관적 판단이 개입되어 있을 것으로 본다.

(polifessor), 제자들의 노동력 착취, 연구비 횡령, 임용비리, 폭력사건, 도덕성과 막말논란 등등 매일 같이 부끄러운 이야기들이 여기저기서 마구 쏟아져 나오는 것을 볼 때, 예나 지금이나 그 형태는 크게 변함이 없다. 더욱이 최근에 이화여대 정유라 사태를 보면 모두 실감이 날 것이다.

따라서 여기에서는 이러한 문제에 착안하여 주로 『조선왕조실록』을 통해 주요한 10여 명의 사례들을 살펴보며, 사회 지도층이라는 이름에 걸맞지 않은 성균관 교관들의 자질을 둘러싸고 벌어진 여러 가지 논란거리들을 조선 전기에 국한하여 처음으로 소개하고자 한다.

아래 인용문 내용을 살펴보면 종6품의 서학(西學)의 교수를 역임한 바 있는 박윤검(朴允儉)이 출세하고자 이시애(李施愛)의 난(1467년)에 대한 상서(上書)를 통해 정4품 직급인 성균관 사예에 제수(除授)되어 배명(拜命)한 일을 두고 벌어진 논란을 살펴볼 수 있다. 정확한 근거를 찾을 수는 없지만 일찍이 태학에 있을 때라고 한 것을 보아 세조 2년 식년시 정과에 급제한 후, 성균관의 낮은 직급의 교관을 거치고 종6품의 무관직 수의교위(修義校尉)를 거쳐 서학교수를 한 것으로 보인다.[35]

문제는 그에 대한 평가 용어들이 경박, 조급, 탐음, 사통(私通), 더러운 행태, 절조 없음 등이 사용되었다는 것에 주목해야 한다. 더구나 태학에 있을 때, 낮은 직급의 교관인지 아니면 수의교위인지 불분명하지만 성균관 계집종을 사통하여 아들 둘을 낳았다는 것이니, 어찌 그에게 사예라는 높은 품계의 교관 직책이 어울리겠는가? 더구나 풍화의 근원지인 성균관에서.

> 전 서학교수 박윤검(朴允儉)이 상서하기를, (중략) 임금이 전지(傳旨)하기를, "박윤검의 상서 가운데 획책(劃策)은 모두 쓸 만한 것이 못되나, 그러나 늙은 사람으로 글을 지은 것이 이에 이르렀으니, 또한 가상하다. 장차 서용하라."하였다. 박윤검의 사람됨이 경박하고 조급하며 간사하고 탐음(貪淫)하여, 일찍이 태학에 있을 때 성균관의 계집종을 몰래 사통하여 두 아들을 낳았는데, 그 더러운 행식과 절조가 없음이 이와 같았다. 또 이간(吏幹)도 없었으므로 산직(散職)에 있은 지 여러 해가 되었는데, 이때에 이르러 유자광(柳子光)이 상서하여 총애를 입은 것을 보고 진취하기를 꾀하고자 하여 드디어 이 상서를 올렸던 것이다. 곧 성균관사예에 배명되었다.[36]

35) 『국조문과방목』 참고.

다음 사례는 정5품 품계의 성균관 직강 전순인(全舜仁)에 대한 논란이다. 사헌부에서 학식이 없다고 그를 평가하였으니, 그것은 그의 지식수준이 가르칠 만한 수준이 별로였다는 이야기이며, 따라서 그를 사장(師長) 다시 말해 성균관 대사성으로 제수한 것을 체직(遞職), 즉 바꾸어야 된다고 주장하여 국왕인 인종이 이를 받아들였다는 내용이다.

(사)헌부가 아뢰기를, "제용감정 김극제는 인물이 탐비하고 나이도 많아 장관에 맞지 않으며, 성균관직강 전순인(全舜仁)은 본디 학식이 없어서 사장의 직임에 맞지 않으니, 모두 체직시키소서."하니, 답하기를, "전순인의 일은 아뢴 대로 하라. 김극제는 직임을 감당하지 못하는 것과 탐비한 사실을 확실히 안 뒤에 처치하여도 늦지 않다."하였다.[37]

다음 인용문의 내용은 종3품 품계인 성균관 사성을 지낸 바 있는 공조참판 진복창(陳復昌)[38]에 대한 논란이다. 내용을 읽어보면 부도덕한 것들이 너무 많아서 대폭 생략할 수밖에 없을 정도로 문제가 엄청난 사람이었다. 그가 성균관 사성으로 재직하고 있었을 때 이미 성균관 유생들이 간신이라고 지목하였고, 그에게 배우는 것을 수치로 여겼으며, 그에 대한 평은 어떤 곳에서든지 아부, 아첨, 미천, 용렬, 비루, 불경, 부도덕, 탐욕, 해괴, 패역, 비천, 능멸, 간교, 교활, 방종 등등 탐관오리의 대표적 인물로 그의 이름 뒤에는 언제나 나쁜 용어들만 따라다녔다고 할 정도로 자격미달이 너무나 확실한데, 그야말로 곡학아세로 성균관 사성을 했다고 밖에는 볼 수 없는 아주 최악에 가까운 인물로 생각된다.

---

36) 세조 13년 7월 2일 을축조. 傳曰: 允儉書中畫策 皆不可用 然而老而作文至此 亦可嘉矣 將敍用焉 允儉爲人輕薄 躁妄姦詐貪淫 嘗在大學 潛通館婢生二子 其汚行無節類此 且無吏幹 置散有年 至是 見柳子光上書見寵 欲媒進取 遂上此疏 尋拜成均司藝.

37) 인종 1년 4월 15일 정미조. 濟用監正金克悌 人物貪鄙 年且衰耗 不合長官 成均館直講全舜仁 本無學識 不合師長之任 請竝遞 答曰 舜仁事如啓 克悌則的知其不能堪任與貪鄙之實 然後處之未晩.

38) 『민족문화대백과사전』: 1535년 생원으로 별시문과에 장원급제하고, 정자 · 전적 · 장령 · 부제학 · 부평부사를 지냈다. 소윤 윤원형의 심복이 되어 1545년 을사사화 때 대윤에 속한 사림숙청에 활약, 많은 이가 해를 입자 사관에게 '독사'로 기록되었다. 1550년에는 추천해준 구수담을 역적으로 사사케 하는 등 윤원형이 미워하는 사람이 있으면 옥사를 일으켜 제거하자 '극적(極賊)'으로 혹평을 들었다. 대사헌을 거쳐 1560년 공조참판에 올랐으나 윤원형으로부터 간교, 음험한 인물로 배척, 파직되어 삼수에 유배되었다가 1563년에 죽었다. 이 진복창은 이율곡의 어린 시절 동네 이웃 사람으로도 잘 알려져 있는데, 이미 어린 시절의 이율곡 선생이 나쁜 사람이 될 것으로 예견한 바도 있다.

양사가 진복창을 율에 의거, 죄를 정할 것을 청하여 다섯 번째 아뢰었으나, 윤허하지 않았다. 송세형 등이 차자를 올리기를, "진복창의 불경하고 부도한 죄는 일조일석에 저지른 것이 아닙니다. (중략) 진복창의 어미는 처음에 말 거간꾼에게 시집가서 7개월 만에 자식을 낳았기 때문에 쫓겨났고 (중략) 유인숙 · 허자 · 구수담을 섬길 때에는 노비처럼 아첨하며 날마다 그들의 문에 절하였는데, 김안로 · 유인숙 · 허자는 진복창이 아주 미천하므로 반드시 공론에 용납되지 못할 것이라 여겨 좋은 관직에 앉힐 것을 생각하지 않았습니다. (중략) 미천함이 이미 그와 같은데다 그가 풍덕에 있을 때나 서울에 와서 있을 때나 착한 짓은 하나도 하지 않았을 뿐만 아니라, 용렬하고 비루한 일들은 이루 다 지적하여 논할 수가 없습니다. (중략) 사대부들이 그와 더불어 이야기하기를 부끄러워하였고 혹은 무서워서 피하는 자들도 많았습니다. (중략) 전에 사성으로 학궁에 있을 적에는 학궁유생들이 간신이라고 지목하여 수업하기를 부끄러워하기까지 하였으며. (중략) 위협하거나 탐욕스럽게 굴어 성스러운 정치에 누가 되게 한 일을 어떻게 이루 다 말할 수 있겠습니까. (중략) 진복창은 출생이 더러워서 비천한 행위가 습관화되었습니다. 모든 것을 제 뜻대로 하게 되자 좌우를 능멸하고 끝내는 불경스럽고 패역한 말로 군상에 대해서까지 언급하였습니다. 온 나라 사람들이 처음에는 그를 천시하고 미워하였으며, 중간에는 해괴하게 여겼고, 마침내는 그의 고기를 씹고 싶어 했습니다. 공론이 일어나자마자 서울사람들은 서로 경하하여 범을 잡는 것으로 비유하였으니 온 나라 사람의 심정을 알 수 있는 것입니다. 전하께서는 쾌히 공론을 따라 왕법을 시행하소서."하였다.[39]

다음의 인용문 내용을 살펴보면 승정원에서 술을 좋아하고 어둡고 용렬하다는 신여집(申汝楫)[40]을 정6품 성균관 전적 자리에 적합하다고 주의, 즉 천거한 일을 두고 국왕인 명종이 보기에는 현명한 인재를 가르치고 기르는 성균관에 적합하지 않다고 말하며 승정원이 신여집을 배척하기 위해 일부러 이러는 것이 아닌가 하는 뜻으로 깊은 유감을 표하고 있다. 어쨌든 훌륭한 인격이나 상당한 학식을 갖추지는 않았던 것으로 보인다.

정원에 전교하였다. (중략) "내 생각으로는 만일 온당하지 못한 것이 있다면 말하지 않을 수 없다고 여기기 때문에 정원에 유시하는 것이다. 학궁은 현명한 인재를 가르치고 기르는 곳인데 술을 좋아하는 어둡고 용렬한 신여집(申汝楫)을 전적 자리에 으뜸으로 주의(注擬)하였고." (중략) "또 어둡고 용렬하다는 것으로 신여집을 배척하고 썩은 나무 같다는 것으로 송맹경을 지적하여, 흑백 가리기를

---

39) 명종 5년 5월 24일 정해조. 丁亥/兩司請陳復昌按律定罪 三啓 答曰 復昌不敬不道之罪 非作於一朝一夕 (중략) 公論纔發 都人士女 莫不相慶 以捕虎比之 國人之情 大可見矣 伏願殿下快從公論 以正王法.

40) 명종 12년 7월 27일 무인조에 보면, 그가 이미 정4품인 성균관 사예라고 하는데 13년에 와서 정6품 전적 자리에 적합한 인물로 말하고 있으니 의아하다. 戊寅/上御朝講于宣政殿 大司諫閔箕曰 (중략) 近者姜億爲司成 申汝楫爲司藝 (하략).

너무 분명하게 하였으니 임금답게 널리 포용하고 관대하게 대하는 아량이 없는 것이라 나는 깊이 유감스럽다."[41] (하략)

다음 인용문의 내용은 정7품 품계인 성균관 박사 한인(韓戭)에 대한 내용이다. 그의 장인 송응개(宋應漑)가 성균 생원 유공신(柳拱辰)을 비롯한 유생들에게 간신으로 지목 받고, 또 유생들의 상소내용이 마음에 들지 않는 것을 핑계로 100여 명의 유생들에게 과거응시 자격을 박탈함으로써 큰 파장을 몰고 왔다. 왜냐하면 개인적인 울분을 자제하지 못하고 해괴한 처사를 벌여 결국 국왕까지도 무시하였다 하여 의금부의 죄를 심문하는 추국을 받게 했다는 것이다. 간사하다, 사욕을 부렸다, 무도하다는 등 좋지 않은 평을 받은 교관이었다.

(상략) 지난번 태학에서 상소하려 할 적에 정언 이주가 아들 이광정을 시켜 반궁에서 큰소리로 말하게 하기를 '오늘 이런 논의를 주장하는 유생은 끝내 멸족의 화를 당할 것이다.'하였으니, 아무 거리낌 없이 사림을 재갈 물리려 한 그 계책이 또한 너무하다 하지 않겠습니까. 그런데 공론이 격발하여 마침내 막을 수 없게 되고 생원 유공신 등이 상소하여 진달하게 되자, 간신 송응개의 사위인 박사 한인(韓戭)이 다른 일을 핑계로 동료들과 의논하지도 않고 마음대로 과거응시를 중지시켰는데, 대상자가 무려 1백여 명이나 되었습니다. 예로부터 지금까지 상소했다는 이유만으로 과거응시를 제멋대로 중지시킴으로써 개인의 울분을 씻으려 했다는 말은 듣지 못하였습니다. 이런데도 죄주지 않는다면 신들은 동한의 당고의 화가 장차 오늘날 다시 일어나게 되지 않을까 염려스럽습니다.[42]

전교하였다. "박사 한인(韓戭)은 관학유생들이 상소한 것을 분하게 여겨 유공신 등 많은 사람들의 과거응시자격을 박탈하였으니, 이는 옛날에도 없었던 변고이다. 간사한 마음을 품고 사욕을 부리면서 임금까지 무시한 무도한 정상이 지극히 놀라우니, 금부에 내려 추국하게 하라."[43]

다음 인용문 사례는 정5품의 성균관 직강 조욱(趙稶)[44]에 대한 것인데, 그

---

41) 명종 13년 10월 5일 무신조. 傳于政院曰 (중략) 學宮 敎養賢才之地 以嗜酒昏劣申汝楫 首擬於典籍 (하략).

42) 선수 16년 8월 1일 경술조. (상략) 向者太學之將欲陳疏也 正言李澍 使其子光庭 揚言于泮宮曰 今日之儒生 有主張此論者 終被赤族之禍 云則其謀欲箝制士林 無所忌憚 不亦甚乎 及其公論激發 終不能沮抑 而生員臣柳拱辰等 抗章陳達 則博士韓戭 奸臣宋應漑之甥也 托以他事 不謀同列 擅自停擧者 多至百餘人 自古及今 未聞以抗章之故 而擅自停擧 以肆私憤者也 此而不罪 臣等竊恐 東漢黨錮之禍 將復起於今日也 (하략).

43) 선수 16년 8월 1일 경술조. 傳曰 博士韓戭 忿其館學儒生上疏 柳拱辰等多數停擧 此 古所無之變 其懷奸逞私 無君不道之狀 極爲駭愕 下禁府推鞫.

44) 『민족문화대백과사전』: 1516년 생원·진사 양시에 합격했으나 벼슬을 단념하고, 조광조·김식을 사사하

가 전에 수안(황해북도 지역)군수로 있을 때의 일이 문제가 되어 사간원에서 국왕에게 그의 파직을 명해달라는 상소로 국왕인 선조가 받아들였다는 것은 그의 죄가 충분히 인정되었다는 것으로 생각된다. 즉 그가 근신해야 할 때 하지 않아 관고(官庫)를 탕진하였고, 또한 승진에만 관심을 두고 요행만을 일삼았으며 아름답지 못한 사풍을 가졌다는 것이었다.

사간원이 아뢰기를, "성균관 직강 조욱(趙稶)이 전에 수안군수로 있다가 상을 당해 체직되어 올 때 근신하지 않은 일이 많아 관고를 탕진하게 하였으므로 듣는 자들이 모두 통분해 합니다. 파직을 명하소서. 근래 사풍이 아름답지 못하여 신진 인사가 국가의 급무는 생각지 않고 오직 스스로 편리할 계책만을 품어, 서열을 따라 승진하는 것만으로 요행을 삼고 봉직에는 뜻이 없으니 극히 놀랍습니다. 전 승문원 정자 민여신은 정고(呈告)하지 않고 임의로 출입하였으며, 전 성균관 학정 윤선(尹銑)·문여(文勵), 교서박사 박명부, 저작 이여해, 전 저작 장경세 등은 고향집에 버젓이 누워서 한 결같이 사은하지 않았으니 자못 남의 신하된 의리가 없었습니다. 이와 같은 습성을 통렬히 제거하지 않을 수 없으니, 아울러 파직을 명하소서. 이후로는 각각 그 당상으로 하여금 그 근태를 조사하여 전최에 반영하게 하소서."하니, 상이 따랐다.[45]

위 인용문에서 보다시피 1607년경 성균관 대사성까지 지낸 바 있고, 1590년경에 정8품인 성균관 학정 자리에 있을 때의 윤선(尹銑)[46]에 대해 사간원에서 정죄하는 것인데 내용인즉슨 신하로서 사은하지 않은 일을 통렬히 지적하는 것이었으며, 역시 1596년경 정8품인 성균관 학정일 때의 문여(文勵)[47]에 대한

며 학문연마에 힘썼다. 기묘사화 때 두 스승에 계루되었으나 화를 면했다. 형인 성(晟)과 함께 삭녕에서 강론하여 세상은 정호·정이에 비겼다. 선원전·순릉·영릉 등의 참봉에 제수, 모친 3년상 후 용문산에서 은거하여 용문선생이라 일컬어졌다. 명종 때 성수침·조식과 함께 천거되어 내섬시주부, 이듬해 장수현감, 이조참의에 추증, 용문서원에 배향되었다.

45) 선조 29년 4월 18일 갑인조. 甲寅/司諫院啓曰 成均館直講趙稶 前爲遂安郡守 遭喪遞來之時 多有不謹之事 使官庫板蕩 聞者莫不痛憤 請命罷職 (중략) 上從之.

46) 『민족문화대백과사전』: 1582년 진사시, 1588년 식년문과 병과급제, 성균관학록·전적, 승문원정자, 홍문관박사, 1592년 임란으로 상경했는데 선조가 의주로 떠나자 좇아갔다. 그 충절을 가상히 여겨 사헌부장령에 명하고, 세자를 수행케 하고, 묘주(廟主)를 봉행케 했다. 1601년 부안현감, 1603년 사간원대사간, 1605년 예조·호조참의, 1606년 승정원 우승지·도승지, 성균관대사성, 광해군이 즉위하자 이조참판•병조참판·예조참판, 1613년 계축옥사로 인목왕후가 구금되자 위졸을 시켜 미육(米肉)을 헌납했다. 발각되자 광해군을 설득하여 공궤를 계속했다. 1614년 주문사(奏聞使), 1617년 의정부우참찬, 조경기·홍무적 등이 시사를 항언하여 광해군이 그들을 죽이려고 하자 구원했다. 1623년 인조가 즉위해 우참찬이 되었으나 사양하고 산수를 즐기며 여생을 마쳤다.

사간원의 상소에 의한 정죄로 내용은 윤선과 거의 같은 것이다. 그런 그가 1600년에는 정5품인 성균관 직강에까지 이르렀으니 전란 과정과 그 후의 기강이 해이해진 탓일 것으로 사료된다.

한편 다음 인용문 내용은 1593년경 정6품인 성균관 전적을 거친 김용(金涌)[48]이 1599년에는 종3품직인 성균관 사성이었는데 인용문에서 보는 바와 같이, 전에 군량미 운반 독려 임무를 수행하는 독운어사(督運御使)로 있을 때에 행실이 아주 나빠 주색에 빠졌었고, 가혹한 형벌사용으로 많은 사상자를 발생시키며 원성을 높이 샀었다는 이유를 들어 사간원에서 파직을 국왕인 선조에게 청하였는데 이를 선조가 받아들였다는 것이다. 과거의 일로 문제가 되었던 경우인데 그다지 성균관에서의 칭송을 어디서도 찾아볼 수 없는 것으로 보아 적합한 자격을 갖춘 고위직 교관은 아닌 것으로 판단된다.

> 사간원이 아뢰기를, "성균관 사성 김용(金湧)은 독운어사로 오랫동안 서로에 있으면서 행실을 삼가지 않고 주색에 빠져 각 고을에서 모욕을 받았고 형장을 가혹하게 사용하여 사상자를 많이 발생시켰으므로 도처에서 이민들이 모두 원망하고 욕을 합니다. 이와 같은 사람은 분사에 그대로 둘 수 없으니 파직하소서."[49] (하략)

다음의 인용문 내용은 1601년에 정5품인 성균관 직강 채형(蔡衡)[50]을 국왕

---

47) 『민족문화대백과사전』: ?~1623. 정인홍의 문인으로 1589년 증광문과에 병과급제, 1592년 승문원정자가 되고, 임란으로 임금을 의주까지 호종했다. 이듬해 곽재우와 함께 공을 세웠다. 1600년 헌납·교리, 성균관직강, 1601년 창원판관, 1602년 장령, 1603년 집의가 되어 정인홍을 모함한 이귀를 탄핵하다가 이루지 못했다. 영남으로 갔다가 상의원정으로 복직, 필선이 되었다. 1604년 사섬시부정, 통례원찬의, 그 뒤 종묘서영을 지내고, 대사간이 되었다. 1623년 인조반정 때 정인홍의 문인이라는 이유로 국문을 받다가 죽었다.

48) 『민족문화대백과사전』: 557~1620. 1590년 증광문과에 병과급제, 승문원권지정자, 예문관검열, 천연두가 발병해 사직했다. 임란으로 안동에서 의병을 일으켜 안동수성장, 이듬해 예문관의 검열·봉교, 성균관 전적, 이어 정언·헌납·부수찬·지평, 이조정랑에 올랐다. 정유재란이 일어나자 제도도체찰사 이원익의 종사관으로 활약했으며, 교리에 재임 중 독운어사로 나가 군량미 조달에 공을 세웠다. 조정에서 동서분당이 생겨 그를 후원하던 영의정 유성룡이 서인에게 축출되자, 탄핵으로 선산부사로 옮겨졌다. 이때 금오서원을 이건하고 향교를 중수하였다. 이후 대간의 탄핵을 받으며 관직을 전전했다.

49) 선조 32년 3월 20일 기해조. 司諫院啓曰 成均館司成金涌 以督運御史 久在西路 行己不謹 酗酒沈色 取侮列邑 酷用刑杖 多致死傷 到處吏民 莫不怨罵 如此之人 不可仍在分司重任 請命罷職 (중략) 上曰 竝依啓.

50) 『민족문화대백과사전』: 1567~1639. 1594년 별시문과에 병과급제. 선조대에 사간원정언, 예조좌랑, 병조정랑, 예조정랑, 사간원정언 등을 역임했으며, 1601년에는 성균관직강 겸 춘추관기주관으로서 『선조실

인 선조가 나포(拿捕) 즉 급히 체포하라고 의금부에 명하였다는 것이며, 그 혐의 이유는 대간으로 있을 때 뇌물을 받았다는 것이었다. 그런데도 천연덕스럽게 성균관 교관을 하고 있었으니 제자들인 유생들 앞에서 후안무치 이상이었던 셈이다.

사신(史臣)의 논조처럼 어찌 대간으로서 해서는 안 될 일을 하여 상식 이하의 비리를 저질렀는지. (중략) 결국 그는 아래 각주에서도 볼 수 있듯이 인조 때에도 종묘령(宗廟令)에 제수되었으나 대간으로 있었을 때의 이 일, 즉 은을 뇌물로 받았던 일로 인하여 탄핵을 받아 파직되었다고 하고 있다.

> 사섬시부정 문여, 안변부사 원호지, 전 이조정랑 강주, 성균관직강 채형(蔡衡)을 나포하라고 의금부에 명하였다(송응기의 초사에 나왔기 때문인데, 초사에 '은 120냥을 이조서리 이운장, 약방고직 장태백, 전 감찰 임익신에게 나눠주며 운장은 문여에게, 태백은 강주에게, 익신은 원호지·채형에게 각각 바치도록 하였다'고 했다. 4인은 다 장흥에 영을 옮길 당시의 대간이었다.)(사신은 논한다. 이 네 사람은 한때의 시종신이었던 이들이다. 천하고금에 어찌 대간으로서 뇌물을 받고 일을 논할 자가 있겠는가. 인정으로는 도저히 하지 못할 일이고 상리에 있어서도 그럴 수 없으니, 굳이 거론할 필요도 없겠으나 이해하기 쉬운 것만을 가지고 말한다 해도 의문점이 있다. 옥사는 정범이 승복하기 전에는 관련자를 예측하기 어려운 법이다. 그런데 송응기가 자복도 하지 않은 십여 일 전부터 누구누구가 응기의 은을 받았다고 소문이 퍼지면서 과장을 하며 떠들어대더니 필경 끌어들인 사람이 바로 이 네 사람이었다. (하략)).[51]

1616년에 정4품 품계인 성균관 사예를 하고 있던 이홍주(李弘胄)[52]가 북방

록』의 편찬에 참여하였다. 인조대에는 종묘령에 제수되었으나 과거 대간으로 있을 때 은을 뇌물로 받았다 하여 탄핵을 받아 파직되었다.

51) 선조 37년 12월 11일 병진조. 丙辰/命拿司贍寺副正文勵 安邊府使元虎智 前吏曹正郎姜籀 成均館直講蔡衡于義禁府 以其出於宋應琦招辭也 應琦招曰 以銀百二十兩 分授于吏曹書吏李雲長 藥房庫直張太白 前監察任翊臣 使雲長 納于文勵 使太白 納于姜籀 使翊臣 納于虎智 蔡衡 云云 而此四人 皆長興移營時臺諫也 史臣曰 此四人皆一時侍從之人也 天下古今 豈有以臺諫 受人之賕 而論事者哉 此則人情之所不到 常理之所不然 固難容議於其間也 第以人所易曉者 而言則尤有所可疑者 凡獄事 正犯未服之前 其所援引 固難預知, 而應琦未首前期旬朔之間, 某某受應琦之銀, 此說大播, 譸張相唱, 而畢竟所引, 皆是此人 (하략).

52) 『민족문화대백과사전』: 1562~1638. 1582년 진사시 합격, 의금부낭관, 1594년 별시문과 병과급제, 주서·교산찰방, 예조·병조·이조좌랑, 1609년 부수찬·교리·의주부윤·안동부사, 1618년 전라도 순찰, 형조참판, 1619년 사은사, 진주사(陳奏使), 병조참판, 1621년 함경도관찰사, 예조참판, 1624년 도승지, 이괄의 난이 일어나자 장만의 뒤를 이어 도원수가 되었다. 대사헌, 1624년 우참찬, 지경연사 겸임, 호태감 접반사·대사헌·전주부윤·도승지·병조판서, 1632년 인목대비 애책문을 짓고 숭정대부에 오른 뒤 예조·병조판서, 1635년 왕에게 병선과 군사를 정비해 환란에 대비하자고 했다. 1636년 이조판서, 우의정, 병자호란으로 적들이 서문 밖까지 이르자 국서를 적진에 전하고 화의교섭을 벌였으나 항복은 반대하였다. 1637년 영중추부사, 영의정에 올랐다.

의 방비 상태를 점검하는 함경도 점군어사라는 사신의 책무를 띄고 6진을 순심한 결과들을 국왕인 선조에게 장계를 올렸는데, 사신이 보기에는 너무 부실하고 사실과 달리 잘 준비되어 있다고 미화만 시켜서 당장이라도 전란을 당하면 앉아서 패망한다고 평가하였으니, 결국 이런 것들이 중첩되어서 진짜 나중에 병자호란(1636년)을 맞이하는 참담한 결과를 가져오지 않았는가도 싶다.

따라서 이홍주는 진실성을 갖춘 고위직 성균관 교관은 분명 아니었다고 할 수 있을 터인데, 그의 최종 벼슬은 인조 때 영의정에까지 이르렀으니 놀랍고도 놀랍다.

> 함경도 점군어사 성균관 사예 이홍주(李弘胄)가 서계하였다. "신은 엄명을 삼가 받들어 육진을 두루 다니며 방비의 형편과 기계의 조치를 사목에 의거해 하나하나 순심하였습니다. 부령부는 육진의 첫머리에 있는데 방어가 허술하고 분방이 가장 적으며 물력 역시 매우 잔박한데도 부사 유지신이 형편에 따라 조치하여 포루와 성랑을 새로 만든 곳이 많으며, 성호를 수축하고 목책을 둘렀으며 궁전과 화약을 준비한 것 역시 많습니다." (중략) (사신은 논한다. 영북은 아주 멀어서 왕화가 미치지 못하고 변신이 탐욕스러워 방비하는 뜻이 없어 혹시 사변이 일어나면 앉아서 패망할 판국이었다. 그런데 이홍주의 장계에는 기림이 많고 폄함이 적으며 실속 없이 여러 말만을 늘어놓았으니 홍주가 사신의 책임을 다했다고 말할 수 있겠는가.)[53]

그뿐 아니라 각주에서도 추가 설명하고 있는 것처럼, 이홍주는 무려 33가지에 달하는 벼슬을 한 것으로 보아 관운은 엄청나게 따랐던 사람으로 보인다. 따라서 정치적으로는 나름대로 유능한 인물이라고 평가할 수도 있겠지만 성균관 교관 직책은 그에게 그냥 대충 지나간 경력이었을 뿐 유생들의 입장에서 보았을 때는 아무래도 존경 받는 스승은 결단코 아니었을 성 싶다.

결국 조선시대 성균관 교관은 그 직급의 고하를 막론하고 사표가 될 만한 자질과 덕행 및 학문적 실력을 갖춘 자들이 임명되어 교육활동을 해야 하는 것이 마땅하였다. 모든 성균관 유생들이 제자가 되는 것인데 시류에 휩쓸리고 실

---

53) 선조 39년 5월 20일 정해조. 咸鏡道點軍御史成均館司藝李弘胄書啓 臣祇承嚴命 遍歷六鎭 防備形止 措置器械 依事目 一一巡審 則富寧爲府 在六鎭初面 誘以防禦似歇 分防最少 物力亦甚殘薄 而府使柳止信 隨便措置 炮樓城廊 多有新造之處 修築城壕 繚以木柵弓箭火藥 措備者亦多 (중략) 史臣曰 嶺北絶遠 王化不及 邊臣貪黷 無意防備 脫有警急 坐而待亡 而弘胄狀啓 褒多貶小 慢費辭說 弘胄可謂盡使臣之責乎.

력도 없고 부도덕한 사람들이, 정치와 교육이 아무리 분리되지 않았던 정교일치 시대라고 할지라도, 너무나 정치적인 사람들이 교관이 되는 것은 아닐 듯싶다.

성균관 교관은 그 시대의 사표인데 학식도 없고 지도력도 없고 열정도 없는 이들이 교관으로 있었다는 것이 문제였다. 그러나 어디 그리 모든 것이 이상적으로만 되겠는가? 결국 조선 전기에도 위에서 살펴본 바와 같이 자질이 저급하여 논란거리가 되는 일들이 많이 발생하였다.

정4품 성균관 사예 박윤검은 성균관 계집종을 사통하여 애를 낳은 전력과 자신의 영달을 위해 비굴한 짓거리를 일삼았으며, 정5품 직강 전순인은 학식이 없다는 평을, 종3품 사성 진복창은 간신배로 비굴하다는 평을, 정6품 전적 신여집은 술과 용렬하다는 평을 받았다.

정7품 박사 한인은 개인적 울분으로 유생들의 과거응시를 못하게 하였고, 정5품 직강 조욱은 승진에만 관심을 쏟았다는 평을, 정8품 학정 윤선과 문여는 나태함을 지적 받았고, 종3품 사성 김용은 주색잡기와 많은 원성을 샀고, 정5품 직강 채형은 뇌물수수, 정4품 사예 이홍주는 진실치 못한 장계를 올렸다는 빈축을 샀다.

따라서 성균관 교관들 중에는 당연히 훌륭한 교관들이 더 많았겠지만 더러는 위와 같이 혹평을 받은 10여 명의 교관들도 있었던 것이다. 물론 극히 일부가 나쁜 평을 받았다고 하여 성균관 교육의 질이 언제나 나빴던 것처럼 생각하면 안 될 것이다.

그러므로 오늘날의 대학교수들은 이화여대 정유라 사건을 남의 일로 볼 것이 아니라 자신을 되돌아보고 반성해가며, 또한 위에서 살펴본 조선 전기 성균관 교관들의 사례들을 거울로 삼아 두고두고 회자되는 오명을 남길 것이 아니라 대대손손 좋은 이름들을 남기기 위해 부단히 노력해야 될 것이라고 생각된다.

Sungkyunkwan School culture

제3부

성균관의 유생 문화

"성균관의 유생 서열 문화
성균관의 유생 천거 문화
성균관의 유생 여론 문화
성균관의 장의 문화"

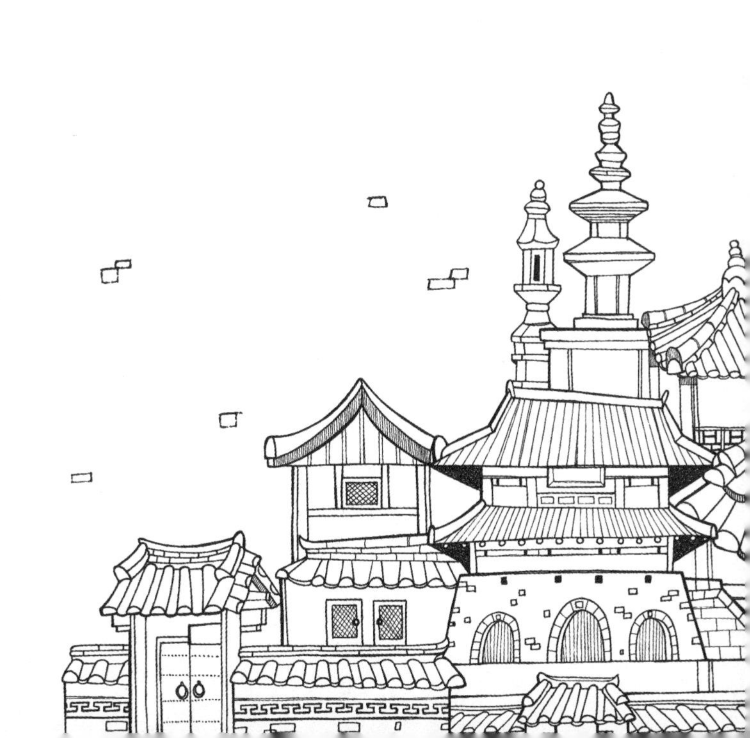

제1장 성균관의 유생 서열 문화

1. 서언

조선시대의 성균관은 국가의 최고 교육기관이기도 하였지만 성리학 이념을 연구하고 재생산하는 지배이념 기지로서, 그리고 또 이러한 지배이념을 백성들에게 보급하는 교화기관으로서 각종 성리학적 의례의 표준적인 전범을 항상 실현해야 하는 중추적이며 선도적인 기관이기도 하였다.

따라서 조선시대의 성균관에서는 각종 의식을 진행하기 위해 도열을 할 때나 실내에서 앉게 될 때, 또는 식당에서 식사를 하기 위해 상석에서부터 하석으로 차례로 앉을 때, 항상 서치(序齒)순이냐 아니면 방차(榜次)순으로 하느냐를 두고 논란이 많았다.

다시 말해서 성리학적 질서를 유지하기 위해서는 반드시 원칙적인 규준(規準)이 있어야만 했다. 즉 유교의 강상(綱常)인 오륜 중에서 장유유서를 지키기 위해서는 나이순으로 해야 되었으며, 또 단체생활인 만큼 군대식으로 먼저 입격한 순으로 해야 되었기 때문에 서치순이냐 방차순이냐를 두고 오랜 세월 동안 논란을 벌인 것이다. 물론 일반적으로는 방차순이었다.

우리가 사회생활 속에서도 연장자를 우선하는 경우가 있고 직책이나 계급을 우선으로 하는 경우도 있다. 또한 각종 행사나 모임에서 귀빈에 대한 자리배치 문제 때문에 담당자들이 고민을 하는 경우도 많이 있다. 그래서 예우나 의전문제를 둘러싸고 항상 고민거리가 있다는 것은 어느 정도 우리나라의 뿌리 깊은 서열문화 탓이기도 하다.

그런데 성균관 유생들에 관련된 여러 가지 자료들을 수집하여 살펴본 결과, 상황이나 사안에 따라 성균관에 거재한 기간이 오래 된 것을 우선으로 할 때도 있고(가령, 성균관 공천의 경우), 또는 연령순으로 할 때도 있고, 누가 먼저 생원이나 진사가 되었느냐를 가지고 따질 때도 있었다.

사실 이러한 주제를 다룬 선행연구물들은 거의 전무하고, 또 관련 문헌들이 결코 풍부하지는 않으므로, 『조선왕조실록』이나 『태학지』 또는 『승정원일기』 등을 중심으로 해서 조정에서 또는 성균관에서 어떻게 이 문제를 두고 해결해 나가고자 했으며, 서치순과 방차순이 왜? 또 누구의 어떤 주장으로 인해서 앞서거니 뒤서거니 했는지를 여기서는 시론적으로 살펴보고자 한다.

2. 서치순이냐 방차순이냐

『조선왕조실록』이나 『태학지』를 통해서 종합적으로 살펴보면 성균관에서의 서치순, 방차순 문제에 관한 기록은 다음과 같이 중종 때 처음으로 나타나고 있다.

> 이보다 먼저 중종 40년[1] 계묘년(1543)에 영남의 유생 배신(裵紳), 이제신(李濟臣)이 태학에 유학하면서 의논을 발의하면서 말하기를, **"수선의 땅에 어찌 장유로 하여금 차례가 없게 할 것인가? 의당히 나이 차례로 앉아야 된다."고 해서 마침내 동서하재에서 시행했다.** 또한 상사인(上舍人)에게도 그렇게 확대하여 행하고자 했지만 대부분 기뻐하지 않으므로 이에 제생(諸生)이 사장(師長)에게 질의했다. 대사성 이준경(李浚慶)과 사성 송세형(宋世珩)은 모두 옳다고 했지만 홀로 지성균관사 성세창(成世昌)이 그르다고 하면서 말하기를, "공문(孔門)에 또한 나이순으로 앉은 법이 있지 않은가?"라고 했다. 진사 홍인우(洪仁祐)가 말하기를, "두서너 제자가 뜻을 말함에 증점(曾點)이 최후에 대답했는데 주자가 말하기를, '나이로 치면 마땅히 두 번째 대답했어야 한다'라고 했으니 이것은 공문에서 나이를 숭상한 것이 아닙니다."라고 하니 세창도 오히려 그렇게 생각하지 않는다고 해서 그 법이 끝내 행해지지 아니했다.[2]

---

1) 고증으로는 40년이 아니라 38년이 정확함. 대사성 민종현이 착오한 듯함.

2) 『태학지』 권6 장보, 식당: 先是 中宗四年癸卯 嶺南儒生裵紳李濟臣 遊太學倡議曰 首善之地 何可使長幼無序 宜以齒序坐 遂行於東西下齋 又欲推 而行諸上舍人多不悅 於是諸生質于師長 大司成李浚慶司成宋世珩 皆以爲是 獨知成均事成世昌非之曰 孔門亦有齒坐否 進士洪仁祐曰 二三子言志 曾點最後對朱子曰 以齒則當次對 此非孔門之尙齒乎 世昌猶不以爲 然其去遂不行.

위 인용문 내용을 읽어보면 영남 출신의 성균관 유생 배신과 이제신이 나이순으로 앉아야 된다고 주장하여 동재의 하재와 서재의 하재에서 자치적으로 시행하였다고 하고 있다. 그런데 윗방에 거주하고 있는 상사인(고참)들이 서치순을 달갑지 않게 여겨 사장으로 있는 총장격 대사성 이준경과 부총장격 사성 송세형에게 질의했더니 서치가 옳다고 했지만, 이사장격인 성균관 지사 성세창은 그르다고 하였으며 진사 홍인우도 공문(孔門)의 법도가 나이순이 아니라고 하여 서치법이 끝내 시행되지 않았다는 것이니, 결국 나이순으로 하는 일이 시작되었다가 말았다는 뜻이다.[3]

다음으로 나타나는 기록은 선조 때인데, 아래 인용문 내용을 살펴보면 서두에서 바로 알 수 있듯이 성균관에서 서치법을 정해서 시행했다고 하고 있다. 이 기록대로라면 본격적인 서치법의 등장은 선조 때부터라고 할 수 있다. 물론 이해수는 방차순을 주장하였고 이율곡은 성균관이 인륜을 밝히는 곳으로서 장유서에 입각해 서치순이 옳다는 주장이었다. 그러나 『태학지』에 보면 같은 내용을 기록한 것 같은데, 이 서치법이 얼마 가지 못해 폐지되었다고 말미에 기록하고 있다.[4]

① 성균관에서 나이 순서대로 앉는 법을 정하여 행했는데, 구신(舊臣)으로 좋아하지 않는 자가 많았다. 이해수(李海壽)가 이이(李珥)에게 말하기를, "나이대로 앉는 것은 관중(館中)에 적합하지 않습니다. 동방(同榜)에서 장원을 존경하는 것이 또한 속례(俗禮)이니, 어찌 좌석을 뒤바꿀 수 있습니까."하니, 이이가 말하기를, "장원을 높이는 것은 동방의 모임에서나 시행하는 것입니다. 관학(館學)의 경우는 곧 인륜을 밝히는 곳이니, 어찌 장유의 순서를 폐할 수 있겠습니까. 또 장원이 어찌 왕세자보다도 더 높겠습니까. 그런데도 옛날에 왕세자가 입학하면 오히려 나이대로 앉았으니, 장원을 논할 바가 아닙니다."하자, 해수가 더 이상 따지지 못했다.[5]

② (상략) 노수신(盧守愼)이 또 계청(啓請)하기를, "관중에서 나이 순서로 앉는 법을 망설이지 말고 시행하소서. 반드시 상께서 마땅히 행해야 한다는 뜻을 분명히 보이셔야 합니다. 그렇게 10년간 행

---

3) 서치법을 주장한다는 것은 그동안 쭉 방차법이 시행되어 왔다는 뜻이다.

4) 『태학지』 권6 장보, 식당: 宣祖七年甲戌 太學生復行之 李海壽謂先正臣李珥曰 榜次之坐尊敬壯元 是亦禮俗也 齒坐非太學之所宜也 珥曰 壯元之尊施于榜會可也 太學明倫之地 王世子入學尙以齒坐 況壯元豈若世子之尊乎 海壽默然 未幾是法亦廢及.

5) 『선조수정실록』, 선조 7년 2월 1일 병오조. 선조(7년: 1574년) - 성균관에서 나이대로 앉는 치좌법을 정하다(성균관대학교 교사, 782쪽도 참고).

하면 반드시 효험이 있을 것입니다."했으나, 상은 그렇다고 여기지 않았다.[6]

아마도 그 이유는 위 두 번째 인용문 내용에서 살펴볼 수 있듯이, 노수신이 서치법 시행을 선조에게 청하였으나 선조가 옳다고 여기지를 않아서였던 것 같다. 그렇다면 서치법이 아닌 방차법이 시행되었다고 할 수 있다. 그러나 이 서치법은 다음 인용문 내용을 살펴보면 결국 효종 때 와서 본격적으로 시행되었다고 생각된다.

효종9년 무술년(1658)에 제생이 각각 붕당의 명색으로 식당에서 나누어 앉거늘 임금이 그것을 듣고 대사성 조한영(曺漢英)을 파직하였다. 이에 완남부원군(完南府院君) 이후원(李厚源)이 이이(李珥)의 건의에 따라 나이로 순서를 정하는 제도를 시행할 것을 청하니 임금이 장차 행하려고 했으나 대신이 어렵다고 해 마침내 결정을 못하다가 **이때에 이르러 대사성 민정중(閔鼎重)이 비로소 건의해 청해서 그것을 시행하였다.**[7]

그동안 이랬다저랬다 한 서치법은 성균관 대사성 민정중의 건의에 의해서 이를 받아들인 효종이 명을 내려 시행한 것이다. 물론 붕당 색깔에 의해 식당에서 나눠 앉는 폐단 때문에 특별 조치가 취해진 것이라고 해야 되겠지만. 또 『효종실록』에 이와 비슷한 내용이 있다.[8]

---

6) 『선조수정실록』, 선조 7년 11월 1일 신미조.

7) 『태학지』 권6 장보, 식당: 孝宗九年戊戌 諸生各以朋黨名色分坐於食堂 上聞之 罷大司成曺漢英職於是完南府院君李厚源 請從李珥之議爲序齒之制 上將行之 而諸大臣難之事 竟寢 至是大司成閔鼎重 是達請行之. 같은 내용: 효종 9년 6월 22일 무자조: (상략) 將君我而與我齒讓, 何也? 曰長長也, 然而衆知長幼之節, 此所謂行一物而三善皆得者也. 往在中廟朝, 已爲諸賢有此論, 至於癸卯年間, 一二嶺儒倡之, 始行於東西下齋, 亦將竝行於上舍, 爲一榜次之論所撓, 但其時洪仁祐等諸人, 莫不慨恨, 而纔經己卯士禍, 不敢出聲相爭. 及至宣祖朝甲戌年間, 此論復行, 太學儒生, 作年齒坐. 或者言於李珥曰, 齒坐非館中所宜, 榜中尊敬壯元 (하략).

8) 효종 9년 6월 25일 신묘조: (상략) 學乃首善之地, 而賢士之所關也. 東西分坐之擧, 始出於聖明之世, 豈不寒心? 糾正其習, 責在長官, 而今日責罰, 獨及於微末掌務官, 論議若是失當, 則誰能服其言而革其弊習哉? 亦爲慨歎也. 學宮序齒, 儒賢之意, 實非偶然, 而旣不能行之於古, 則到今猝變, 或不無難便之端. 且榜次定坐, 亦所以卞別先後進之意, 則流來舊規, 似難偏廢. 愚臣淺見如此, 伏惟上裁. 完南府院君以爲, 學宮齒坐之事, 其論蓋久, 中廟朝癸卯年間, 始行於東西下齋, 亦將竝行於上舍 (하략).

현종 4년 계묘(1663)년에 **태학의 식당에서 나이순으로 차례를 정하는 예절을 시행하라고 명하였다.**[9)]

위 인용문 내용을 살펴보면 다음 왕인 현종 때 와서 다시 서치법 시행을 명한 것은 아마도 효종 때의 서치법이 제대로 시행되지 않아서인 것 같다. 이는 결국 방차순으로 다시 되돌아갔다는 뜻이 된다. 이 방차순으로 앉는 것은 숙종 4년 8월 13일 신사조의 다음 인용문 내용을 살펴보면 보다 명확해진다.

① 이원정(李元禎)이 또 말하기를, "**관학의 구례(舊例)는 방차를 따라 차례로 앉았습니다.** 선묘조(宣廟朝)에 이이(李珥)가 나이의 차례로 하도록 청했다가 행하지 못했고, 갑진년에 민정중(閔鼎重)이 대사성이 되어 **처음으로 서치법을 행했다가 조가(朝家)에서 정한 것이 아니니 구례를 회복함이 마땅할 것 같다고 하여, 방차를 따라 앉았습니다.**"하니, 허적(許積)과 권대운(權大運)도 또한 방차를 따름이 마땅하다고 말해 임금이 윤허했다. (하략)[10)]

② 이보다 먼저 무오년(1678)에 **이원정이 대사성이 되어 태학생이 나이순으로 앉는 법은 이이의 법으로서 옛날의 법이 아니라고 해 드디어 나이순으로 앉은 법을 파하고 다시 방차로 앉게 했다.** 숙종8년 임술년(1682)에 조지겸(趙持謙)이 대사성이 되어 건의해서 다시 서치를 행하다가 숙종16년 경오년(1690)에 이르러 이봉징(李鳳徵)이 또 고쳐서 방차로 앉도록 했는데 이때 이르러 대사성 이인환(李寅煥)이 계달(啓達)하여 "**태학은 명륜의 땅이고 장유유서는 곧 5륜의 하나이다. 치좌는 이미 선정의 정론이 있는데도 중간에 변경해 바꿨으니 일이 타당치 못하다.**"고 했다. 임금이 연신(筵臣)에게 물어서 조사하라고 하니 참찬관 김세익(金世翊)이 "자고로 태학은 나이로 차례를 삼았으니 어느 때 방차로 앉았는지는 알 수 없습니다. 다만 고 상신(相臣) 민정중이 선정신 이이의 논리를 준용하면서 또한 선정신 송시열, 송준길에게 의논했던 것입니다. 근간에 변경한 것은 아마도 그대로 지킬 필요는 없을 것입니다."라고 했다. 참찬관 서문유(徐文裕), 검토관 박권(朴權) 등도 또한 이미 선정의 논리가 있으므로 마땅히 서치를 회복해야 한다고 했다. 임금이 교서로 말하기를, "**태학은 윤리를 밝히는 땅이다. 이제 앞으로는 연치로써 앉는 차례를 삼는 것이 옳다.**"라고 했다.[11)]

---

9) 『태학지』 권6 장보, 식당: 顯宗四年癸卯 命行太學食堂 序齒之禮.

10) 『숙종실록』, 숙종 4년 8월 13일 신사조: (상략) 大司成李元禎所啓. 太學儒生, 以榜次序坐, 乃是我朝古例也. 曾在宣廟朝, 文成公臣李珥, 請以齒爲序, 而終不允從矣. 甲辰年, 閔鼎重, 爲大司成時, 私用變規, 以齒序坐, 而行之已久, 亦難猝改, 故不得, 不仰達矣. 許積曰, 榜次之坐, 旣是古例, 則鼎重之擅改舊規, 誠極不當矣. 權大運曰, 宣廟朝, 不許序齒者, 蓋鄕黨則雖尙齒, 而大學席次, 當以取人先後, 爲次故也. 上曰, 遵宣廟朝不許之意, 以榜爲坐可也. 元禎曰, 學製給初試之規, 旣非古例, 而四學兼官, 無數遞之事, 故考官, 豫知士 (하략).

11) 『태학지』 권6 장보, 식당: 先是戊午李元禎爲大司成 以爲太學生齒坐之法 卽李珥之法 非古禮也 遂罷序齒 更爲榜次坐 壬戌趙持謙爲大司成曰 于上復行序齒 及庚午李鳳徵 又改爲榜次坐 至是大司成李寅

위 인용문을 종합해서 분석해보면 대사성 이원정은 방차순이 구례의 관습이라는 것이었고, 이율곡이 오륜을 밝혀야 한다고 하며 서치순을 주장했지만 실행되지 않았으며, 대사성 민정중에 의해 서치순이 시행되었었으나 다시 방차순으로 환원되었고, 5도 도체찰사를 역임한 허적과 우의정 권대운이 방차가 옳다고 해 결국 숙종도 윤허했다는 것이다.

몇 년 지나지 않아 숙종 8년 말에 다시 대사성 조지겸이 윤허를 받고 서치법을 시행하였으며, 부수찬 이봉징이 다시 방차법으로, 대사성 이인환이 서치를 주장하고 참찬관 김세익과 참찬관 서문유 및 검토관 박권이 이에 동조하였고, 숙종도 전과 달리 태도를 바꿔 태학의 윤리 운운하며 연치가 옳다고 하며 서치법을 명하였다.

> 숙종 23년 정축년(1697)에 여름 4월에 **태학생에게 다시 나이를 기준으로 차례를 정하는 예절을 행하라고 명령하니 이에 법식이 되었다.**[12]

그러나 위 인용문을 읽어보면 같은 숙종 재위기간 중에도 이랬다저랬다 한 것 같다. 왜냐하면 숙종 4년에 방차법을 옹호했었고, 숙종 8년에 서치법을 명했었으며, 그 후 다시 방차순으로 바뀌었는지 숙종 23년에 와서 다시 서치법을 또 명하였기 때문이다.

이러한 서치법은 숙종 다음 왕인 경종을 거쳐 영조 때 와서도 꾸준히 시행된 것으로 보인다.

煥啓 以太學乃明倫之地長幼有序 卽五倫之一 齒坐旣有先正定論 而中間變改事未妥當 上詢于筵臣參贊官金世翊 曰自古太學 以齒爲序 未知何時爲榜次之坐而故相臣閔鼎重 遵用先正臣李珥之論 宜議於先正臣宋時烈宋浚吉 近間變更 恐不必要守矣 參贊官徐文裕檢討官朴權等 亦以爲旣有先正之論 當復序齒 上敎曰 太學明倫之地 今後以年齒 爲坐可也. 『숙종실록』 숙종 8년 12월 25일 무술조에도 비슷한 내용이 있다.

12) 『태학지』 권6 장보, 식당 : 肅宗二十三年丁丑夏四月 命太學生復行序齒禮 仍爲式. 숙종23년 4월 25일 갑술조: (상략) 臣竊聞國朝古事王世子入學之時, 亦由齒坐之儀. 太學儒生之齒坐所由來, 蓋舊初旣因先正臣定論復古, 則近間變更, 恐不必膠守矣. 參贊官徐宗泰曰, 榜次雖是久遠之規, 而旣因先正之論, 爲序齒之禮, 則論以古制, 似爲得宜. 且鄕飮鄕射等禮行之, 雖爲希闊, 而此皆當有序齒之禮, 則獨於齋中, 以榜爲次, 事涉參差, 亦恐不便, 此元非大段更變之比. 太學, 是明倫之地, 遵近年已行之禮, 還復序齒, 似宜矣. 檢討官朴權曰, 明倫之地, 榜次爲坐, 倒植, 甚矣. 依先正所定, 以齒爲序, 宜矣. 上曰, 太學, 明倫之地, 齒坐宜矣. 今後以年齒爲坐, 可也. 以上朝報.

영조 7년 신해년(1731)에 대사성 윤급(尹汲)이 소(疏)에서 "식당도기는 예로부터 내려온 규율이 있어 제생은 **나이를 차례로 하여 앉고** 정간책자(井間冊子)에 나란히 써서 스스로 그 옆에 서명하게 했으며 중인과 서인은 비록 나이가 많을지라도 단지 끝자락만을 허락했는데, 지난번 친강할 때에 진사 이훈보(李熏普)가 서인이라는 명분으로 식당에 참석하지 못함에 제생 이익보(李益普)와 더불어 도기를 꺼내다가 앉는 차례를 뒤바꾸려고 시도했으므로 마땅히 엄한 처분을 가해야 합니다."라고 하니 임금이 따랐다.13)

그 이유는 위 인용문 내용에서 대사성 윤급이 식당에서의 좌법(坐法)이 예로부터 서치순이 규율이라고 말하고 있기 때문이다. 물론 중인과 서인은 나이가 많아도 신분 때문에 서치순이 아니었다. 위 내용 말미에 이를 어긴 서인 출신 진사 이훈보와 유생 이익보가 엄한 처분을 받았다고 기록하고 있다.

태학의 거재유생들이 **서치를 다투다가** 권당하기에 이르니, 대사성 김상로(金尙魯)에게 타일러 들어가도록 전하게 하였다.14)

한편 위 인용문 내용을 읽어보면 서치문제로 성균관 유생들이 서로 다투다가 권당까지 이르렀다는 것으로 방차순과 서치순은 영조 재임 기간 내내 계속 갈등 속에 있었다고 할 수 있다.15)

정조 4년 경자년(1780)에 교서로 말하기를, "서류(庶流)들이 **나이를 차례로 하는 것이 알맞다**고 하는 한 가지 사건을 미루어 조정에까지 올리므로 지난번에 현관으로 하여금 품의하여 처리하라고 했으나 말이 별로 명백하지 못하여 적당히 따르기에 어려움이 있도다. 또한 이것이 조정의 관작과는 크게 다름이 있고 또한 인재를 양성하고 교화를 이루는 방면에 관계된 일이 사론(士論)과도 얽혀 있으므로 그 현관은 명확하게 즉시 결정하도록 하노니 원한을 머금고 화합을 추구하는 탄식을 면하도록 하라."고 하였다.16)

---

13) 『태학지』 권6 장보, 식당 : 英宗七年辛亥 大司成尹汲疏 食堂到記 自有流來舊規 諸生以年齒序其坐次 而列書於井間冊子 自署其榜 而中庶之人 雖其年多 只許末坐 向간曰親講時 進士李熏普以庶名不參食堂 而寄齋生李益普 圖出到記顚倒座次 宜加嚴處 上從之.

14) 영조 19년 4월 2일 을유조.

15) 영조 19년 3월 18일 임신조, 23년 2월 16일 병자조, 48년 12월 28일 무자조, 49년 1월 26일 병진조, 49년 1월 27일 정사조, 49년 2월 1일 경신조, 49년 윤3월 10일 기사조, 50년 4월 17일 기해조, 50년 6월 18일 경자조 등.

16) 『태학지』권6 장보, 식당: 當宁四年庚子敎曰 庶流近以序齒 一事推上朝廷 故向令賢關稟處 而語無別白

또한 정조 때의 위 인용문 내용을 살펴보면 많은 것들을 파악할 수 있다. 즉 신분사회인 이상 그리고 관작(官爵)과 연관시켜 생각한다면 방차순이 옳은데 윤리를 밝히는 성균관에서 오륜 중의 하나인 장유유서를 지키지 아니할 수가 없고, 장유유서를 지키자니 서류(庶流)들이 기고만장이고 따라서 특히 서류들은 자기들에게 이득이 되기 때문에 장유유서를 계속 주장하고 있음을 알 수 있다. 이에 현관(賢關)인 성균관도 오락가락하고 대신들이나 임금도 쉽게 판단을 하지 못하고 있는 것이다.[17]

> 대사성 유당(柳戇)에게 전교하였다. "나이에 따라 차례를 정하는 일은 선조(先朝)에서 신칙하신 것이 과연 어떠했던가. 그런데 근래 들으니 서얼을 남쪽 줄에 따로 앉게 했다고 한다. 일반 백성 가운데서도 준수한 자가 모두 태학에 들어가면 **왕공귀인(王公貴人)도 그들과 더불어 나이에 따라 차례로 앉게 하는 것**이니, 서얼들의 지체는 비록 낮으나 똑같은 반족(班族)이다. 또 성인이 사람을 가르칠 때 단지 그 사람의 어진가 어질지 않은가 하는 것만 볼 뿐 그 문벌의 귀천은 따지지 않았는데, 당당한 성균관으로서 어찌 유독 서얼만 따로 남쪽 줄에 앉게 하고 같은 줄에 있지 못하게 한단 말인가. 또 이미 태학에 들어오는 것을 허락하고서 어깨를 나란히 하는 것을 허락하지 않으려는 것은 의리에 근거가 없는 것이다. 식당에서 나이대로 앉게 하는 것이 조정의 관작이나 개인집의 명분과 무슨 관계가 있겠는가. 그런데도 남쪽 줄에 따로 앉게 하거나 혹은 끝줄에 내려앉게 하니, 이는 천만부당한 일이다. 경의 직책이 대사성이니 그것을 바로잡고 고치는 것이 경의 책임이 아닌가."[18]

위 인용문에서 성균관 대사성 유당에게 내린 전교를 통해 정조의 말을 분석해보면, 성균관 유생들이 서류 출신들을 성균관 거재를 허락하고서는 식당에서는 유독 동쪽도 서쪽도 아닌 남쪽에 따로 앉게 하거나, 아니면 동쪽이나 서쪽의 끝줄에 앉게 하였다는 것인데, 이는 명분도 관작도 아닌 것으로 천만부당하다고 생각되니 대사성 유당 당신이 책임지고 성균관 유생들이 나이순으로 앉도록 바로 잡으라는 것이다.

有難適從 且此與朝廷官爵大有異焉 亦甚關於作人成敎之方 而事繫士論 其令賢關劃 卽決定俾免茹寬干和之歎.

17) 정조 4년 이전부터 이미 이 문제에 대한 논란들: 정조 즉위년 8월 25일 갑자조, 원년 8월 9일 임인조, 원년 8월 10일 계묘조, 2년 3월 22일 임오조, 2년 11월 12일 무술조, 3년 1월 29일 갑인조, 3년 2월 8일 계해조, 3년 2월 25일 경진조, 3년 3월 30일 갑인조, 3년 4월 24일 기묘조, 3년 4월 25일 경진조 등.

18) 정조 15년 4월 16일 경신조.

이 때 남쪽에 앉게 되는 서출 출신의 생원과 진사들을 『반중잡영』에 의하면 남반이라고 불렀고, 식당 이용 시 남헌으로 통하는 남문으로 별도 출입하였다[19]고 하고 있다.

> 방차순으로 앉을 때는 비록 손도(損徒)의 벌을 받은 자일지라도 또한 한 자리를 걸러 거말(居末)유생의 위에 앉게 하였으나, **치좌(齒坐)의 규행(規行)**에 이르서는 손도의 벌을 입은 자는 식당에 들어가는 것을 허락하지 아니하였다.[20]

위 인용문 내용을 분석해보면 유벌 중에 손도 즉 오륜을 어겨서 벌을 받고 있는 중이라면 제한되는 것이 많이 있는데, 그래도 방차순으로 맨 끝이 아닌 끝에서 두 번째 앉는 것이 허락되었다는 것이다. 그러나 손도의 벌을 받고 있는 중이라면 치좌규행으로 식당에 들어가지 못하도록 했다는 것이니 원점도 얻지 못하고 잘못하면 굶을 수밖에 없었을 것이다. 그만큼 이때는 서치순을 중하게 여기며 실행했다는 뜻이 된다.[21]

> 매일 아침에 식당에서 식사시간이 되어 식고(食鼓)를 세 번 울리면 동서재의 유생은 건(巾)과 복(服)을 갖추고 길을 나누어 **나이순으로 마주 대하여 서서 읍례를 한다.** 그런 다음에 식당에 들어가는데 생원은 동당(東堂)으로 들어가고 진사는 서당(西堂)으로 들어간다.[22]

위 인용문에서는 식당에 들어가기 전에 명륜당 앞으로 모일 때 동재유생들은 동쪽으로 나이순으로 줄을 서고, 서재유생들도 서쪽으로 나이순으로 줄을 서서 동재생과 서재생 상호간에 읍례를 행한다는 것이다. 일단 줄서는 것은 서

---

19) 『반중잡영』: 故規 生員由東門入東軒 進士由西門入西軒 相對齒坐 東西下齋生各入其軒 與生進下坐者相對號爲寄齋 近來有庶名生進入南軒 稱南班. 『반중잡영』은 정조 15년 이후 만들어짐.

20) 『태학지』 권10 사실, 잡식: 榜次坐時 雖被損徒之罰者 亦許隔一座 坐於居末儒生之上 及齒坐之規行而被損者 不許入食堂. 『태학지』는 정조 9년에 간행됨.

21) 정조 4년 이후로도 계속 논란과 지시: 정조 5년 1월 9일 임오조, 6년 1월 8일 을사조, 6년 1월 9일 병오조, 6년 3월 24일 신유조, 12년 8월 25일 갑인조, 15년 4월 20일 갑자조, 15년 5월 3일 정축조, 15년 5월 5일 기묘조, 15년 5월 8일 임오조, 15년 6월 4일 정미조, 17년 8월 20일 경진조, 21년 윤6월 12일 경술조 등.

22) 『태학지』 권6 장보, 식당: 每朝食堂時 鳴食鼓三聲 東西齋儒生具巾服 分路序齒而立相對行揖禮 然後入食堂 生員人東堂進士入西堂.

치순이며 그런 후 생원은 식당의 동당으로 진사는 식당의 서당으로 들어간다는 것이니, 여기서부터는 방차순으로 갈라지지만 다시 동당 안과 서당 안에서는 서치순으로 앉게 되는 것이다.

정조 이후 순조 때 와서도 태학의 식당에서 서치순으로 앉는다는 이야기가 나타나고 있으며, 그것이 인륜을 닦는 태학의 볼만한 광경이라고 기록하고 있다.[23] 또 고종 때의 기록에도 학교가 장유유서의 명륜을 밝히는 곳으로 활쏘기를 할 때에 서치순으로 한다고 말하고 있다.[24]

지금까지 살펴본 바와 같이, 성균관 유생들뿐만이 아니라 한양의 4학 유생들 그리고 전국 각지의 유생들은 오륜 중 장유유서라는 인륜을 닦기 위해 서치순으로 앉는 것이 조선 후기로 올수록 굳어진 기본 좌법이었다. 특별히 입격순서를 중시하는 경우에는 방차순이었고, 이외에는 일반적으로 서치순이 보편적인 좌법이었다.

그러나 관직이 아닐지라도 생원과 진사들이 입격순 즉 방차순을 옳게 여기는 풍조 때문에 성균관 내에서는 일찍부터 방차순이 통용되었다고 할 수 있다. 중종 때 이러한 방차순을 고치기 위해 몇몇 유생들이 서치순을 주장하였고 일부 성균관 고위관리들도 동조하였지만 모두가 찬성하는 것은 아니어서 결국 서치순이 시행되지 못하였다.

그러다가 선조 때 와서 서치법을 시행하였으나 방차순을 주장하는 사람들

---

23) 순조 2년 9월 25일 계사조: (상략) 嚴飭秋曹及左右捕廳, 各別譏詗, 期於斯速捉得, 何如? 上曰, 依爲之. 出擧條 龍輔曰, 國朝待士之禮甚盛, 故士亦自重其身, 雖如朝夕食堂之微文細節, 亦未嘗放倒, 揖讓而升, 序齒而坐, 周旋進退, 濟濟可觀, 近聞居齋儒生, 率多占便, 或令傳餐於齋中, 躬造食堂者, 絶無僅有, 甚至圓點生進, 將至滿點, 而同齋之儒, 不相識面云. 首善之地, 習尙之不古, 臣竊惜之 (하략), 순조 23년 7월 25일 신묘조:(상략) 有敎曰, 是士族遺裔, 與委巷賤流, 曷可比而同之, 使不能得其所, 是亦寡人之過, 欲識人倫之常稱, 則反慕千里不同俗之俗, 朝廷之職名, 豈爲士夫階限而設哉? 其後銓曹通望之飭, 太學序齒之諭, 必欲漸次開路, 以至末年, 辭敎愈摯, 而不幸仙馭上昇, 遂成未卒之志, 沒世之思, 八域惟均, 而在臣等, 尤切如喪之慟矣. 且列朝名碩, 莫不力主疏通之論, 期欲矯革, 故先正臣文 (하략).

24) 고종 원년 4월 28일 무술조: (상략) 聖敎切當矣. 年雖老, 而有或朦昧於明倫之道, 則豈可以老而不訓乎? 基正曰, 庠序學校, 均是學也, 而各有取義, 以名其學, 蓋庠者, 養也. 故取其養老之義也. 序者, 以習射爲義, 而射必序齒, 故取其長幼老少之有序也. 校者, 敎也. 故取其敎民之義, 而此皆鄕學之名也. 學者, 國中之太學也. 如上卷所云, 家有塾, 黨有庠, 術有序, 國有學卽此也. 庠序學校之所由設, 專爲明倫之地 (하략).

이 나타났고, 이율곡의 장유유서에 의한 서치법 주장은 이후로 서치법 주장자들에게 두고두고 인용되었다.

선조 후기 때 다시 방차순으로 바뀌었지만 효종 때 와서 다시 서치법을 주장하는 자들이 많아져 서치법이 시행되었고 이는 현종 때까지도 이어졌다. 그러나 숙종 때 와서 어느 순간 방차순으로 바뀌었다가 서치순 주장자들이 많아져서 다시 서치법으로 시행하다가 또다시 방차순으로, 숙종 후기에 와서는 다시 서치순으로 되었다. 그 이후로는 어느 때부터인가 방차순으로 바뀌었다가 다시 서치법이 영조, 정조, 순조를 거쳐 결국에는 고종 때까지 이어졌다.

방차순과 서치순이 이렇게 옥신각신했던 이유는 신분사회의 상하와 장유유서의 인륜을 연마하는 학교에서의 도덕적 가치추구가 상충되었기 때문이라고 생각된다. 즉 방안에 차례로 앉아서 공부할 때와 식당에서 밥을 먹는 순서를 가지고 다르게 좌법을 적용하였던 이유는 공부는 앞서 있는 사람 방차순 즉 생원과 진사를 우선하는 것이 옳다고 생각하였던 것이고, 특히 식당에서 밥을 먹는 일만은 생원과 진사가 아직 벼슬이 아니었기 때문에 장유유서의 원리에 따라 서치순으로 하는 것이 옳다고 생각하였던 것으로 분석된다.

그리고 이러한 방차순과 서치순 논란은 성균관 내에서 그치는 것이 아니라 한양의 4학이나 지방학교들, 또한 학교뿐만이 아니라 반촌이나 향민들의 생활질서 속에게까지 영향을 미칠 수 있는 것이었기 때문에 항상 민감하게 반응할 수밖에 없었다고 판단된다.[25]

---

25) 이 부분을 마무리하며 아쉽게 생각하는 것은 당쟁사나 몇몇 문집을 살펴보아도 이 문제가 뚜렷하게 당파나 당쟁과 관련되어 있다는 점을 찾아볼 수 없었다는 점이다.

제2장 성균관의 유생 천거 문화

1. 서언

조선시대의 인재발탁제도로서 대표적인 과거제도가 있었지만 그것이 만능은 아니었기 때문에 그 보완적인 제도로서 천거제도가 있었다. 천거제도의 이상은 학문과 덕행을 겸비한 전인적 인재의 발탁에 있었으며, 그 이상은 동서고금을 막론하고 반드시 구현되어야 할 중요한 가치라고 생각된다.

조선시대의 천거제도는 사실 과거제도의 보완적 역할에만 그친 것은 아니었다. 천거제도는 사림파의 성장과 진출에 결정적인 역할을 하였으며, 붕당정치기에 산림의 징소(徵召)에 큰 몫을 담당하였다.

한편 조선시대의 성균관은 국가를 대표하는 최고의 고등교육기관이면서 성리학을 연구·보급하고, 또 성리학 지배이념을 수호하며 중국사신들과의 교류를 통한 외교적 역할도 수행하는 복합적인 기능을 하는 곳이었을 뿐만 아니라, 공자를 비롯한 성현들을 제사하고 또한 현실적으로 관료가 되기 위해 대과를 준비하는 전국에서 모인 생원과 진사들의 집결처였다.

그러나 성균관에 기숙하는 거관유생들 모두가 대과에 급제할 수는 없었으므로 여러 번 낙방하며 때를 기다리는 유생들의 수가 해마다 증가해 이로 인한 한과 불만이 계속 누적될 수밖에 없는 현실적 상황이 항상 존재하였다.

따라서 국가에서는 이러한 불만들을 그냥 보고만 있을 수는 없는 노릇이었으므로, 한을 해소해주고 불만세력이나 소외세력을 정권 안으로 흡수하여 민심을 수습하는 동시에 정권의 안정을 도모하기 위해 그에 대한 회유책으로서 그리고 학업을 권장하는 특별한 정책적인 배려로서 천거제도를 마련하지 않을 수가 없었다.

그런데 천거제도로는 유일(遺逸)천거제[1], 효행(孝行)천거제, 보거제(保擧制)[2], 천거과(=賢良科)[3]도 있었는데 여기서는 성균관 공천제만 국한하여 다루고자 한다. 이 성균관 천거제는 성균관 관천(館薦)[4] 또는 성균관 공천(公薦)이라고 하였다.

그러므로 이제부터 성균관 공천제도의 개요와 변화 및 발탁된 주요 사례들, 그리고 공천제로 인한 각종 부작용들과 이를 둘러싼 논쟁들을 중심으로 성균관 천거제의 이모저모를 살펴보고자 한다.

2. 성균관 공천제의 개요와 변화

조선왕조는 초기부터 여러 해 거관한 유생의 천거를 제도적으로 규정하고 있었다. 세종 23년(1441) 7월 을묘조에 보면,

> 여러 해 거관하고 늙도록 과거에 급제하지 못한 자는 예조의 월강분수와 원점의 많고 적음을 살펴서 경관에 서용한다.[5]

---

1) 유일이란 유일지사(遺逸之士) 또는 산림유일지사(山林遺逸之士) 등의 준말로서 뛰어난 학문과 덕행을 지니고 있으면서도 초야에 은거하고 있는 미입사자(未入仕者)를 뜻하였다. 넓게는 우수한 학덕에도 불구하고 스스로 관직에서 물러나 있는 전직관리와 하위직에 오랫동안 머물러 있는 현직관리를 뜻하는 개념으로 한대(漢代)의 향거이선제(鄕擧里選制)에 그 기원을 두고 있다.

2) 보거제는 보증천거(保證薦擧)의 준말로 거주(擧主)가 잘못 천거했을 경우 거주를 연좌처벌(緣坐處罰)한다는 의미를 갖고 있으며, 식년(式年)보거제와 수령(守令)보거제가 있다.

3) 중종 14년(1519) 조광조(趙光祖)의 건의에 따라 실시된 제도로 속칭 현량방정과(賢良方正科)라고 했다. 기묘사화(己卯士禍)로 조광조가 실각하자 폐지되었다. 정구선(鄭求先)은 『조선시대 천거제도 연구』(초록배, 1996)에서 현량과는 훈구파들이 사림들의 등용문인 천거과를 비하하기 위해 붙인 명칭이라고 하였다. 101쪽 참고.

4) 성균관 천거제는 중종조 이후 관천으로 불렸다. 정구선, 57쪽 참고. 그리고 정조 때 민종현(閔鍾顯)이 찬한 『태학지』에는 공천으로 기록되어 있다. 52쪽 참고. 윤기(尹愭)의 『반중잡영(泮中雜詠)』에도 관천으로 나오고 있다.

5) 세종 23년 7월 을묘조: 居館累年 老不中第者 考禮曹月講分數 圜點多少 京官敍用. 『속전첨록(續典瞻錄)』 홍학조에 같은 내용이 있다.

라고 되어 있다. 이와 같은 규정은 그 후에 『경국대전』 예전(禮典) 장권조(奬勸條)에 다음과 같이 더욱 구체적으로 명시되었다.

> 여러 해 성균관에 거관하고 학문이 깊으며 행실이 뛰어난 자로서 나이가 50세에 이른 자, 성균관의 일강, 순과 및 예조의 월강을 통고하여 성적이 우수한 자, 여러 해 문과에 응시하여 관시와 한성시에 7번 입격하고 나이가 50세에 이른 자는 임금에게 아뢰어 등용한다.[6]

문종 원년(1450)에는 예조로 하여금 여러 해 거관하고도 과거에 급제하지 못하고 있는 연로자 1, 2인을 등용했으며[7], 단종 원년(1452)에도 매년 초 역시 여러 해 거관하고 있으면서도 급제 못한 유생 여러 명을 천거하여 경관에 등용하였다.[8]

천거된 자의 연령을 살펴보면 단종 때에는 40세로 되어 있었으나 경국대전에는 50세 이상으로 상향되었다. 이처럼 피천자의 연령이 너무 높게 규정되어 있었으므로 천거가 제대로 안 되는 문제가 생겼다. 즉 성종 8년(1477)에 예조에서 올린 건의에 의하면 거관 유생 중 50세 이상이 없어서 한 사람도 천거할 수 없다는 말이 나왔다. 그래서 예조에서는 40세 이상인 자를 천거하여 등용하자는 방안을 제시하여 임금의 윤허를 받았다.[9] 그런데도 지지부진하여 연령에 구애 받지 말고 천거해야 한다는 서거정의 건의도 있게 되었다.[10]

『태학지』 선거조 공천편에는 사례를 들기 전에 서두에 다음과 같이 개요를 기록하고 있다.

---

6) 『경국대전』 권3, 예전 장권조: 累年居館 學問情熱 操行卓異 而年滿五十者 通考本館日講旬課 及本曹月講 分數優等者 累年赴擧 文科館漢城試七度入格 而年滿五十者 啓聞敍用.

7) 문종 즉위년 10월 경진조: 上曰 令禮曹 擇累年居館 老不登第者 一二人 除職.

8) 단종 즉위년 6월 임오조: 集賢殿上書 (중략) 年四十以上 居館年久未第者 每歲抄許令諸生 備論才行推薦數人 京官敍用 (하략).

9) 성종 8년 11월 신사조: 禮曹啓 (중략) 令之居館儒生 年滿五十者 絶無 緣此立法以後 無一人薦拔 四十始仕 古之制也 今後 年四十以上者 亦許薦用 以示勸奬 (중략) 金國光議 第一條 五十則衰老 四十不爲早 薦用爲便 (중략) 從國光議.

10) 성종 10년 11월 갑신조: 徐居正曰 (중략) 居館者 年滿五十 而通經學 十魁月課者 敍用之法 載在令甲而未得一人者 以今之儒生 無一人年至四十五十 而居館者 不拘年限 有學術者 擇而用之 何如.

매년 6월(小政)과 12월 대정(大政)[11] 하루 전에 장의(掌議)가 반중재(泮中齋: 성균관기숙사)에 들어가 원점을 모아 점수가 많은 3명의 명단을 작성하여 이조에 바치되 혹시 사정이 있어 행하지 못할 때에도 또한 이조에 보고한다. 『대전』에 또한 이르기를, 여러 해 성균관에 있으면서 학문이 정숙하고 조행(操行)이 뛰어나되 나이가 만 50세가 된 자, 본관의 일강(日講)과 순과(旬課) 및 예조 월강(月講)의 수를 나누어 우등한 자와 여러 해 문과에 응시하고 관시와 한성시에 7회 합격하여 만 50세가 된 자는 임금께 서면으로 보고하여 서용한다.[12]

정조 때의 성균관 유생 윤기(尹愭)는 그의 『반중잡영(泮中雜詠)』에 공천절차를 기록해 놓았다. 공천은 도목정사(대대적인 인사이동) 하루 전에 하였으며 장의가 유생들을 모아서 몇 사람 이름을 쓰게 하고 차례대로 권점을 하여 권점을 많이 받은 3인을 이조전랑에게 보낸다고 하였다. 그러나 사사로운 정에 의한 청탁이 분분하므로 이조에서 채택하지를 않아 정조 때에는 더 이상 시행하지 않았다고 하였다.[13]

한편 경학에 밝고 행실이 착한 경명행수인(經明行修人)이나 과거에 7번 낙방한 칠거부중유생(七擧不中儒生) 등을 천거토록 되어 있던 성균관 유생들을 위한 천거제를 조선전기에는 주로 성균관 공천법 혹은 공천법이라 했지만 그밖에 칠거부중지법(七擧不中之法)이나 누거부중지법(累擧不中之法)이라 부르기도 하였다.[14]

공천이란 사천에 대응되는 말로서 사정(私情)에 의한 천거가 아니라 공정한 천거라는 의미를 지니고 있었으나 성균관의 당상장관(堂上長官)과 거관유생들의 공의(公議)에 따라 성균관 유생에 대한 천거가 이루어졌음으로 성균관 공천 또는 공천이라 부르게 되었다.

중종 대에 와서는 사림파의 성장과 함께 공천도 활성화되어 다수의 사림파 유생들이 천거·등용되었다. 재행(才行)이 탁월한 40세 이상의 누거부중유생을

---

11) 대정은 정기적인 인사행정의 도목정사(都目政事)로 6월·12월 두 차례 행하는데 12월 것이 규모가 커서 생긴 이름. 『수교집록(受教輯錄)』(청년사, 2001) 345쪽에는 6월·12월은 양도목, 3월·6월·9월·12월 4번은 4도목이고, 도목정사, 도정, 도목대정이라고도 하며, 산정(散政)과 대비개념으로 풀이함.

12) 『태학지』 선거 공천: 每六月十二月 大政前日 掌議入泮中齋 會圓點以點多者 三人修單子呈于吏曹 如或有故未行 亦報于吏曹 大典亦曰 累年居館 學問精熟操行卓異 而年滿五十者 本館日講旬課 及禮曹月講分數 優等者 累年赴擧文科 館漢城試七度入格 而年滿五十者 啓聞敍用.

13) 館薦恒於都政前 執綱呼寫幾人連 只看諸生圈點數 却將三望送東銓 薦旣非公點亦私 銓家近日未依施 不妨此擧于今廢 聊備後人說古規.

14) 정구선, 『조선시대 천거제도연구』, 초록배, 2001, 80쪽 참고.

매년 2, 3명씩 성균관 당상장관이 천거하여 전조(銓曹)로 올리면, 전조에서 피천자(被薦者)를 등용하도록 하였다.[15]

이 같은 성균관 공천제가 유일천거제와 마찬가지로 사림파의 정계진출을 위한 발판으로 활용되었음은 물론인데, 이 점은 누거부중자나 경명행수인을 천거, 등용해야 한다는 사림파 관료들의 건의를 통해서 확인되고 있다.[16]

또한 성균관 공천이 정암 조광조 일파의 세력 확장에 이용되었음은 공천으로 등용된 자들이 대부분 사림파에 속한 인물이었던 점에서도 잘 나타나고 있으며, 사림파의 공천 활용 실태는 사림파에 대한 특진관(特進官)[17] 허굉(許硡, 1471~1529)의 다음과 같은 비난을 통해서도 입증되고 있다.

> 일곱 번 과거를 보아 합격하지 못한 유생을 뽑아 쓰는 것은 좋은 일이다. 그러므로 거관유생을 천거하는 것 역시 가한 일이다. 지난 번 젊은 무리(조광조 일파)들은 자기들이 아는 유생이면 거관하는 자가 아니더라도 6품의 벼슬을 제수하였으므로 그 폐단이 매우 컸다. 그들은 자기편 인물을 발탁하여 3, 4년이 되지 않아 문득 당상관에 승진시켰으니 매우 잘못된 일이었다.[18]

즉 조광조 일파는 자기들이 아는 유생은 비록 성균관 거관자가 아니더라도 강력히 천거하여 6품직을 주었으며, 자기편 인물들을 3, 4년도 지나지 않아 당상관으로 승진시켰다는 것이다.

3. 성균관 공천제에 의한 피천 사례

『조선왕조실록』, 『태학지』, 『승정원일기』, 『증보문헌비고』 등의 문헌에서

---

15) 중종 7년 11월 정해조.

16) 중종 7년 9월 병자조, 13년 정월 갑인조.

17) 경연(經筵)에 참여하여 왕의 고문에 응하는 관리. 1471(성종 2)년에 처음 베풀어졌다. 처음에는 삼품(三品) 이상의 문관을 대상으로 하였으나, 이후 이품(二品) 이상의 문관, 무관, 음관(蔭官)까지 참여시켰다.

18) 중종 19년 5월 계사조: 特進官許硡曰 (중략) 七擧不中儒生 亦可選用也 然若擧居館儒生則可矣 頃日年少輩 則其所知儒生 雖非居館者 卽除六品職 其弊甚大矣 (중략) 頃者年少之人 則擢用其類 未及三四年 便陞堂上 甚不可.

성균관 천거제에 의해 등용되었다고 실명이 기록된 사례는 『태학지』 선거편 공천조에 나오는 성종 원년의 안생량(安生良)이 처음이다.

> 성종 원년 경인년(1470)에 임금이 조정에 포열(布列)되어 있는 자들 모두가 귀한 집 자제들이니 성균관에서 경서에 능통하고 실무를 아는 자를 추천하라 하여 드디어 안생량을 추천하였다.[19]

그런데 『연려실기술』에는 그 내용이 다음과 같이 성종 2년으로 기술되어 있으며, 안생량이 아니라 안양생으로 되어 있다. 『서울문묘실측조사보고서』[20]에서도 성종 2년 11월 진사 안양생이 천거되었다고 설명하고 있다. 『문과방목(文科榜目)』에 의하면 충주 안씨인 안양생은 참봉을 제수 받았지만 성종 3년(1472)에 춘당대시 갑과에 장원하여 벼슬이 후에 승지와 이조좌랑에 이르고 있다.

> 성종 2년 신묘에 임금이 하교하기를, "지금 조정에 늘어서 있는 자는 모두 부귀한 집의 자제로서 배우지 못하여 학식이 없다. 성균관 유생 중에는 반드시 경전에 통달하고 시무(時務 당시의 정무)를 알아서 재간이 임용할만한 자가 있을 것이니, 성균관으로 하여금 천거하게 하라."하였다. 이에 성균관에서 진사 안양생(安良生)을 천거하였더니, 임금이 높은 품계로 등용하였다.[21]

그래서 『태학지』를 편찬한 정조 때의 성균관 대사성 민종현(閔鍾顯)이 안양생의 이름을 안생량으로 잘못 기록했을 것으로 생각된다. 그 기록 다음에 바로 뒤를 이어서 다시 성종 11년에 임금의 명을 받고 진사 정여창(鄭汝昌)을 추천하였다고 다음과 같이 기록하고 있다.

> 11년 경자년에 다시 성균관에 명하여 경서에 밝고 행실을 닦은 선비를 추천하라 하니 성균관에서 정여창을 추천하였는데, 이는 대개 공천 외에 별도로 임금의 하교에 의하여 선비를 조정에 추천한 것이다.[22]

---

19) 『태학지』 권8, 선거 공천: 成宗元年庚寅 上以布列朝 著皆綺紈子弟 令成均館 薦通經識務者 遂薦安生良.

20) 『서울문묘실측조사보고서』, 문화재청, 2006, 187쪽 참고.

21) 『연려실기술(練藜室記述)』 별집 7권 관직전고(官職典故) 성균관 편.

22) 十一年庚子 復命本館 薦經明行修之士 館中 薦鄭汝昌 此盖於公薦之外別因 上教 薦賢士於朝也. 성종 9년 4월(을해조)에도 피천된 바 있다.

또 중종 5년(1510) 때 와서 성균관 거관유생수를 파악해보니 8백여 명이었고, 다음해(중종 6년, 1511)에 성균관에서 춘기석전을 마치고 천거를 명하니 진사 조광조(趙光祖), 진사 김석홍(金錫弘), 생원 황택(黃澤) 3명을 추천하였는데 이조 판서 안당(安瑭, 1461~1521)이 조광조가 으뜸이라고 하므로 조광조를 사지서(司紙署) 종6품 벼슬인 사지(司紙)에 제수하였다는 것이다.[23]

『증보문헌비고』 권198, 선거고15의 중종 6년 기록에서는 거의 같은 내용이 기술되어 있다.[24] 그리고 『중종실록』에서는 위 3인을 중종 6년 4월 1일에 추천하였다고 하며, 예조가 4월 11일에 조광조, 박찬(朴璨), 민세정(閔世貞) 등 성균관 유생 3인을 천거하여 조광조는 성균관과 예조 두 군데의 중복 추천을 받고 있다. 그런데 헌납(獻納) 이언호(李彦浩) 등이 조광조의 천거를 반대하였다[25]고 기록하고 있어 사림파에 대해 견제세력이 있었음을 알 수 있다.

> 중종 5년 경오년에 사관 5명을 성균관과 4학에 나누어 보내 유생이 성균관에 얼마나 살고 있는가를 보게 하니 그 때 취학한 자가 8백여 명이었다. 임금이 태학에 명하여 경서와 사기에 통달하고 정치를 할 줄 아는 자를 천거하라 하였다. 다음해 봄에 대성전에 헌작하고 인하여 하교하기를, "들으니 유생이 많이 학관에 모여든다고 하더니 과연 들은 바와 같다. 그 중에서 가히 쓸 만 한 자를 뽑아 아뢰어라."하니 이에 조광조와 김석홍과 황택이 명에 응하자 임금이 이조에 명을 내려 골라서 등용하라 하였다. 이조판서 안당이 광조가 경서에 밝고 행의가 있어 성균관에서 추천한 가운데 으뜸이 되므로 마땅히 먼저 발탁하여 등용하는 것이 좋다고 하니 임금이 그 말에 따라 드디어 사지[26]에 임명하였다.[27]

23) 생원, 진사 호칭은 모두 『국조인물고』, 『익산군지』, 『조선왕조실록』, 『문과방목』, 『대동야승』 등을 통해 확인하여 붙였고, 확인이 불가능한 사람은 붙이지 않았다.

24) 敎曰 予聞 儒生多聚于學 果愜所聞 其可用者 抄選以奏於是成均館 以趙光祖金錫弘黃澤三人應薦 上命 銓曹調用.

25) 『성균관대학교 육백년사(인)』, 772쪽 참고.

26) 사지서(司紙署)의 종6품 벼슬. 『증보문헌비고』 권198 선거고15의 중종 10년 기록에는 진사 조광조가 처음에는 참봉을 받았다가 사림들이 그건 너무 부족하다 주장하여 사지에 제수하는 것을 임금이 특별히 윤허하였다고 했다.

27) 『태학지』 권8, 선거 공천: 中宗五年庚午 分遣史官五員 于成均館及四學 視儒生居齋之多寡 時就學者八百餘人 上命太學 薦通經史 識治體者 翼年春 上酌獻先聖 仍下敎曰 聞儒生多聚于學 果愜所聞 其可用者 抄選以啓 於是以趙光祖金錫弘黃澤應命 上令銓曹調用 吏曹判書安瑭 以光祖明經術有行義 爲成均館首薦 宜先擢用 從之 遂除司紙. 이조판서 안당은 사림파라고 하였다(정구선, 95쪽)

위 기록에 뒤이어 중종 39년(1544) 갑진년에는 성균관에서 생원 서경덕(徐敬德, 1489~1546)을 추천하였다[28]고 기록하고 있으며, 이어서 선조 때는 생원 조목(趙穆, 1524~1606)을 또한 성균관의 추천으로 벼슬을 제수하였다[29]고 기록하고 있다.

조선조 천거된 성균관 유생들의 사례를 연대순으로 정리해보고 최종관직을 기록하면 다음과 같다. 태종 10년 생원 이수(李隨, 병판)[30], 문종 2년 생원 정극인(丁克仁, 정언)[31], 성종 9년 진사 정여창(鄭汝昌, 현감)[32], 중종 6년 진사 김석홍(金錫弘, 벼슬 안함), 생원 박찬(朴璨, 직장), 생원 민세정(閔世貞, 도사) 등 3인[33], 중종 10년에 진사 김식(金湜, 대사성), 진사 박훈(朴薰, 동부승지), 진사 조광조(趙光祖, 부제학) 등 3인[34], 중종 13년에 생원 김세보(金世輔, 판윤), 진사 조우(趙佑, 현감), 생원 이연경(李延慶, 교리), 생원 이약수(李若水, 벼슬 안함), 생원 김익(金釴, 현령), 진사 안처성(安處誠, 군자감정), 윤미(尹麋, 미상) 등 7인[35], 중종 35년 생원 서경덕(徐敬德, 벼슬 안함)[36], 명종 8년 생원 임훈(林薰, 목사)[37], 명종 19년 생원 노흠(盧欽, 봉사)[38], 선조 4년 생원 조목(趙穆, 주부)[39], 선조 5년 생원 곽율(郭趄, 군수), 진사 정곤수(鄭崑壽, 도총관)[40], 선조 6년 생원 송대립(宋大立, 지평)[41], 선조 20년 진사 조린(趙遴, 첨정)[42], 선조 33년 생원 신경락(申景洛, 목사)[43], 숙종

28) 三十九年甲辰 本館于薦徐敬德. 35년 7월(을사조)에도 피천된 바 있다.
29) 宣廟朝 趙穆亦以館薦 除職. 이것은 1568년으로 선조 1년의 무진년이다.
30) 세종 12년 4월 정해조.
31) 문종 원년 11월 갑자조. 성종 11년 10월 임신조에서는 정극인이 수석으로 천거를 받았다고 상소문에서 고백하고 있다.
32) 성종 9년 4월 을해조와 을사조.
33) 중종 6년 4월 경진조.
34) 중종 10년 6월 계해조.
35) 중종 13년 6월 갑오조와 경신조. 정구선은 『조선시대 천거제도 연구』의 89쪽에서 이때 생원 윤광령(尹光齡), 생원 김신동(金神童), 송호례(宋好禮) 등도 성균관 공천자로 보인다고 주장하였다.
36) 중종 35년 7월 을사조.
37) 명종 21년 6월 경진조.
38) 『국조인물고(중)』, 1071쪽.
39) 『선조수정실록』 권5, 4년 3월 임술조.
40) 『국조인물고(중)』, 1008쪽, (상) 469쪽.
41) 『국조인물고(하)』, 109쪽.
42) 『국조인물고(중)』, 979쪽.

29년 생원 정동후(鄭東後, 동부승지)[44] 등이 있다. 그러나 이외에도 더 많이 있을 것으로 추정된다.

4. 성균관 공천제의 폐단 논의

성균관 천거의 기준에 각종 요건을 충족시키는 유생들이 없어서 자주 바뀌거나 또는 정해진 원칙대로 잘 지켜지지를 않아서 앞의 공천에 의한 피천 사례에서 이수는 37세에, 정극인은 52세에, 정여창은 29세에, 김식은 34세에, 박훈은 32세에, 조광조는 34세에, 조우는 35세에, 이연경은 31세에, 서경덕은 52세에, 임훈은 54세에, 조목은 48세에, 정곤수는 35세에, 신경락은 45세에, 정동후는 45세에 각기 천거되었다.

홍문관부제학 이준경(李浚慶) 등이 상차(上箚)하기를, "삼가 살피건대 근년 이래로 사습이 비루하여 염치가 조금도 없습니다. 태학은 곧 수선의 자리로서 교화가 근원하는 곳인데, 국자(國子)인 사람들이 학문은 알지 못하고 진출하기에만 급급합니다. 공천을 하는 것은 사사로운 청탁을 제거하기 위한 것인데, 공천의 영이 내린 것을 한 번 듣게 되면 앞을 다투며 뛰어나와 횡사(黌舍-학교)로 모여들어 마치 저자처럼 되며 공천의 대열에 끼기를 노리고 있습니다. 공천을 의논할 적에 있어서도 차분하고 겸손한 선비를 가리지 않고 단지 현재 있는 명목만 기록하는데, 윗머리에 들어 있는 사람이 자연히 공천의 첫째가 됩니다. 함장(函丈-스승)과의 사이에 있어서도 조금만 의리에 관한 말을 들려주면 그만 월(越)나라 개들이 눈(雪)을 보고 짖듯이 합니다. 인재를 등용하는 것은 오직 현관(성균관)에 의존하는 것인데, 국가에서 이런 무리들을 배양해 놓았다가 장차 어디다 쓰겠습니까? 전조를 담당한 사람들은 또한 공천이란 명칭을 빙자하여 도리어 사정을 쓰는 구습만 부리고 있습니다. 폐단이 이토록 극도에 달했으니 어찌 한심한 일이 아니겠습니까?" (중략) "또, 사습이 비루하여 염치가 조금도 없는 것이나 태학의 잘못된 점이나 전조의 잘못하는 점을 논한 말은 바로 지금의 병폐에 적중한 것이다."[45]

43) 『국조인물고(중)』, 179쪽.

44) 『국조인물고(중)』, 277쪽.

45) 중종 37년 1월 18일 기해조.

성균관 공천에 의한 피천의 문제가 위 인용문 내용에서 살펴볼 수 있듯이 중종 때 와서 벌써 문란해져버려 그 폐단이 많이 발생하고 있었음을 파악할 수 있다. 성균관 유생들도 공천을 담당하는 관리들도 모두 타락하여 개인적인 청탁이 난무하고 사적인 인연에 얽혀 형평성을 잃어버리고 그 폐단이 극도에 달해 공천의 참된 의미를 상실하였다고 개탄하고 있는 것이다.[46)]

> 요사이 이조의 공천 때면 유생들이 앞 다투어 모여들어, 물론(物論: 수근거림)이 시끄러워지고 선비들 풍습이 날로 비루해집니다. 『대전』에 '여러 차례 과거에 떨어졌더라도 명경행수(明經行修)한 사람은 서용한다'는 법이 본래부터 있는데, 요사이 별좌와 찰방이 마침 빈자리가 많이 났으므로 이조가 공천한 이 사람들을 임용함으로써 공정한 도리를 행해 보고자 하여, 태학관 유생들을 법에 의해 뽑아서 보내도록 했던 것인데, 중간에 진출을 간청하는 사람이 있어 그처럼 염치없는 짓을 하매, 물론이 과연 이와 같게 된 것입니다. 비록 전조가 쓸 만한 사람을 뽑아 보내라고 하였더라도, 유생인 사람으로서는 마땅히 개결(介潔: 곧고 깨끗함)하게 사양하며 자숙해야 할 것인데, 잘못한 짓이 이러하였으니 어찌 물론이 없게 되겠습니까. 태학관은 수선의 자리이자 교화의 근거지로서 관계되는 바가 지극히 중한데, 선비들 풍습의 아름답지 못함이 이러하였으니 한심스러운 일입니다.[47)] (하략)

앞의 인용문에서 홍문관부제학 이준경 등이 성균관 공천문제를 개탄하였는데, 이틀이 지나 연이어 또 공천의 문란을 한심스럽다고 말하고 있다. 경전에 밝고 수양이 된 사람을 발탁하여 서용하는 것이 본래의 취지인데도 수선(首善)과 교화의 으뜸인 태학에서 공정한 도리를 연마해야 할 성균관 유생들이 사양하며 자숙하기는커녕 개인적인 청탁을 일삼고 몰염치하며 비루하기가 짝이 없어서 매우 한심스럽다고 지적하고 있는 것이다.

> 석강에 나아갔다. 헌부가 아뢰기를, "요새 정사(政事)하는 사이에 공도(公道)가 행해지지 못하고 사정에 따르는 폐단이 많이 있기 때문에 성상께서 이런 폐단을 통쾌하게 고치려고 하여 정녕(丁寧)하게 분부를 내리셨는데도, 전조가 공천이라 핑계하고 도리어 사정을 써, 주의(注擬)할 적에 친척을 피하지 않았는데 물론이 흉흉합니다. 이것만이 아닙니다. 논박 받았던 사람을 오래되지 않아 서용하였

---

46) 인용문 말미에 "사신은 논한다. 사습이 아름답지 못한 것은 말할 것도 없고, 판서(判書) 성세창(成世昌)은 또한 줏대가 없는 사람으로, 전형(銓衡)이 형평을 잃은 것이 이와 같았으니 애석한 일이다."라고 하였다.

47) 중종 37년 1월 20일 신축조.

고, 수령을 서로 바꾸게 될 적에도 대부분 사정으로 한 것이 많았으니, 이는 모두 공론을 마음에 두지 않아 그런 것입니다. 판서 성세창[48]과 참판 신영을 파직하소서. 태학의 제생 중에 여러 차례 과거를 보았어도 합격하지 못한 사람을 공천하여 서용하는 것이 비록 법전에 있는 것이기는 하지만, 유생으로서는 진실로 부끄럽게 여겨야 할 일입니다. 지난번에 한 번 전조가 공천한다는 신보(申報: 새소식)를 듣고는 앞 다투어 모여들어 자기 이름을 자천하는 짓을 하여 사습이 비루하였으니, 그런 흐름을 커나가게 할 수 없습니다. 이번 태학의 천거는 서용하지 마소서. 김항(金沆)은 그런 천거로 조지서별제가 되었으니 아울러 개정하소서."[49] (하략)

위 인용문 내용을 살펴보면 전날에 성균관 공천 문제의 문란함을 한심스럽다고 했는데, 하루가 지나서 또 마찬가지로 연이어 성균관 공천의 문란한 문제를 사헌부 관리가 지적하고 있다. 이번에는 성균관 천거자들을 서용하지 말 것을 임금에게 진언하며 아울러 이번 기회에 잘못되어 가는 사습(士習)을 바로잡기 위해 이미 벼슬을 제수 받은 사람까지 문제 삼아야 된다고 아뢰고 있다.[50]

성균관 천거제도의 공정한 도리가 잘 지켜지지를 않고 도리어 개인적인 친분관계, 또는 친척관계 뿐만 아니라 스스로 자신을 추천하는 일까지 벌어지는 후안무치의 상황이 전개되고 있음을 짐작할 수 있다.

간원이 아뢰기를, "태학관에서 천거하는 법은 반드시 재행이 탁이한 자로서 여러 번 과거에 응시하여 급제하지 못한 사람을 사로(仕路)에 뽑아 들이도록 되어 있는데 지난번 태학관 유생을 천거할 때 부당하게도 사정을 따르고 공도를 무시하였습니다. 수선의 고장에서도 오히려 이런 폐습이 있어서, 염치의 도리가 없어졌으니 지극히 한심합니다. 공릉참봉 윤풍은 과거에 여러 번 응시하지도 않았는데 그 선발에 참여되어 사람들이 모두 타기하니, 파출하소서." (하략)[51]

사간원 소속의 간원의 말은 개인적인 사사로운 청탁과 공적인 도리를 무시한 천거를 통해서 공릉참봉이 된 윤풍을 사람들이 모두 더럽게 여기고 있으니 파면하여 내쫓으라는 것인데, 윤풍은 여러 번 과거에 응시했으나 급제하지 못

48) 왕자교관(王子敎官) 성자택(成子澤)은 곧 이조판서 성세창의 동성 6촌 손자.

49) 중종 37년 1월 21일 임인조.

50) 위 인용문 내용에서 천거사례에서 다루지 않은 인물인 김항이 성균관 천거로 조지서별제가 되었음을 알 수 있다.

51) 명종 1년 2월 10일 정유조. 이 내용을 통해 천거사례에서 다루지 않은 인물인 윤풍이라는 사람이 성균관 천거제도로 공릉참봉이 되었다는 것을 알 수 있다.

한 경우의 피천 자격에 해당되는 사람이 아니었다는 것이다.

(상략) 또 태학공천은 비록 간혹 공정치 못한 단서가 있더라도 스스로 내려오는 옛날 규례입니다. 그런데 대사성 이제(李濟)는 곧바로 옛날 규례를 폐하고는 바로 제강(製講)으로 시험해 뽑아 번거롭게 계품(啓稟: 아룀)하기까지 하면서 회계(回啓: 대답)를 기다리지 않고 앞질러 스스로 설행(設行)했습니다. (하략)[52]

숙종 34년 무자년(1708)에 대사성 이제가 상소하기를, "공천법규가 『대전』에 나타나 있는데 촉탁에 의해 혼잡해져 마치 부귀와 권세를 다투는 습관을 조장한 듯합니다. 또 이는 그 폐단으로 인한 것이니 구법을 중간에 수정해야 합니다. 즉 여러 해 거재하되 비방함이 없고 경학이 있는 자로 순과·통독·분수우등자, 문과 소과초시에 합격했으나 비록 7회에 이르지 못한 자, 경향을 막론하고 여러 번 응시했으나 합격하지 못한 자 등 이상의 3조로 3명을 취하되 재중에 천망하지 말고 장의가 6개월의 도기로서 당상과 의논하여 그 사람의 이름 아래 주석을 달고 임금께 서면으로 보고해 서용한다면 이미 법전의 본의에도 합당하고 또한 서로 다투고 경쟁하는 폐단도 없어질 것입니다. 이 일을 의정부에 지시하여 상주하도록 해야 합니다. 『대전』의 구제를 이미 낱낱이 수정하되 회복하기 어렵고 권점근규(圈點近規)도 갑자기 고칠 수 없을 것이니 만일 이 3조로써 유생으로 하여금 이전의 권점에 의해 각각 한 사람을 취해 별도로 살펴 체용하면 가히 그 내려오던 폐단을 제거하고 또한 법의 뜻에도 위배되지 아니 하리니 이로써 법제정하기를 청하나이다."라고 하니 임금이 이에 따랐다.[53]

위의 첫 인용문에서는 성균관 공천제의 문제점이 있어도 대대로 내려오는 규례인데 성균관 대사성 이제가 임금에게 제대로 된 절차를 밟지 않고 옛 제도 대신 강경과 제술로 피천자를 선발했다는 것이다.

그리고 이어진 인용문에서는 이런 지적에 대해 성균관 대사성 이제가 스스로 상소문을 올려 공천법의 문제점과 공천으로 인한 잡음과 폐단을 지적하고, 좋은 방법들을 3가지로 고안해 도기성적과 합쳐서 성균당상과 의논해 임금에게 보고해 서용한다면 법의 뜻에도 맞고 여러 가지 폐단도 제거될 것이라고 하여 그렇게 하라고 임금의 승인을 받았다는 것이다.

태학의 재생(齋生)들이 권당했다. 대개 태학에서는 언제나 대정(大政) 때를 당하면 반드시 재생 중에 관직의 제수를 감당할만한 자를 택하여 '공천(公薦)'이라고 일컬어 이조에 보내면 이조에서는 즉

52) 숙종 34년 6월 6일 신해조.

53) 『태학지』 권8, 선거 공천: 肅宗三十四年戊子 大司成李濟上疏 曰公薦之規見於大典 而囑託紛然適以長躁競之習 然亦可以因其弊 而修舊法以其中屢年居齋 (하략).

시 이를 채용하였었다. 그러나 근년 이래 공천된 사람은 거개가 향곡의 비루하고 미천한 사람들로 재임에게 부탁하고 이로 인연하여 참여하게 되었으므로, 이미 공천의 본의가 아님은 말할 것도 없고 그저 조급하게 다투면서도 부끄러워할 줄 모르는 습속을 조장하기에만 족했다. 이 때문에 선부(選部: 銓曹)에서 혹 그 법을 폐하고 쓰지 않기도 했다. 이때에 이르러 판서 송상기도 태학에서 보내온 공천인을 등용하지 않았는데, 재생 등이 '현관을 경멸한다'고 일컫고 권당하였다. 임금이 본관당상을 보내어 며칠 동안 권유하니, 재생들이 그때서야 도로 들어가서 수재하였다.[54]

매년 6월과 12월에 인사발표와 인사이동이 있을 때, 특히 12월의 것을 규모가 커서 대정이라고 하였는데 이때 성균관 공천도 3명씩 이루어졌다. 그런데 위 인용문에서도 볼 수 있듯이, 공천의 본의는 사라지고 비루하고 미천한 자들이 성균관 재임(임원)인 장의나 색장에게 부탁하고 서로 다투고 뻔뻔한 일들을 자행하여, 이조에서는 성균관 공천에 의해 피천된 유생들을 잘 쓰지 않았다는 것이다.

결국 성균관 유생들은 자기들의 잘못된 행위를 반성하기는커녕 공천을 관철하여 관직을 제수 받기 위해 이조판서 송상기가 성균관을 경멸한다며 집단항의의 표시로 식사를 포기하는 단식투쟁으로 권당을 단행했다는 것이다. 공자를 모신 성균관이 비면 안 되기 때문에 임금이 성균관 당상들을 시켜 며칠 동안이나 찾아다니며 권유하여 유생들이 기숙사로 다시 들어왔다는 것인데, 이로써 숙종 대에 와서도 성균관 공천제도가 얼마나 많이 문란해졌는지를 충분히 짐작할 수가 있을 것이다.

태학생이 3일 동안 권당하다가 도로 들어갔다. 당초 재유(齋儒) 등이 전부(銓部)에서, 태학에서 추천한 사람을 등용하지 않았다고 노여워하여 권당을 하기에 이르렀는데, 사람들이 그것은 혐의를 멀리할 수 없다고 비웃었으며, 박치원(朴致遠)[55]은 그 일을 논하는 글에서 이를 비난하여 말하기를, "가만히 앉아서 양현(兩賢)이 무함 받는 것을 보고서도 끝내 한 마디도 변파(辨破: 변론)한 것이 없었는데, 한갓 벼슬하는 대수롭지 않은 부분에서는 구구하게 군다."하니, 유생들이 다시 권당하였다. 국자당상이 영을 받들어 들어가도록 권하니, 제생이 처음으로 명을 받아들였는데, 식견이 있는 자는 잠깐 나갔다가 금방 들어오는 것은 뜻이 현재의 지위를 잃어버릴까 근심하는 데 있으며, 이 한 번의

54) 숙종 44년 3월 11일 경신조. 경종 1년 6월 19일 무인조에도 성균관 유생들이 전조에서 태학의 공천을 채용하지 않았다 하여 동맹휴학인 공관을 단행했다는 기록이 있다.

55) 숙종·영조 때의 학자(1680~1767). 자는 사이(士邇), 호는 손재(巽齋). 저서에 『설계수록(雪溪隨錄)』이 있다.

일로도 현관에 부끄러움을 끼치기에 충분하다고 여겼다.[56]

위 인용문 내용을 살펴보니 성균관 공천에 의한 피천자들을 이조에서 등용하지 않았다고 성균관 유생들이 3일 동안이나 권당을 했었는데, 많은 사람들은 이런 행위를 얼토당토않다고 비웃었다는 것이다. 그리고 사간(司諫) 박치원이 이 일을 비난했더니 유생들이 다시 권당을 단행했다는 것이다.

권당이나 공관을 그다지 옳은 일도 아니면서 막 자행하는 타락상을 보이고 있다고 할 수 있으며, 한편으로는 성균관 유생들이 나름대로의 파워를 가지고 강한 정치세력으로서의 지위를 지녔기 때문이라고도 할 수도 있다. 또 시험에 의하지 않고 관직 진출을 할 수 있는 좋은 통로가 바로 공천이었기 때문에 비난을 받으면서도 유생들이 이를 적극 활용하려고 하였던 것이다.

영조 7년 신해년(1731)에 본관이 아뢰기를, "태학 공천규정이 『대전』에 실려 있으니 조종조의 성한 뜻은 대개 발탁되지 못하고 파묻혀 있는 인재를 도와주고자 함입니다. 반드시 학문이 정숙하고 조행이 탁이하여 여러 해 성균관에서 거처한 만 50세 된 자를 추천했으나 근래의 사습이 옛과 같지 아니하여 제목에 부끄러움이 없는 자를 진실로 찾기가 어렵고, 사의(私意)가 너무 성해 공적 추천이 행해지지 아니하며 혹은 아무 관계없는 사람에게 유생이 달려가 추천해 주기를 도모하기도 합니다. (중략) 이조에서도 또한 이것을 알고도 낱낱이 수용(收用)하지 않으니 이는 진실로 의견이 없어서가 아니라 다만 3백 년 동안 흘러내려온 좋은 법규가 점차로 집이 기울어질 지경에 이르렀기 때문입니다. (중략) 신의 생각으로는 강제(講製)로 여러 해 복시에 들어갔거나, 나이가 넘어 억지로 벼슬을 시켰거나, 여러 해 원점을 차지했거나, 행동거지에 별다른 흠과 과장이 없는 자를 막론하고 장의가 재임에게 추천하여 한결같은 생각으로 정미하게 뽑아 주관하는 대신과 의논해 그 중에서 3명을 추천하여 이조에서 예규에 의해 수용한다면 비록 옛날의 공천에는 미치지 못하나 또한 어찌 현재와 같이 벼슬길에 나가는 사람들보다 못하겠습니까?"라고 했다. 이에 임금이 말하기를, "태학공천은 근래 이조에서 쓰지 않은 지 오래다. 지난날 재임이 이 때문에 동맹휴학을 하여 스스로 반대하는 생각을 갖지 아니하니 비록 좋은 방법이라고는 할 수 없으나 나는 오히려 그 일단의 사기가 없어지지 아니하였음을 기뻐하노라. 이런 뜻으로 과거의 조례를 제출할 것을 분부하니, 장의는 재임에게 추천하여 엄하게 분경(奔競: 다툼)의 폐습을 닦고 거듭 이조에 폐하지 말고 수용할 것을 단속하라."고 하였다.[57]

---

56) 숙종 44년 7월 12일 기미조.

57) 『태학지』 권8, 선거 공천: 英宗七年辛亥 本館啓太學公薦之規 載在大典祖宗朝 (하략).

성균관에서 공천의 규정과 의의를 말하고 3백년씩이나 유지되어 왔지만 폐습문제를 고치기 위해서는 공천의 문제점들을 반드시 개혁해야 한다고 주장하고 있는데, 영조는 태학공천은 이조에서 쓰지 않은지 오래 되었고, 또 서용하지 않는 문제로 동맹휴학 사태까지 있었으나 오히려 성균관 유생들의 그 사기를 기뻐한다고 하였다. 그러므로 영조는 공천의 폐습은 고치되 이조에서 서용하는 일은 폐하지 말라는 것이었다.

조선시대의 인재발탁 제도로서 대표적인 과거제도가 있었지만 그 보완적인 제도로서 천거제도가 있었다. 이 천거제도의 목적은 학문과 덕행을 겸비한 인재발탁에 있었으며, 이 제도는 사림파의 성장과 진출에 결정적인 역할을 하기도 하였다.

조선시대의 성균관은 최고의 고등교육기관이면서 성리학을 수호 · 연구 · 보급하고, 공자를 비롯한 성현들을 제사하며 현실적으로 관료가 되기 위해 문과의 대과를 준비하는 생원과 진사들의 집결 장소였다.

그러나 성균관에 거재하는 유생들 모두가 대과에 급제할 수는 없었으므로 때를 기다리는 유생들의 수가 해마다 누적되어 이로 인한 불만이 계속 쌓일 수밖에 없는 현실이 존재하였다. 따라서 조정에서는 불만을 해소시켜주기 위한 방책으로서 그리고 학업을 권장하는 정책적 배려로서 성균관 공천제도를 마련하였다.

성균관 천거제는 성균관 관천(館薦) 또는 성균관 공천(公薦)이라고 하였으며, 해마다 6월과 12월에 각기 3인씩을 천거하여 관직을 제수하는 것이 법전에 규정된 원칙이었다. 그래서 이 공천제로 인하여 주요 인물들이 많이 발탁되기도 하였다.

그러나 거관유생 중에서 50세 이상이니 40세 이상이니 하다 보니 해당자가 없는 경우도 많이 생겨 연령기준도 자주 바뀌거나 지켜지지 않았고, 또 여러 차례 과거에 합격하지 못한 경우라는 것과 학문이 탁월하고 행실이 우수하다는 것도 애매하거나 객관성을 확보하기가 어려운 일이었기 때문에 결국 부작용과 폐단들이 많이 발생하고 말았다.

즉 공천에 의한 관직진출이 시험보다는 쉬운 통로였기 때문에 너도나도 공정성을 잃고 사사로운 개인적 청탁이 난무하였으며, 친분관계나 친척관계, 붕당관계 등이 오히려 공천에 결정적인 역할을 하였다. 따라서 이조에서 문제점을 알고 피천자들을 서용하지 않는 경우도 많이 생겨 유생들과 갈등을 일으켰다.

이에 대해 성균관 유생들은 반성보다는 공관이나 권당 등의 방법을 통해서 자기들의 뜻을 관철시키려고 하였기 때문에, 폐습을 개탄하며 공천제를 폐지하거나 개정해야 한다는 주장들이 많이 생겨났다.

결국 폐단이 많은 이 공천제는 세종 때부터 본격화되어 숙종 때까지는 그럭저럭 유지되다가 폐습이 너무 많아 영조를 거쳐 정조 때부터는 피천자들을 서용하지 않음으로써 거의 유명무실해진 것으로 파악된다.

제3장 성균관의 유생 여론 문화

1. 서언

조선시대 성균관에서의 비학구적인 문화들은 성균관 교관이나 관원에 대한 홀대와 조롱 및 비판, 또는 각종 시비나 싸움질, 기타 문제가 있는 교관이나 조정대신들을 비판했던 벽서 사건 등을 들 수 있다. 이런 경우들은 모두 학교나 현실정치에 대한 비판과 참여의식 및 악감정 등을 표출한 것으로 볼 수 있으며, 사례에 따라서는 오늘날의 학교 붕괴 현상과도 비슷한 유형의 문화라고 할 수 있다.

이처럼 성균관 유생들은 사회참여적인 비판의식을 표출하거나 또는 정치참여적인 것과는 상관없이 학생 본분에서 벗어나는 경우도 많이 있었으며, 학규와 기타 기본적인 사회질서를 지키지 아니하여 조정과 백성들로부터도 많은 힐난을 받기도 하였다.[1] 하지만 유생들의 연명에 의한 형태를 갖춘 유소는 국왕과 직접 소통하는 일이므로 주목할 만한 일이었다.

---

1) 당시 항간에서 통용되던 성균관에 대한 인식의 한 예를 들면, 선조 때 예판·이판을 지낸 이기(李墍, 1522~1600)가 남긴 『송와잡설(松窩雜說)』 59쪽에, “함경도는 야인과 접해서 대소 수령을 모두 무관에서 뽑아 보내는 것이 관례였으며, 조정으로부터 멀리 떨어져 있어서 거리끼지 않고 형벌과 세금을 가혹하게 했다. 간혹 문관을 보냈지만 바른 자가 드물어서 백성들은 그들을 낮도적이라고 했다. 어떤 함경도인이 처음 서울에 와서 성균관 앞길에 이르자 ‘이곳은 어떤 관청인가?’라고 물었더니, 그 동행이 ‘이곳은 조정에서 낮도둑들을 모아서 기르는 못자리’라고 했다. 이 말은 비록 지나치지만, 이 말을 들은 자는 부끄러워해야 한다.”라고 했다(咸鏡一道緣於野人 且有藩胡 朝廷自前以防戍爲重 南北兵使與北道大小守令 皆例以武夫差遣 加以朝廷絶遠 無所畏忌 爲守令者 專以箕斂酷刑爲事 而視民如土芥 民亦以晝賊目其守令 而視之如仇讎 間或擇遣文官稱望者絶少 有一北道村氓 初赴京城者 入自東小門至成均館前路 謂其伴曰此何郡府邑居 官舍之高爽如是乎 其伴曰汝不知乎 此非邑居 乃朝廷聚會晝賊而長秧之處 此言雖過於憤激 其情可矜 而聞之亦可怪矣, 편의상 의역함). 다산연구회 편역, 『정선 목민심서』, 166쪽에도 같은 내용이 인용됨.

본고는 학구적인(academic) 문화보다는 비학구적인(nonacademic) 문화에 더 관심을 가져보려 한다. 문화는 일반적으로 전승과정을 거치면서 계속 변화한다. 많은 이들이 우리의 전통적인 대학문화가 단절되고 서구적인 대학문화가 지배하고 있다고 생각하는데, 각종 문헌들을 통해 살펴보면 실상은 그렇지도 않다. 그래서 현존하는 대학문화의 뿌리를 살펴보는 일은 한국교육의 역사적 연구에 있어서도 매우 주요한 과제 중의 하나가 될 것이다.

한편 미시적 접근의 해석적 패러다임인 상징적 상호작용이론(symbolic interaction theory)에서는 학교가 수많은 상이한 맥락과 상황으로 이루어져 있으며, 구성원들마다 해석도 서로 다르다고 본다. 이에 대한 한 가지 예로 고프만(E. Goffman)[2]은 학교의 그것들을 전면영역(front region)과 후면영역(back region)으로 구분하고 있다. 전면영역은 한 개인이 공식적인 역할을 수행하는데 필요한 연기가 펼쳐지는 곳이며, 반면에 후면영역은 연기자에게 주어진 연기와 관련된 곳이지만, 연기자의 연기에 의해 조성된 인상과는 전혀 일치하지 않는 장소이다. 후면영역은 환상과 인상이 공개적으로 구성되는 곳이며, 사람들이 자신의 인상을 관리하고, 또 자신을 둘러싸고 있는 결정적인 요구사항에서 벗어날 수 있는 여지를 마련해 주는 중요한 역할을 한다.[3]

교실과 같은 전면영역이 아닌 후면영역은 결국 학교라는 무대의 주연배우인 교사와 학생들이 자신들의 주된 역할에서 벗어나 휴식을 취하거나 긴장을 해소하는 장소를 의미한다. 대개 학생들에게 후면영역은 운동장, 학교의 정원, 탈의실, 식당, 화장실, 자전거 보관소 등이 된다. 이러한 장소에서 학생들은 학교의 규칙을 위반하는 활동－예컨대 흡연, 음담패설, 교사를 골탕 먹일 음모 꾸미기, 기물파괴 행위 등－들을 한다.[4] 그러므로, 위와 같은 상호작용론적 시각으로 조선시대 성균관 유생들의 후면영역을 들여다본다면, 그들의 정치적인

2) 어빙 고프만(Erving Goffman)은 1922년 캐나다 출생, 시카고대학, 버클리대학, 하버드대학, 펜실바니아 대학에서 봉직했다. 『Asylum』, 『Stigma』, 『Strategic Interaction』, 『Frame Analysis』, 그밖에 10여권의 저서로 연극학이론을 정립했다. 그가 역설했던 인상관리(impression management)개념은 오늘날 현대인의 삶을 이해하는데 있어서 매우 날카로운 안목을 제공해주고 있다.

3) 손직수 역, 『학교사회학－상호작용론적 견해』, 원미사, 1998, 23쪽.

4) 손직수 역, 같은 책, 79쪽.

견해와 문화 및 사회의식들을 좀 더 잘 이해할 수 있을 것이다.

그리고 가급적 연구의 범위를 좁혀보기 위해 조선 중기 선조 대 유생들의 상소행위를 주축으로 하고자 한다.[5] 선조 때부터 정국의 주도권을 확보한 사림 세력은 특정집단의 독점체제를 막고 상호공존과 견제체제를 보장하기 위한 장치로서 성리학적 붕당론(朋黨論)에 근거하여 견고한 붕당정치[6]를 확립하였다. 이 붕당은 사실상 오늘날의 정당(정파)과 매우 유사한 것이다. 붕당의 정치세력이 학파를 주축으로 하고 있었으며, 이는 사림(士林)의 공론(公論)에 토대를 두고 전개되었다. 아직 관직이 없는 유생들도 공론형성층으로서 정치적 참여행태의 길이 열려 있었고, 그들의 공론형성에는 갈수록 당파적인 이해관계도 많이 작용하였지만, 군주나 정파적인 특정집단의 독점적인 정국운영을 견제하는 데에도 적지 않은 역할을 담당하게 되었다.

이미 조선 초기부터 성균관은 사론(士論)을 대변하는 중요한 역할을 담당하고 있었기 때문에 유소를 비롯한 성균관 유생들의 의사표시 집단 활동은 공론소재(公論所在)로서 사림의 공의(公議)를 반영하는 것으로 인정되었고, 오히려 때로는 학교가 공론의 소재지이며 정론(正論)은 대학에만 있다고까지 간주되는 경향이 발전되었다.[7] 따라서 성균관 유생들의 공론 형성 과정에서 또는 의사표시가 다소 과격한 측면이 있었다고 할지라도, 세속화된 대신들보다는 그나마 순수하다고 생각되는 유생들의 사기(士氣) 또는 원기(元氣) 진작이라는 차원에서

---

5) 인종 조 무렵에 이미 성균관 유생공론이 재조공론과 동등한 위상을 가지게 된 대략적인 과정을 2절에서 언급하게 될 것이다.

6) 정권을 장악한 사림세력은 집권의 당위성을 붕당정치론에서 찾았다. 사림들은 송나라 때 구양수와 주자가 제시한 붕당론에 의거하여, 군자와 소인이 각기 붕당을 이루는 것은 자연적 이치이지만, 참다운 붕당은 오직 군자에게만 해당된다고 하는 진붕(眞朋)과 위붕론을 내세워 사림의 집권을 정당화했다. 그리고 공도(公道)의 실현을 추구하는 군자의 당, 곧 진붕은 권장되어야 하나, 사리를 탐하는 소인의 당, 곧 위붕은 억제되어야 한다고 주장하였다. 사림세력은 자신들을 진붕으로 규정하여 그 당위성을 제시하고 있었다. 나아가 성리학을 보다 깊이 연마하여 공도에 입각한 정치 곧 유교적 이상정치를 구현하고자 했다. 그리하여 이황을 중심으로 영남학파가, 이이를 중심으로 기호학파가 성립되어 붕당으로 연결되었다. 붕당형식은 1575년(선조 8) 동인과 서인의 분립으로 비롯되었다. 동인은 영남에 기반을 둔 이황과 조식의 문인들이 많았으며, 서인은 이이의 제자들이 많았다. 그 후 학문이 발전되고 정계가 분화되면서 동인 가운데 이황 계통은 남인, 조식 계통은 북인으로 갈라졌으며, 서인도 조선 후기에 들어와 노론과 소론으로 갈라지게 되었다. 붕당정치는 정치세력이 붕당을 중심으로 결집되어 상대방의 비판을 인정하고 공론의 대결을 통해 정치가 운영되면서 17세기 중엽까지는 비교적 안정되었다.

7) 성종 23년 12월 10일 병오조. 古今群議之所在 徐元逑亦曰 <u>正論 國家之元氣 元氣一脈 猶在大學</u> (하략).

군주의 비교적 관대한 처분들이 많이 내려졌다.

2. 성균관의 공론 기능

실상 조선시대 언론의 문제는 국운의 흥망성쇠와 직접 연결되다시피 하였다. 언로가 열려 있으면 항시 외형상 시끄러운 것처럼 보였지만, 그래도 그러한 가운데에서 공론(사론)이 형성될 수 있는 것이었고 국가나 사회가 바르게 나아가야 할 방향이 모색될 수 있는 것이었다. 『조선왕조실록』을 통해 세종이나 성종 때 특히 시비논쟁의 기사가 많은 지면을 차지하고 있는 것을 살펴볼 수 있는데, 이는 이 과정을 통해서 공론들이 만들어졌고 또 그것들이 각종 정책에 반영되었기에 때문에[8] 당시의 나라가 어느 정도 융성하고 민본주의의 대상인 백성들은 그나마 작은 평화라도 누릴 수가 있었다고 생각된다.[9]

그리고 조선시대의 언론은 왕권을 제약·견제하는 신권의 상징성만을 가지는 것은 아니었고, 신권 내부의 역학관계의 변화에도 아주 중요한 위치를 점하고 있었다. 이는 조선왕조가 『경국대전』을 완성하면서 통치구조를 왕권·재상권(宰相權)·언관권(言官權)의 삼각구도로 정비함에 따라 언론의 독자적인 역할이라는 제도적 장치에 의해 주어진 것이기도 했다. 그러나 붕당간의 대결구조가 확립된 후에는 언론이 정치세력의 전위역할을 담당하게 됨으로써 왕권의 제약보다는 정치세력 상호간의 견제를 위한 기능에 더 큰 비중을 두게 되었다.

또한 조선시대의 언론은 삼사, 즉 사간원·사헌부·홍문관에 의해 주도되고 있었다. 정치운영 구조의 변화에 따라 정치 참여층의 확대가 두드러지면서 언론은 언관들에 국한되어서만 행사되었던 것은 아니었다. 곧 사림을 중심으로 한 정국운영체제가 확립됨에 따라 유생들이 정치의 객체에서 주체의 범주로 포섭되었고, 재조언론(在朝言論)과는 별도로 관학(成均館과 四學)과 향촌유생이 주

8) 이장희, 『조선시대 선비연구』, 박영사, 1998, 127~128쪽 참조.

9) 사회지배층이 서로 다투면 그 피해는 백성들에게 고스란히 돌아갈 수밖에 없기 때문에 그나마 평안한 상태가 낫고, 또 공론이 백성을 위한 것이라면 백성들도 심적으로 지지할 수밖에 없었다.

축이 된 재야언론이 형성되었다. 유생들이 정치에 참여하여 재야언론을 형성할 수 있게 된 배경은 1차적으로 그들의 사회·경제적인 지위향상에서도 기인하는 것이었지만, 공론(一國公共之論)을 중시하게 되는 정치구조와도 밀접한 관련이 있었다.[10)]

조선 초기 관념적인 수사(修辭)로 머물던 공론정치는 사림세력이 군주 및 소수의 훈척(勳戚)에 의해 주도되는 정치운영 형태에 대응하여 정치 참여층의 확대를 겨냥해 다양한 논의를 수렴한다는 명분으로 본격적으로 제기한 것이었다. 그리하여 유생들이 실질적인 공론형성층으로 성장함에 따라 공론은 사실상 사론(士論)으로 압축되었고, 삼사(三司)와 함께 성균관이 공론소재로서의 위상을 확보하게 됨으로써 유생공론은 정국에도 아주 중요한 변수로 자리 잡기에 이르렀다.[11)] 물론, 공론성이 인정되는 상소를 통한 유생들의 공론형성이 사실상 중종 때부터 본격화되고 있다.

성균관 유생들의 상소를 통한 간헐적인 정치개입에 대해 중종은 처음에는 부정적인 반응을 보이곤 했지만 점차 엎치락뒤치락 끝에 공관사태에 직면해 유생들의 정치적 위상이 높아졌다.[12)] 이렇게 해서 유생공론은 언관의 언론에 비견되는 위치를 확보하게 되었다. 결국 인종 때 정암 조광조 즉 기묘사림 신원운동을 하는 과정에서 유생들이 조정의 인사문제에까지 개입하게 되자, 다음의 인용문 내용처럼

> 너희들은 수선지지에 있으면서 옛 것을 좋아하며 시류를 논하는 위치에 있다. 3번이나 올린 소장의 말이 지극히 의롭고 곧아서 배운 바의 정직함을 어찌 여기에 더하겠는가? 우리 선왕께서 교육하신 은택을 가히 상상할 만하다. 그러나 너희의 말을 따르지 않는 것은 뜻이 있기 때문이다. 또 태학은 비록 공론소재라고 하나 시비를 정하는 일은 조정이 할 일로 너희들은 다만 시비를 말할 수 있을

---

10) 이태진, 『조선유교사회사론』, 지식산업사, 1989, 172쪽. 양반층이 과전법 아래에서 일시 강력한 수직적인 군신관계에 놓이다가 과전제가 붕괴되면서 재지지주층의 본연적 속성인 향촌사회의 지배력을 발휘하면서 붕당적 결성이 이루어졌다. 16세기에 붕당의 대두가 이루어진 뒤 그에 터한 붕당정치는 17세기 전반까지 대체로 순탄한 전개를 이루다가 후반기에 접어들어 정국이 번복을 거듭하는 환국(換局)시대에 접어들게 되었다.

11) 설석규, 『조선시대 유생상소와 공론정치』, 도서출판 선인, 2002, 12~13쪽 참고.

12) 중종 34년 6월 3일 기해조, 8일 갑진조, 9일 을사조, 10일 병오조, 12일 무신조 참고 (너무 길어서 원문 생략).

뿐이다. 시비를 정할 것을 기대한다는 것은 제생이 할 일이 아니다. 너희들은 물러나 이를 다시 생각해 보라.[13]

관학을 공론소재로 수용하는 비답을 내렸다. 이는 군주가 유생공론의 실체를 인정하고 재조공론과 동등한 위상을 갖는다는 점을 확인하는 것이었고, 유생들의 지속적인 성장과 공론형성의 결과로 얻어진 것이었다.

한편, 성균관 유생들의 공론취합과 상소절차는 비교적 체계적인 편이었으나, 항상 절차를 잘 지키거나 순조로운 과정을 거치는 것은 아니었다. 유생들이 연명으로 상소할 일이 발생하게 되면 대부분 재회(齋會)나 식당 또는 반촌에서 발의되었는데, 소의(疏議)가 형성되었다 할지라도 장의가 상소의 내용에 대해 동의('停當')를 해야 하고 이어 임원을 차출해 4학에도 전하고 또 여러 당상에게도 보고를 해야 했다.

성균관 유생들의 공론형성과정은 국가의 중대사나 성균관에 관련된 문제와 같은 것은 별다른 논란이 없었지만, 정치적인 견해의 차이나 붕당과 관계되는 이해관계가 발생하면 상당한 진통을 겪게 마련이었다. 이와 같이 공론의 중심지인 성균관 유생들이 상소할 때는 그 사실을 지방유생들에게 까지 통문으로 알리는 것이 일반적인 원칙이었는데, 이 통문은 상소 사실을 주지시키는 의미보다는 그들의 궐기를 촉구하는 성격이 더 강하였다. 그래서 성균관에서 발송하는 통문의 이중성 때문에 광해군 때에는 이를 둘러싸고 다음과 같은 논쟁이 벌어지기도 하였다.

관학 유생 이득양(李得養) 등이 상소했는데, (중략) 통문에 관한 사항에 있어서는 그것이 유래되는 옛 규례입니다. 태학은 선비들이 기반을 삼는 곳이고 공론이 달려 있는 곳입니다. 대체로 상소를 진달할 일이 있을 경우 반드시 그 뜻으로 향교에 통보하는 것은 요즘 새로 실시하는 게 아닙니다. 근년의 일을 가지고 말씀드리면 갑진년에 문순공 이황이 훼손을 당했을 때도 했고, 을사년[14]에 문원공 이언적을 변명할 때도 했습니다. 이것은 호소하여 알리는 것이 마치 병사를 징집하는 것과 같은

---

13) 인종 1년 3월 17일(기묘). 上御書批答曰 汝等居首善之地 好古而論時 疏章三上 辭懇義直 所學之正 何以加此 我先王教育之澤 亦可想矣 然言之不從 有意存焉 且太學 雖曰公論所在 是非之定 自有朝廷 言是非則得矣 期於定是非 則非諸生事也 汝等姑退而更思之.

14) 을사년은 명종 즉위년(1545년)을 말함.

게 아닙니다. 아, 구구한 마음은 윤기를 부지하려 했고 변함없는 정성은 성덕을 밝히고 싶었는데, 도리어 '장차 무엇을 하려는 것인가?'라고 하교하시니 만약 이 말씀대로라면 죽어도 책임을 모면할 수 없습니다. 놀랍고 위축되어 몸 둘 바를 모르겠습니다. 다만 생각건대, 죄가 있고 없는 것은 사람들이 아는 바이며, 죽고 사는 것과 화와 복은 그 의의가 차이가 없는 것입니다. 이미 그들과 함께 일을 했으니 마땅히 죄도 함께 받아야 합니다. 이 때문에 신들이 스스로 편하게 여기지 못하고 지엄하신 성상께 한 말씀 드리는 것입니다."하니, 답하기를, "그대들은 스스로 반성해 보지 않고 또 와서 쟁변하고 있으니 그대들은 잘못하고 있다. 옛 사람이 말하기를 '말을 많이 하여 자주 궁색한 경우를 당하는 게 중도를 지키는 것만 못하다.'했는데, 그대들을 두고 이른 말이다. 대체로 정조와 윤인 등이 신하로써 죽어야 할 의리라고 하면서 이러저러한 말을 망발했으나 조정에서는 채용하지 않았으니 그가 올린 상소는 단지 한 장의 종이에 불과할 뿐이다. 그런데 감히 불측한 말로 팔방선비들에게 호소하고 소장을 서로 올려 임금을 협박하려고 하니 이게 과연 선비로서 할 수 있는 일인가. 정복형 등의 방자한 행위에 대한 죄는 적용시켜야 할 죄가 있기 마련이기 때문에 그에 해당하는 벌을 내렸다. 그런데 그대들이 또 근거 없는 말을 가지고 이렇게까지 시끄럽게 하니 더욱 놀랍다. 물러가서 생각해보고 다시 번거롭게 하지 말라."[15]

즉 광해군 5년(1613년)에는 일련의 서인계와 남인계 유생들이 성균관에 모여 대북정권의 살제(殺弟)의 진상을 폭로하는 상소를 하고는 전국의 향교에 통문을 발송하였다. 이에 대해 대북세력은 성균관 유생들이 사당(私黨)의 궐기를 촉구하기 위해 전례에도 없는 통문을 발했다는 이유로 주동자를 삭적하는 한편 종신금고(終身禁錮)하는 것으로 대응하였고 국왕도 이에 동조하였다.[16] 그러자 위와 같이 성균관 유생 이득양(李得養) 등이 전례를 열거하면서 그들의 통문 발송이 정당한 행위임을 항변하고 나섰던 것이다.

그러나 성균관 유생들의 주장에도 불구하고 성균관 통문이 향촌유생들의 궐기를 부추기는 성격이 강한 것은 현실이었다. 성균관 유소에 뒤이어 향교유

15) 광해군 5년, 7월 24일 경진조. 館學儒生李得養等上疏, (중략) 至於通文一節 流來舊規耳 太學 多士之根柢 公論之所在也 凡有陳疏之事 必以其意 通諸鄕校者 匪今斯今 姑以近年事言之 則甲辰年文純公李滉被毁時爲之 乙巳年文元公李彦迪辨明時爲之 此非號召知會 有若徵兵者也 嗚呼 區區一心 欲扶倫紀 斷斷血誠 欲明聖德 而反以 將欲何爲 爲敎 若依斯言 死未塞責 驚惶悶蹙 措躬何地 第念有罪無罪 衆所共知 死生禍福 義無異同 旣與之同事 則宜與之同罪 此臣等之所以自不得其平而一鳴於雷霆之下者也 答曰 爾等不自反顧 又來爭辨 爾等其誤矣 古人曰 多言數窮 不如守中 其爾等之謂乎 夫造 訒等雖因臣死之義 妄發云云之說 而朝廷旣不采用 則其啓辭 只一張空紙而已 敢以不測之言 號召八方多士將欲爭投疏章 脅迫君上 此果儒生可爲之事乎 鄭復亨等縱恣之罪 自有當施之律 而略示其罰 爾等又以游辭浮說 瀆擾至此 尤可駭也 退而思之 勿爲更瀆.

16) 광해군 5년, 5월 22일 기묘조, 7월 11일 정묘조 등 (역시 길어서 원문 생략).

소가 잇따르는 경향이 많아지는 것은 그러한 사실을 뒷받침하는 것이었다. 하지만 성균관이 당색을 가진 유생들의 주도권 쟁탈을 위한 대립장소[17]가 되어버려 공론소재로서 사론 수렴처의 기능이 자꾸 퇴색함에 따라 그 같은 통문발송은 공론화를 위한 수단으로서의 가치를 점차 갖지 못하게 되었다.

그렇다 해도 그 이전까지는 성균관 유생들의 유소[18]는 재야공론을 대변하는 대표성이 부여되고 있어서 언관의 언론과는 일정하게 대비되는 독자성을 갖고 있었다. 이미 16세기 이래 성균관은 유생의 정치적 성장을 배경으로 언관과는 별도의 공론소재로서 독자적인 위상을 확립하고 있었다. 이에 따라 성균관은 많은 선비들이 모이는 '수선지지(首善之地)' 내지는 '풍화지본(風化之本)' 또는 '현사지소관(賢士之所關)'으로서 외방유생들이 모여 재야공론을 결집하는 실질적인 중심적 역할을 담당하고 있었다. 더욱이 성균관 유생들의 상소는 국가의 흥망과 유학의 성쇠와 관련되는 것으로 인정을 받아 그 중요성이 다음 인용문에서 살펴볼 수 있는 바와 같이 더욱 부각되기도 하였다.[19]

> 전하께서 저희들의 상소에 대해 거절하면서 "대간(臺諫)·시종(侍從)의 말이라도 받아들이지 않았는데 하물며 너희들임에랴"고 말씀하셨습니다. 전하의 이 말씀은 나라를 잃는데 이르지나 않을까 걱정이 됩니다. 공론이 있는 곳에서는 초야의 천함도 가벼이 할 수 없으며, 그것이 없는 곳에서도 공경의 귀함이라도 무겁게 할 수 없는 것이니, 요컨대 격군광국(格君匡國)에 있을 따름입니다. 저희들은 국학을 함양하여 장차 국가의 쓰임을 위해 있으니 초야의 천한 존재로 대우할 수 없는 것이며, 그 격군광국의 성의가 어찌 대간·시종과 다르겠습니까. 무릇 대간·시종은 임금의 과실이 있을 경우 일의 크고 작음을 따지지 않고 모두 쟁론해야 합니다. 그러나 저희들은 일이 국가의 흥망과 오도(吾道)의 성쇠에 관련되어 좌시할 수 없는 일에 나서서 말하니 어찌 대간·시종보다 중하지 않겠습니까?[20]

---

17) 효종 원년 6월 3일 을유조. 至於館學 則彼此相視 有若他國之人 豈不甚哉 (하략).

18) 『태학지』 장보(章甫) 유소(儒疏)에는 유생 상소내용을 기록한 『반소록(泮疏錄)』이 있고, 인조 을해년(1635)에 송시영(宋時瑩) 등이 이이·성혼의 종사를 청하는 상소를 한 뒤로부터 전부 모아서 수복방(守僕房)에 보관하였다는 기록이 있다(太學有泮疏錄自 仁祖乙亥宋時瑩等請李珥成渾從祀疏後粹集藏置于守僕房). 유소는 내용에 따라 간쟁소(諫諍疏), 탄핵소(彈劾疏), 논사소(論事疏), 시무소(時務疏), 청원소(請願疏), 변무소(辨誣疏)로 나눌 수 있다.

19) 설석규, 앞의 책, 42~43쪽 정리. 원전은 『중종실록』 권8, 4년 7월 17일 정미조.

20) 중종 4년 7월 17일 정미조. 成均館生員 全獻等上疏 略曰 殿下固拒臣等之疏曰 雖臺諫侍從之言 猶且不聽 況爾等乎 殿下此言 恐至於喪邦也 公論所在 不可以芻蕘之賤而輕之 公論所不在 不可以公卿之

성균관 유생들의 그러한 역할은 유생의 공관(空館)[21] 행위와 정치적인 시비개입에 부정적인 퇴계 이황도 확인함으로써 사림의 보편적인 역할로 간주되기에 이르렀다. 유생들의 지나친 정치개입에 따른 부작용을 우려한 퇴계는 유생들이 '종사(宗社)의 안위(安危)'와 '오도(吾道)의 성쇠(盛衰)'에 관한 것을 제외하고 시비에 참여해서는 안 된다는 입장을 보였던 것도 그것을 의식한 데서 나온 것이었으며, 동·서인의 공론대결이 치열하게 전개될 조짐을 보이자, 율곡은

> 신이 또 가만히 생각건대 공론이라는 것은 나라의 원기입니다. 공론이 조정에 있으면 나라가 다스려지고, 공론이 여항(閭巷)에 있으면 나라가 어지러워지는 것입니다. 만약 상하 모두 공론이 없다면 그 나라가 망할 것이니 어찌하겠습니까? 위에 있는 자가 능히 공론을 주도하지 못하면서 공론이 아래에 있는 것을 싫어해 입을 막고 죄로 다스린다면 그 나라는 반드시 망하고 말 것입니다. 주(周)에 '위무지감(衛巫之監)'이 있었고, 진(秦)에 '비방지법(誹謗之法)'이 있었던 것은 이 때문이었습니다. 금일의 조정에 공론이 펼쳐지지 못하기 때문에 여항에서 한가로이 시비를 논의하게 되었던 것입니다. 이는 사자(士子)가 자처함을 잃은 것으로 그 지위에 있지 않으면 진실로 정사를 논의해서는 안 되는 것입니다.[22]

라며 유생공론의 개방에 대하여 찬성하면서도 적정 수준에서 제어되어야 함을 강조하였다. 말하자면 비중을 항상 조정에 두어야 한다는 당위론적 인식이 보편화된 것이다. 특히 토역(討逆)에 관한 것은 국가의 홍망과 관련되는 것이기 때문에 성균관 유생들은 반드시 유생공론을 주도해야만 하였다. 광해군 때 이이첨(李爾瞻) 등이 성균관을 장악하여 유생의 토역공론을 대폭 활용한 것도 그에서 비롯된 것이었다. 또한, 영조 5년(1729년) 토역론이 확대되고 정청(庭請)이 설치되기에 이르자 성균관 유생들이 이를 이유로 부거(赴擧)를 거부한 사태를 두고 조정에서 다음과 같이 논의한 내용들은 성균관 유생의 그 같은 역할

貴而重之 要在格君匡國而已 臣等涵養國學 固將爲國家之用 不可以芻蕘之賤而待之 其格君匡國之誠豈異於臺諫侍從之臣哉 夫臺諫侍從者 君有過失 事無巨細悉宜爭之 若臣等則事關國家之興亡 吾道之盛衰 不可坐視而莫之救 然後出而言之 則豈不有重於臺諫侍從乎.

21) 2013년 12월 13일(금) 방송된 EBS <역사채널e－유생의 반란>에서는 조선시대의 성균관 공관(권당 포함)행위가 모두 182건이라고 하였다. 방동민은 『성균관 유생들의 생활상』(도서출판 우삼, 2010) 266쪽에서 96차례라고 하였다. 추후 정확한 확인을 요함.

22) 『율곡전서』 권7, 소차(疏箚)5 대백참찬소(代白參贊疏). 설석규, 앞의 책, 33쪽 재인용.

을 재삼 확인하는 것이었다.

성균관에서 아뢰기를, "유생을 시취하라는 명을 내리신 뒤 신(臣) 이집(李㙫)이 반중(泮中)에 왔더니, 수재 유생(守齋儒生)이 말하기를, '근래에 동재·서재의 재임(齋任)을 차출할 수가 없어 미처 서로 이끌고 대궐문에서 부르짖지는 못하나 토역(討逆)의 논의가 바야흐로 한창이어서 정청(庭請)까지 설치하였는데, 이때 어찌 부거할 수 있겠습니까?' 하였습니다. 신이 되풀이하면서 효유(曉諭)했지만 끝내 회청(回聽)하지 않았습니다."하니, 비답하기를, "잘 전유(傳諭)하여 즉시 응제(應製)하게 하라."하였다. 또 아뢰기를, "유생들이 끝내 응제하지 않았습니다."하니, 비답하기를, "사기가 이와 같으니, 내가 가상하게 여긴다. 진실로 한때의 절제(節製)로 위로해 기쁘게 하는 것보다 낫다. 글제를 가지고 도로 들어와 여러 유생들의 기개를 성취시켜 주라."하였다.[23]

유생들의 일이 어찌된 것인가? (우의정 이태좌)유생들 하는 일이 이렇습니다. 그렇구나. (중략) 사습(士習)이 귀하다고 할만하다. 태학에서 과거에도 역시 토역봉장(討逆封章)한 일이 있는가? (同義禁 趙顯命)선조조에 오윤겸(吳允謙)이 재임(齋任)으로 있을 때 유생배(儒生輩) 정여립(鄭汝立)을 성토하는 일을 두고 발론한 적이 있는데, 윤겸이 말하기를 '사자(士子)가 조론(朝論)에 간섭하는 것은 부당하다. 다만 교화가 밝지 못하기 때문에 이 같은 흉역상소(凶逆上疏)가 있게 되었다.'며 끝내 토역소(討逆疏)에 불참하였습니다. 그러자 선배장자들이 이를 알고서 그에게 토역상소에 참여토록 종용했다고 합니다.[24] (대화내용 축약)

그리고 문묘종사 및 서원과 사우(祠宇)의 사액(賜額) 또는 추향과 배향 등에 관한 상소는 사실상 유학의 성쇠와 관련되는 것으로 유생역할의 고유영역으로 간주되고 있었다. 그렇기 때문에 사문(斯文)의 시비도 유생공론에 의존하지 않으면 안 되었다. 그러나 성균관이 공론소재로서 유생공론을 대변하는 위치에 있었지만, 공론정치의 확립에도 불구하고 재야사림의 보편적인 공론을 반영하기보다는 정치적인 이해득실 문제로 유생들이 사분오열하는 양상이 더욱 두드

---

23) 영조 5년 3월 16일 경신조. 成均館啓 儒生試取命下後 臣李㙫來詣泮中 則守齋儒生以爲 近因東西齋任之不得差出 未及相率叫閽 而討逆之論方張 至設庭請 此時何可赴擧乎 臣反復曉諭 而終不回聽 批曰善爲傳諭 使卽應製 又啓 儒生終不應製 批曰 士氣如此 予之嘉尙 誠愈於一時節製之慰悅 持題還入 以成諸生之氣.

24) 『승정원일기』 책681, 영조 5년 3월 16일. 上曰 成均館草記 卿聞知否 台佐曰 聞知矣 上曰 此事 何如 台佐曰 儒生輩所執 是矣 上曰 然矣 上曰 今番則士習可貴矣 而自前太學 有爲此等疏者乎 顯命曰 宣廟末 吳允謙爲齋任時 士子輩以鄭汝立事 欲爲討逆疏發論 則允謙 以爲士子 不當干涉於朝論 只以敎化不明 有此凶逆之意爲疏 而終不參討逆之疏 其時先輩長者 以有識 稱許云矣.

러지게 나타나게 되었다.

결국 그러한 현상은 유생공론이 명분상으로나 정치적인 우위획득에 중요한 변수가 됨으로써 빚어진 것이었다. 광해군 때 대북정권의 파행적인 폐모(廢母) 공론에 성균관이 이용당함으로써 '수선지지(首善之地)'가 아닌 '수악지지(首惡之地)'로 규정된 것이나, 우율종사(牛栗從祀)[25] 여부를 둘러싸고 서인과 남인계 관학생들이 분열하여 서로 타국인을 대하듯 했다[26]는 것은 그 산물이었다. 따라서 향유소도 마찬가지지만 성균관 유소가 공론을 표방하였다고 할지라도 그 자체가 공론일 경우는 드물다고 하겠으며 당론을 반영하는 것이 대부분이라고 보아도 좋을 것이다.

그렇기 때문에 점차 성균관은 유생공론을 반영하는 대표성을 가지는데 상당한 한계가 생겼으며 향유(鄕儒)들은 그들대로 분열하여 별도의 공론을 형성하며 독자적인 상소활동을 전개하게 되었다. 그럼에도 불구하고 관학의 존재는 국가와 유교체제 유지를 위한 가장 튼실한 기반으로 인정되었으며[27], 성균관 유생들의 상소활동은 공론정치를 지향하는 사림정치의 명분을 뒷받침하는 것으로 계속 받아들여지고 있었다.[28]

사림정치는 곧 지식권력을 표현하는 것이었으며, 문묘종사는 그래서 늘 현실의 권력싸움의 대리전 구실을 했다. 오현[29]의 문묘종사는 훈구파에 대한 사림파의 최종 승리를 보여주는 과정이었으며, 남명 조식의 문묘종사 실패는 대북파와 남명학파의 몰락을 예견했다. 하지만 조선시대 가장 극적인 사건은 56

---

25) 우계 성혼과 율곡 이이.

26) 효종 원년 6월 3일 을유조. 至於館學 則彼此相視 有若他國之人 豈不甚哉 (하략).

27) 2차 사회화 기관인 학교는 학생들을 정치사회화시켜서 정치적 안정을 가져오는데 기여한다. 헤스(Hess)와 토니(Torney)는 "공립학교는 정치사회화를 위한 가장 중요하고 효율적인 기관"이라고 하였으며, 알몬드(Almond)와 버바(Verba)는 정치참여에 관한 비교연구에서 "정치적인 태도가 결정되어지는 것 중에서 인구통계 변인보다도 학교교육변인이 가장 크다."고 하였다. 형식적 교육과정, 의식생활, 교실활동, 학교의 사회적 환경, 정치적인 조직, 특별활동 등이 학교의 정치사회화 내용이기 때문이다(장재천, 『교육사회학의 이론과 실천』, 교육과학사, 2009, 149쪽).

28) 설석규, 앞의 책, 44쪽 참조. 그리고 이 장은 장재천, "조선시대 성균관 통문에 의한 공론 형성 과정(『한국사상과 문화』 53집, 2010.6)"의 4장과 장재천, 『조선 성균관 유생문화』, 교육과학사, 2012, 276~280쪽을 고쳐 쓴 것임.

29) 김굉필(金宏弼) · 정여창(鄭汝昌) · 조광조(趙光祖) · 이언적(李彦迪) · 이황(李滉).

년이나 걸린 우율(牛栗)의 문묘종사였다. 남인과 서인의 권력 다툼 속에서 종사와 출향(숙종 15년), 복향(숙종 20년)을 거치는 동안 종사의 의미는 퇴색되고 심지어 남인계열(50여 명)과 서인계열(100여 명)로 갈라진 성균관 유생들이 번갈아 가두시위를 벌이고 등교를 거부하다 효종의 사과를 받고서야 복교하는 일까지 생겨났다.[30)]

문묘종사의 최종 승인권을 쥔 군주와 집권세력 간의 대립 또한 만만치 않았다. 중종, 광해군, 인조, 효종 등이 이 권한으로 정치세력간의 균형과 타협, 자신에 대한 지지 등을 유도했다. 중종은 훈구파의 반대에도 불구하고 정몽주를 조선 유학의 종장으로 승인함으로써 사림파의 성장을 견인했으며 인조와 효종, 현종은 날로 강해지는 서인세력을 견제하기 위해 이이와 성혼의 문묘종사를 끝까지 승인하지 않았다. 광해군은 정통성 논란을 잠재우고 사림 전체의 지지를 받기 위해 오현의 문묘종사를 승인해 40여 년에 걸친 논쟁에 종지부를 찍었다. 뿐만 아니라 도학자, 즉 성리학자의 계보가 확립되는 과정은 문묘종사와 동전의 양면을 이루며 지식권력이 제도적으로 행사되는 양상을 보여주었다. '권력과 지식'은 '한 몸(savoir-pouvoir)'이라는 미셸 푸코(Michel Foucault, 1926~1984)의 권력과 지식체계에 대한 고찰을 떠올리게 한다.[31)]

3. 공론 조성의 절차와 사례

지방에서는 향유들이 연명으로 상소할 일이 생기면 대개 우선 윗분들에게 소의(疏意)를 전달하여 허락을 구하고, 공론화를 위해 각기 글을 짓고 지은 글을 여러 장 베껴 쓸 수 있는 역할을 담당하는 제통(製通)·사통(寫通)을 임명하여 통문을 작성하는 것이 일반적이었다. 여기에는 소사(疏事)를 발의하게 된 사정 및 동조를 촉구하는 내용과 함께 소회(疏會) 일자와 장소를 기록하고, 오늘

---

30) 김용헌, 『조선 성리학, 지식권력의 탄생』, 프로네시스, 2010, 220~230쪽.

31) 후기 구조주의자인 미셸 푸코는 지식과 권력을 불가분의 관계로 보며 지식 없는 권력의 행사도 불가능하고 권력의 효과 없는 지식도 불가능하다고 보았다. 다시 말해서 푸코에 의하면 지식(knowledge)=권력(power)이다(장재천, 『교육사회학의 이론과 실천』, 270쪽).

날 회장과 총무 및 집사라고 할 수 있는 장의(掌議) · 색장(色掌) · 유사(有司) 등과 같은 소회의 주요 간부 명단을 첨부하였다.[32]

동조를 촉구하기 위한 통문내용은 유생들의 자발적인 참여를 호소하는 완곡한 표현이 대부분이지만, 정국동향과 정치세력의 성향에 따라 협박성을 띤 극단적인 경우도 간혹 있었다.[33] 통문이 작성되면 성균관과 사학을 비롯하여 8도 또는 열읍(列邑)에 발송하는데 대부분의 수신처는 향교와 서원 및 사우(祠宇)였으며 여기에서 다시 그것을 여러 장 베껴 타처로 연락하였다. 통문을 접수한 곳에서는 별도로 소회를 위한 유사를 임명하고 회소(會疏) 유생을 선발해 소회에 대표로 참가하도록 하였다.[34]

이와 같이 성균관에서도 위와 비슷하기는 하였지만 약간 다른 스타일이었다. 즉 성균관 유생들이 연명으로 봉장(封章)[35]을 할 때는 제생이 명륜당에 모여 중대하게 일을 의논하고 이어 소두(疏頭)[36], 소색(疏色), 제소(製疏), 사소(寫疏) 및 별색장(別色掌)을 정하고 소청(疏廳)을 동협실(東夾室)에 설치했다. 소청은 공론의 중심이기 때문에 그 앞에서 유생들은 누구나 몸가짐을 바로 해야 했고, 조관이라고 해도 하마(下馬)하거나 우회해야 했다. 또한 이런 일이 진행되는 동안에는 과거에 응하지도 않았고 국왕이 성균관에서 특별히 실시하는 시험들도 모두 거부하였다.[37]

---

32) 설석규, 앞의 책, 46쪽.

33) 『대동패림』 권4, 己丑記事, 當初(梁)千頃等聞變 卽通文于道內諸生曰 某月某日 一時齋會于光州鄕校 不來者 皆是護逆之徒云云 二百年所無之變.

34) 『고대일록』(정경운) 권4, 갑신년(선조37) 5월 15일. 설석규, 앞의 책, 46쪽 재인용.

35) 밀봉하여 임금에게 상주하는 의견서.

36) 소두의 선발은 대개 재임(齋任)이 중의(衆議)를 물어 정하는데 재임이 자임하거나 유생 간에 인망이 있는 인물이 추천되었다. 소두는 상소에 대해 전적으로 책임을 져야 하고 처벌도 감수해야 했다. 그래서 정치적으로 민감한 문제일수록 기피현상까지 있었고 때로는 사기(士氣)를 반영하는 중심이라는 명예도 주어지고 상황에 따라 관직진출에 유용하기도 하였다(『태학지』 章甫 儒疏, 仁祖元年癸亥 命除儒生洪茂績趙慶起等官 贈鄭澤雷官持平 三人皆以太學生 昏朝時 力陳明倫之義者也).

37) 『태학지』 章甫 儒疏, 上命承旨提學 持書題 往泮宮取士 齋儒以爲 方設疏廳 不得赴試 有前例可據 館堂以聞 上敎曰 命題事體至重 而承旨持題出取去 不得設行 而還爲入來 實是前所未有之事 承旨推考 齋任班首停擧. 영조 5년 3월 16일(경신). 成均館啓 儒生試取命下後 臣李壤來詣泮中 則守齋儒生以爲 近因東西齋任之不得差出 未及相率叫閽 而討逆之論方張 至設庭請 此時何可赴擧乎 臣反復曉諭 而終不回聽 批曰 善爲傳諭 使卽應製 又啓 儒生終不應製 批曰 士氣如此 予之嘉尙 誠愈於一時節製之慰悅 持題還入 以成諸生之氣.

배소(拜疏)할 때에 유생들은 대열을 지어서 나아가며, 무릇 소를 올림에 있어서 일을 의논할 때에는 집사를 차출하고, 혹 4학의 유생과 함께 하려고 하면 기재생으로 하여금 직접 4학에 가서 전해주었다. 집사를 차출한 뒤에는 하색장이 여러 당상에게 보고하였으며, 성균관에서 소를 올리려고 명륜당에서 공사(公事: 회의 개최)를 할 때에는 내독(內讀)[38]한 다음에 4학에 요청하여 청 아래에 나란히 서고, 생원과 진사가 환영하는 인사로 일어났다가 앉은 자리에서 외독(外讀)하여 최종적인 공론으로 확정하고 이어 배소하였다. 이 규정 가운데, 내독한 다음에 생원과 진사는 내려와서 동정(東庭)에 서고 4학은 서정에 나란히 서서 외독한 다음에 배소한다는 조항은 정조 때 폐지하였다.[39]

배소를 위해 붉은 보자기로 싼 봉장된 소를 담은 소함을 앞세우고 길 가운데를 동서로 나누어 대궐로 걸어가는데 반촌에서 궐까지 성균관 노비 수백 명이 길가에 늘어서서 소행이 다 지나갈 때까지 행인들을 막고 기다리게 하였다. 그들의 호령이 요란하고 구경꾼들이 길가에 늘어선 가운데 소행이 지나가는데 간혹 성균관 노비들과 반촌 무뢰배들이 상인들에게 부조를 강요하며 난동을 부리고 물건을 약탈하기 때문에 길가의 상가들이 문을 임시로 닫는 경우가 많았다.[40]

궐문에 도달하면 문 앞에 있는 붉은 탁자 위에 소함을 올려놓고 그대로 열을 이루어 앉는데 학유들은 뒷자리에 앉았다. 대 아래에서 앞에 네 개의 청금록(青衿錄) 상자를 벌려 놓고, 수복이 먼저 들어가서 정원에 알렸다. 비록 대신이라도 감히 말을 탈 수 없었고, 유소의 열 앞에서 범하는 자가 있으면 아방사령이 불러서 금지시키니, 듣지 않는 자는 그 하인을 잡아다가 몽둥이질을 하였다. 대개 고례(古例)가 그러해서였다. 유소를 받들어 올리고 비답이 내리기 전에 여러 유생들은 멀리 떨어질 수 없었다. 정문 옆 홍마목(紅馬木)[41] 근처에 의

---

38) 의안을 심의해서 결정하는 1단계 독회, 2단계는 외독.

39) 『태학지』 章甫 儒疏, 凡太學儒生聯名封狀時諸生會明倫堂大議事仍差出疏頭疏色製疏寫疏及別色掌設疏廳於東夾室拜疏時儒生成班詣闕 凡上疏議事時差出執事或以學儒則使寄齋生親往四學傳給 執事差出後下色掌往告于諸堂上 凡太學拜疏明倫堂公事時內讀後請四學廳下序立生進起坐外讀仍爲拜疏此規中廢內讀後生進降立東庭四學序立西庭外讀後拜疏.

40) 『반중잡영』, 유소편, 疏行發 則齋直及泮中無賴輩 先作隊而出 攫奪市中之物 或持杖作亂 故市人聞有疏擧 則撤市閉門 爭相竄伏.

막(依幕)을 나누어 정하고 관아나 촌사에 식당을 옮겨 설치하고 각각 의막에서 식사를 수령하고 기록부(=到記)가 오면 무순으로 기재하였다. 소함이 들어갈 때는 정문 거둥길로 나아가고 소두는 곁문으로 따라 들어가 승정원에 올리고 나왔다.[42]

혹 비답(批答)이 없으면 반복하여 상소하기 위해 소두가 성균관에 들어와 명륜당이나 수직방에서 공사를 하고, 만약 소두가 없으면 서1방(西一房)에서 공사를 하였으며 소두를 비롯해 소임들을 다시 선출하였다.[43]

그래도 계속 비답이 없거나 질책성 비답이 내려지면 대궐 앞에서 철수하여 문묘의 신문 앞에서 4배례를 행하고 공관으로 돌입하기도 하였는데, 군주의 처사에 대항할 수 있는 가장 강력한 수단이었다.[44] 공관사태가 발생하면 대사성 이하 성균관 관원들은 즉각 관내에 거처하며 문묘를 수호해야 되었고 군주는 예조판서를 보내 입재를 권유하였다.[45] 또는 공관보다는 그 강도가 덜한 것이었지만 공의와 절개를 펴고자 하여 권당을 할 때는 헛되이 식당의 재고(齋鼓)는 치지만 식당에는 들어가지 않았다.[46] 요구사항에 진전이 없으면 2차적으로 공재도 같이 시행하였다. 권당을 하면 성균관 수복이 대사성이나 동지관사[47]에게

---

41) 궁문(宮門) 밖 좌우에 있던 네발 달린 나무 받침틀을 이르던 말. 가마 등을 올려놓을 때 쓰였다.

42) 『반중잡영』, 유소편, 直到闕門 置疏函於朱卓上在正門前 仍成班而坐 學儒在後 坐臺下前列四箇衿錄櫃守僕先入通于政院 雖大臣毋敢騎 疏班前有犯者 兒房使令呼而禁之 不聽者 捉致其下人 杖之 蓋故例然也 呈疏承批之前 諸生毋得遠離 分定依幕於紅馬木近處或公廨 或村舍 移設食堂 各於依幕受食 到記則隨所遇雜書之 疏入時由正門御路 而疏頭由夾門隨之入 呈于政院而出.

43) 『태학지』 章甫 儒疏, 太學拜疏後有疏後公事疏頭入泮則公事於明倫堂若無疏頭則公事於西一房. 『반중잡영』, 유소편, 或謀更疏 則卽爲齋會於某直房 仍設疏廳 爲大議事 疏頭及諸疏任皆換出他人. 이민홍이나 방동민은 某直房을 아무개 직방이라고 번역하였다.

44) 『태학지』 章甫 空館, 凡太學生陳疏 承嚴批 或有情勢義當 空館者 自闕下罷歸 詣聖廟神門外 行四拜禮 遂空館而出.

45) 『반중잡영』, 권당편, 空齋不已 則至於神門 拜辭而去 自泮長以下 成均館官員 分處齋房 以守聖廟 有似各司衙舍 景色不佳 承旨來宣溫音 而終不入 則禮曹判書入來勸入 又不入則大臣入來 期於勸入然後草記而出. 공관한 유생들이 군주의 권유가 없으면 입관하지 않는 것이 관례였다.

46) 『태학지』 章甫 捲堂, 凡食堂將設 旣擊鼓 東西齋儒生 不入堂 則齋任卽入泮中開諭 而不肯入 則告于堂上 堂上詣明倫堂 招集諸生 開諭使入. 공재나 공관은 신문 밖에서 4배례를 행하고 떠나며 공관과 권당은 동시에 행하는 경우가 많았다. 시위의 수위 수준은 권당(捲堂) < 공재(空齋) < 공관(空館) 순. 장재천, 『조선조 성균관 교육과 유생문화』, 아세아문화사, 2000, 240~248쪽 참고.

47) 조선 태조 때부터 나타나고 있고 지사가 정2품으로 동지사가 종2품으로 겸직이다.

달려가 알리게 되면 즉시 성균관으로 들어와 여러 유생들을 명륜당 위로 불러서 연유를 물은 뒤에 그들로 하여금 마음에 품은 것을 쓰게 하였다. 대개 미리 수복으로부터 듣지 않은 것이 아니지만 반드시 유생들에게 묻는 것은 예로부터 내려오는 관례였기 때문이었다. 글로 생각한 것들을 올리면 초기를 만들어 임금에게 상주(上奏)하였다.[48]

한편, 승정원에서는 영조 49년(1773년) 도유소(道儒疏)의 경우에는 반드시 성균관을 경유하도록 조치한 이후 소본(疏本)과 함께 성균관 유생들의 자치회장인 태학장의(太學掌議)의 동의를 뜻하는 근실(謹悉)을 요구하였다.[49] 영조의 이런 조치는 성균관을 중시하는 '중현관(重賢關) 징외잡(懲猥雜)'[50]을 표방하고 있으나 당시 일방적으로 쇄도하던 노론계 유소를 통제하기 위한 의도가 오히려 더 강하였다.

그러나 점차 노론세력이 성균관을 실질적으로 장악함에 따라 근실체제가 오히려 어렵게 된 영남유생들은 성균관에 통문만을 보여주면서 상소내용을 숨기거나[51], 상소라는 말 대신 근실이 필요 없는 상언(上言)으로 봉입하여 이를 피하려고 했으며[52], 만인소라는 이유로 근실 첨부를 아예 거부하기도 하였

---

48) 『반중잡영』, 권당편, 或有欲伸公議及廉隅而捲堂 則虛擊食鼓而不入食堂 齋舍氣色 與他日不同 捲堂則守僕走告大司成 或同知館事 卽入泮 延諸生於明倫堂上 問其緣由後 使之書進所懷 蓋初非不聞於守僕而必問諸多士者 古例然也 諸生以文字進所懷 則長官據此爲草記 批下每勸入 則或從或義 有未安而不敢輒入也.

49) 영조 49년 3월 12일 신축조. 教曰 以道儒陳章者 先關由於太學 若直呈 勿論事之輕重 其章付太學 書錄人十年停學. 근실은 원래 대간이 계달할 일에 대해 사전 의견조율이 필요하여 간통(簡通)을 돌릴 때 동의의 표시로 사용되던 것이었다.

50) 『태학지』 章甫 儒疏, 四十九年癸巳教曰此後雖一儒有懷陳章可捧者捧入或請建院或爲他于恩者非徒勿捧其章付諸成均館限其身停學稱以道儒陳章者先問關由太學其若直呈勿論本事輕重勿捧其章付諸太學其書錄人幷限十年停學事捧承傳一以示重賢關意一以示懲猥雜焉仍命載之政院故事.

51) 정조 12년 11월 29일 정해조, 所謂太學謹悉云云 當初嶺醜之通文也 藏頭截尾 隱暎說去 其時齋任 朦不覺察 依例回諭.

52) 정조 12년 11월 7일 을축조, 안동유생 이진동(李鎭東)의 무신창의록(戊申倡義錄)에서는 상언으로 표기(상략 因慶尙道儒生李鎭東等上言 하략). 짧은 상소를 차자(箚子), 둘을 합해 소차(疏箚)라고 한다. 진소(陳疏)·소장(疏章)·장소(章疏) 등도 있다. 상서(上書)는 조신(朝臣)이 동궁에 올리는 문서. 만언소(萬言疏)는 장문의 상소. 상언(上言)은 일반적인 의미로도 쓰이지만 문서를 지칭할 때는 사인(私人)이 왕에게 올리는 문서로 서식이 상소와 다르다. 여러 관청이 합해서 하는 상소를 합사(合辭), 유생들의 집단상소를 유소. 시정(時政)에 대한 비판을 자주 했던 성균관 유생들은 소청을 운영했는데, 소청경비를 지방수령에게 징수하기도 했다. 복합(伏閤)은 상소자가 직접 합문(閤門왕이 평소에 거처하는 편전의 앞문) 밖에 엎드려 상

다.[53] 이런 것들을 통해서 보면 조선 중기든 후기든 성균관의 공론 역할이 어떠한지 충분히 가늠해 볼 수 있을 것이다.

한편 선조 즉위 이후 가장 두드러진 것은 기묘사화 이후에 위축되었던 사림이 정계에 대거 진출했다는 점이다. 이황이 선조가 즉위한 다음 달인 1567년 7월 예조판서 겸 지경연사로 임명되었다. 또 을사사화 당시의 명현으로 71세가 된 백인걸이 교리를 거쳐 직제학이 되었다. 권신 윤원형·이량 등과 정치를 농단한 심통원은 관작이 삭탈되었지만 을사사화로 억울하게 죄인이 된 노수신·유희춘·김난상 등 10여 명은 서용되었다. 이를 시작으로 사림은 계속해서 세력을 확대해 나가게 된다. 반면 명종과 문정왕후의 비호 아래 권세를 휘두르던 권신들은 정치적으로 참패했다. 사림세력의 승리를 단적으로 보여주는 대표적인 사례로 기묘사화의 명인 정암 조광조의 추증과 지정(止亭) 남곤(南袞)의 관작 삭탈을 들 수 있다. 조광조의 추증이나 남곤의 추죄는 모두 중종 말년부터 오랫동안 주장되어왔던 사안이었다. 그것이 이때에 와서 비로소 해결을 본 것이다.[54]

역사의 대세를 타고 성장한 사림은 이 시기에 이른바 '사림정치'라는 새로운 정치형태를 연출하며 역사의 주체로 부상했다. 그러나 훈구세력과 권신들이 정치무대에서 사라지면서 더 이상 적대세력이 없게 되자 사림은 스스로 세포분열하기 시작했다. 선조 초년에 명종조 권신 정권하에서 심의겸의 도움으로 관계에 진출했던 선배사림과 사림정치 하에서 새로이 정계에 진출한 후배사림들 간에 갈등구도가 형성되었다. 물론 심의겸은 소윤에 비견될 정도의 척신세력은 아니었다. 그러나 척신의 입장에서 모든 정치적 결정을 취한 것도 사실이었다.

소내용이 수용되기를 청하는 것으로 연좌시위를 겸한 것인데, 소유복합(疏儒伏閤)이라고 했다. 후기에는 복합이 3일이 지나면 승정원에서 왕에게 보고한 후 타일러 해산시키도록 규정. 익명 상소는 접수하지 않았으며 왕의 행차에 함부로 뛰어들어 직접 말이나 글로 상언하는 것을 금했다. 다만 왕이 행차할 때는 상언별감을 두고 지역민의 상언을 접수하는 일은 많았다. 격쟁(擊錚)은 왕의 행렬 근처에서 쟁을 쳐 알린 후, 왕의 허락을 받아 상소하는 방식. 이때의 문서를 원정(原情). 상소는 승정원을 경유해 왕에게 전달되고, 비답도 승정원을 통해 하달. 상소와 장계는 공방승지가 관장. 승정원에서는 먼저 규격, 문장법식, 오자, 성명오기 등을 심사. 서식과 규격, 전달방식, 처리방식도 상소자의 수준과 상소의 종류에 따라 차별적으로 규정. 후기의 격식은 『전율통보』·『은대조례』·『육전조례』·『소차집요』 등의 자료에 나타나 있다. 승정원에 들어온 상소는 왕에게 보고한 후가 아니면 밖으로 나갈 수 없는데, 3일간 비답이 없으면 승지가 처리했다.

53) 『소청일록』(유도수 등), 을해년(고종 10년) 3월 3일(신사조). 설석규, 앞의 책, 53쪽 재인용.

54) 이성무, 『조선시대 당쟁사1』, 동방미디어, 2000, 109~110쪽.

따라서 후배들로서는 심의겸과 그를 용납하는 선배들에 대해 불만일 수밖에 없었다. 선배사림에 대한 후배사림들의 불만은 선배사림들이 개혁에 적극적이지 않다는 것으로 표출되었다. 후배사림들은 선배들을 소인으로 몰아세우고 스스로 군자라 자처했다. 양자 간의 대립은 점차 심화되어 마침내 동·서인 분당으로까지 발전하게 되었다.[55]

1572년 7월 7일 영중추부사 이준경이 죽었다. 그는 윤원형이 몰락한 뒤에 영의정이 되었고, 명종의 고명을 받들어 선조를 즉위시킨 장본인이었다. 그는 중종에서 선조까지 네 임금을 섬긴 조정의 원로였으나 사림의 말을 잘 들어주지 않는다는 이유로 후배사림들로부터 비난을 받고 있었다. 사림의 세상은 도래했다. 그러나 이준경을 비롯하여 명종조에 벼슬하던 선배사림과 그 뒤에 새로이 정계에 진출한 후배사림 간의 알력이 표면화되기 시작했다. 선배사림은 이준경을 필두로 심통원·민기·홍섬·홍담·송순·김개 등이었고, 후배사림으로는 이황·노수신·유희춘·김난상·이이·정철·기대승·심의겸·이후백·유성룡·오건·김우옹 등이 있었다.[56]

동서분당의 기폭제는 이조정랑 자리를 둘러싼 심의겸과 김효원의 알력에서 비롯되었다. 김효원을 따르는 이들에게는 동인, 심의겸을 따르는 이들에게는 서인이라는 명칭이 붙었다. 동인들은 이황과 조식의 문인들로 젊고 학행과 절개가 있는 인물들이 많았다. 동인의 영수로 추대된 허엽은 선배사림에 속하는 인물이었지만 유성룡·우성전·김성일·남이공·김우옹·이발·이산해·송응개·허봉·이광정·이원익·홍가신·이덕형 등 소장파 인사들이 동인의 주축을 이루었다. 서인은 허엽과 대립하던 박순을 영수로 해서 집결되었다. 허엽과 박순은 서경덕의 같은 제자였는데 이때 갈라서게 되었다. 서인에는 이이와 성혼의 제자들이 많았다. 정철·신응시·정엽·송익필·조헌·이귀·황정욱·김계휘·홍성민·이해수·윤두수·윤근수·이산보 등이 서인의 주축이었다.[57]

정여립의 역모사건과 기축옥사, 그리고 신묘년의 세자책봉논의는 동인이

55) 이성무, 같은 책, 110쪽.

56) 이성무, 같은 책, 111~112쪽.

57) 이성무, 같은 책, 115~118쪽.

남인과 북인으로 갈리는 계기가 되었다. 동인은 기축옥사를 잘못 처리한 정철을 논죄할 때 서인 모두를 처벌해야 한다는 이발·이산해·정인홍 등의 강경파와 그 범위를 최소화해야 한다는 유성룡·김성일·우성전 등의 온건파로 의견이 갈렸다. 이때 강경파가 북인이고 온건파가 남인이다.[58)]

한편으로 몇몇 사례를 들자면[59)], 선조 16년 8월에 성균관 유생들이 도승지 박근원을 비롯한 우승지 김제갑, 우부승지 이원익, 동부승지 성낙 등의 문제를 지적하는 상소내용에 대해 그들이 임금에게 소명하는 내용이 다음과 같이 있다.

> 도승지 박근원, 우승지 김제갑, 우부승지 이원익, 동부승지 성낙 등이 아뢰기를, "신들은 중한 견책을 받고 있는 몸이니 물러가 죄를 기다려야 마땅할 것입니다. 그러나 임금을 섬기는 신하의 도리로서는 단 하루라도 관직에 있으면 하루의 책임을 다 해야 마땅하니, 진실로 마음에 품은 바가 있으면 어찌 차마 끝까지 입을 다물고서 성상을 외롭게 해서야 되겠습니까. 어제 유생들이 상소한 내용에 대해서는 깊이 따질 가치도 없다고 신들은 생각합니다. 다만 그전부터 성균관이나 사학에서 상소를 할 때는 반드시 조용히 회의를 하고 가부를 확정지은 다음에 하는 것이 관례였습니다. 그런데 이번 일은 그렇지가 않습니다. 몇 사람이 자기들끼리 지목하고 위촉하여 못된 논의를 선동시킨 뒤 회유하기도 하고 협박하기도 하였습니다만, 오지 않은 자가 매우 많았고 와서도 따르지 않은 자가 많았는데 이들은 모두 유식한 인물들이었습니다. 이런 상황을 상께서 어떻게 아실 수 있겠습니까. 그런데 비답하신 내용을 보면 도리어 포장(褒奬)해 주시고 충당과 의기가 있다고 인정해 주시기까지 하였습니다. 신들은 선비의 기풍이 더욱 무너져 내키는 대로 망령된 행동을 하여 마침내 나라를 다스려갈 수 없게 될까 두렵습니다. 삼가 원하건대 성상께서는 유념하시어 살펴주소서."하였다.[60)] (하략)

또 『태학지』 장보에 선조 16년 때 우율종사를 둘러싸고 서인과 남인계가 싸울 때, 이이·성혼의 무고함을 변명하기 위해 4백여 명의 성균관 및 4학 유생들이 상소했다는 내용이 있고[61)], 같은 곳에 선조 22년 전라도 유생 정암수

---

58) 이성무, 같은 책, 135~136쪽.

59) 설석규는 앞의 책 436쪽에서 선조조에 104건의 유소가 있었고, 그중 관학유소는 30건이라고 하고 있는데 연구자가 보기에는 훨씬 더 많다고 생각되기 때문에 추후 정확한 확인이 필요하다.

60) 선수 16년 8월 1일 경술조. 都承旨朴謹元 右承旨金悌甲 右副承旨李元翼 同副承旨成洛等啓曰 臣等身負重譴 當屛息俟罪之不暇 而第以臣子事君之道 一日在官 當盡一日之責 苟有所懷 豈忍終默 以孤聖明乎 昨日儒生章疏之說 臣等固不足深辨 但自前 館學陳疏 例必從容會議 商確可否 然後爲之 今此擧措則不然 私自指囑 鼓動謬議 或敎誘 或刦制 而不來者甚多 來而不從者亦多 皆是有識之人也 如此之狀 自上何從以知之乎 下答之辭 反加褒奬 至以忠讜 義氣許之 臣等竊恐士風益壞 恣情妄行 終無以爲國也 伏願聖明 留心省念焉.

등이 상소를 통해 이산해와 유성룡의 죄를 지적해 임금의 명에 의해 구금된 것을 성균관 및 사학유생들이 상소하여 구원했다는 내용이 있다.[62] 요지는 전자의 경우는 선조가 유생들의 기개를 높이 여긴다고 평했거나, 후자에서는 선조가 유생들의 뜻을 받아들여 구금된 유생들을 풀어주었다는 것이다.

선조 29년 8월에는 성균관 진사 최천준 등이 선조의 갑작스러운 양위를 거두어달라고 상소를 하였고[63], 30년 4월에는 성균관 유생 최희남이 정철 등에 대한 처벌이 가벼움을 아뢰는 상소를 하였고[64], 31년 9월에는 성균관 생원 이호신 등이 선조 주변의 간신들을 배척하라는 상소를 올렸으며[65], 10월에는 성균관 생원 정급 등이 유성룡을 탄핵하는 상소를 올렸고[66], 33년 1월에는 성균관 생원 신경락 등이 승려인 도총섭 의엄(義嚴)의 작폐를 논하고 삭직을 청하는 상소를 올렸다.[67]

또 선조 33년 4월에는 성균관 유생 임건 등이 병판 홍여순을 죄줄 것을 청하는 상소를 올렸고[68], 5월에는 관학 유생 이천주 등이 홍여순과 정승민을 논죄하는 상소를 올렸으며[69], 37년 3월에는 여섯 차례나 성균관 생원 조명욱 등의 김굉필·정여창·조광조·이언적·이황의 문묘배향 상소를 올렸고[70], 성균관 생원 이정 등이 5현의 문묘배향을 건의하는 상소를 계속 올렸고[71], 38년 1월에는 성균관 진사 유학증 등이 계성전 건립과 오현의 종사를 청하는 상소를 올렸다.[72]

많은 상소들이 부정부패한 관료들에 대한 비판적인 것들도 있으나 당파적

61) 『태학지』 章甫 儒疏, 宣祖十六年癸未太學生柳拱辰等四百餘人上疏爲李珥成渾辨誣上批曰 (하략).
62) 『태학지』 章甫 儒疏, 二十二年己丑全羅道儒生丁巖壽等上疏斥大臣李山海柳成龍之罪 (하략).
63) 선조 29년 8월 8일 임신조 참고.
64) 선수 30년 4월 1일 신유조 참고.
65) 선조 31년 9월 28일 경술조 참고.
66) 선조 31년 10월 6일 무오조 참고.
67) 선조 33년 1월 27일 임신조 참고.
68) 선조 33년 4월 19일 임진조 참고.
69) 선조 33년 5월 11일 계축조 참고.
70) 선조 37년 3월 19일 기사조, 20일 경오조, 21일 신미조, 22일 임신조, 23일 계유조, 25일 을해조 참고.
71) 선조 37년 6월 10일 기축조 참고.
72) 선조 38년 1월 26일 신축조 참고.

인 색채가 나는 것들도 있다. 다음의 경우는 위에 열거한 상소와는 다르지만 선조 38년 7월에 성균관 유생 정호성·허실·유희량·최성원 등이 팔도 열읍의 향교와 모든 서원에 통문과 서찰을 통해 정인홍이 지은 『발남명집설(跋南溟集說): 南冥先生與李龜巖絶交事』을 비방했는데, 이 비방에 대해 사신은 완전 반대파인지 전혀 다른 말들을 기록하고 있는 것을 살펴볼 수 있다.

> 성균관 유생 정호성·허실·유희량·최성원 등이 팔도열읍의 향교와 모든 서원에 서찰을 보내 정인홍이 지은 『발남명집설』을 추악하게 비방하였다. 【사신은 논한다. 영남은 인재의 부고(府庫)이고 사론의 근본이 되는 곳이다. 신라로부터 성조(聖朝)에 이르기까지 명유석사가 많이 배출되어 국가의 원기를 부지한 것을 상고할 수 있다. 지난 선조(先朝) 때 퇴계와 남명 두 분이 같은 도에서 탄생하시어 도학을 창명하고 의리를 밝혀 인심을 맑게 하고 세교(世敎)를 부지하는 것을 임무로 삼으니, 훈도되어 감화하고 보고 감동하여 흥기한 자가 부지기수였다. (중략) 이번에 명색이 관학유생인 자들 몇이 【생원 정호성·허실이 성세영의 외손 한언과 양홍주의 사위 권집 등과 더불어 그 일을 주장하여 유생들을 위협하여 거느리고 지방에 통문하였는데, 조금이라도 사리를 아는 사람은 모두 따르지 않았다.】 남명의 문도에게 감정을 품고서 『발남명집설』을 빌미로 각도에 글을 보내 선사를 얕잡아 보고 조롱하였다 (중략) 인홍은 남명과 가장 오랫동안 종유하여 의발(衣鉢)을 전수받은 자로 퇴계가 귀암(龜巖: 李楨)을 지나치게 허여한 것을 보고 의심을 하자, 남명의 문하들이 지나친 말을 만들어 그를 도와 공박한 것이다. 그의 생각에는 '저 귀암은 몹시 부정한 자이다. 남명이 악한 사람 미워하기를 원수처럼 하였으니, 절교한 것이 마땅하다. 그런데 혹자는 잘못하여 남명을 너무 심했다고 여기니, 내가 스승의 뜻을 발명하지 않으면 천 년 후에 누가 참으로 시비를 알겠는가'라고 여겨 집설에 간략히 그 일을 변명한 것이니, 주제넘고 망령되다는 비방은 면할 수 없으나 그 정상은 애처롭다.】[73]

다음으로는 '성묘 오욕(文廟落書獄)' 사건[74] 사례인데, 선조 39년 6월 사헌

73) 선조 38년 7월 24일 병신조. 成均館儒生丁好誠 許宗 柳希亮 崔誠元等 通書于八道列邑鄕校及諸書院 醜詆鄭仁弘跋《南溟集說》【史臣曰 嶺南 人才之府庫 士論之根抵 自新羅至于高麗 自高麗迄于聖朝 名儒碩士彬彬輩出 以扶國家之元氣者 班班可考 曩在先朝 退溪南溟兩夫子者 竝生於一道 倡明道學 開示義理 以淑人心 扶世敎爲己任 士子之薰陶漸染 觀感興起者 不知其幾人矣 (중략) 今者名爲館學儒生數三輩【生員丁好誠 許宗與成世寧外孫韓琂 梁弘澍女壻權濬等主張其事 脅率章甫 通文于外方 稍知事理之人 皆不從焉】挾憾於南溟門徒 借鄭仁弘跋《南溟集說》馳書各道 侮弄先師 無所不至 (중략) 仁弘從遊最久 得其衣鉢之傳者也 見退溪過許龜巖而致疑 南溟門下之人 設淫辭 而助之攻則其心以爲彼龜岩 不正之甚者也 在南溟嫉惡如讎之心 絶之宜矣 而或者誤以南溟爲已甚之歸 我不發明其師志 則千載之下 孰知眞是非哉故 於《集說》略辨其事 雖未免僭妄之譏 其情則慼矣】.

74) 5월 25일 밤 1,100여 글자를 대성전 동무(東廡) 벽 4칸에 썼는데 당시 좌의정 기자헌(奇自獻)에 대한 공박과 고관, 궁인, 나인들의 이름이 적혀 있었다. 기자헌은 자기 아버지의 이름뿐만 아니라 생질 이승원

부의 상소문을 필두로 하여 논란을 벌이며, 두 달 가까이 이와 관련해 수사를 벌이지만 내부자의 소행인지 외부자의 소행인지 혼란 속에 오락가락하다가 끝내는 조정대신들을 비방한 '벽서사건'[75]의 범인을 제대로 밝혀내지 못하고 말았다. 물론 심증으로는 성균관 유생 또는 성균관에서 거재했던 유생들의 소행이라고 할 수밖에 없는 것이었다. 그러므로 이런 일은 유소행위를 거치지 않고 조정에 직격탄을 날린 것으로서 매우 불만스런 현실을 놓고 상당히 공격적인 행태를 나타내 보인 것이었다.

사헌부가 아뢰기를, "저번에 성묘의 동무 뒷벽에다 어떤 사람이 한때의 조신(朝紳)과 사람들이 모르는 자의 이름을 4간 너비에 가득 써놓았는데 다음날 거재유생들이 보고 나서는 자자하게 전파하였습니다. 이것은 익명서로 신좌(神座)와 매우 가까운 곳이 잡서로 더럽혀졌고 또 하인들이 그 형적을 제거하기 위하여 멋대로 물뿌리고 긁어내고 하였기 때문에 단청이 벗겨져 보기에 매우 미안스럽습니다. 본관(本館)은 삼가 호위하지 못하여 이런 일이 일어나게 한 책임을 면치 못할 것은 물론이고 그 뒤 또 이를 심상하게 보아 개수하려고 하지 않았으므로 물정이 매우 온편치 못하게 여기고 있습니다. 장무관과 그날의 입직관을 모두 먼저 파직시키고 나서 추고하고, 수복 중에 수노는 수금(囚禁)하고 추치하소서. 그리고 수리하는 일을 예관(禮官)으로 하여금 서둘러 거행하게 하소서. 근래 인심이 요망스러워 괴이한 것을 좋아하는 것이 날로 극심합니다."[76]

단지 혐의를 갖게 된 관리들 중 집의 김대래, 대사헌 성영, 지평 민경기,

(李承元)의 이름과 이승원의 아버지 경기감사 이홍로(李弘老)의 이름까지 낙서되어 있어서, 10여 차례나 사의를 표명하다가 7월에 사임하였다. 이홍로는 일찍이 유생들의 탄핵을 받아 관직에서 물러난 일이 있는 인물이었다. 이 밖에 대사헌 성영(成泳), 대사간 황시(黃是), 집의 김대래(金大來), 지평 민경기(閔慶基), 정언 박안현(朴顔賢)·민덕남(閔德男), 사간 이호의(李好義), 헌납 유성(柳惺) 등의 이름도 있어서 한때 사의를 표명하는 일까지 있었다. 우의정 심희수(沈喜壽)를 조사 책임자로 하고 위관으로 승지 최렴(崔濂), 동부승지 유간(柳澗) 등을 임명하였다. 학유 고경오(高敬吾) 등과 많은 유생들이 심한 조사를 받았고, 성균관 서사(書吏)·수복·노비 등이 혹은 도피하고 혹은 잡혀 모진 국문 후 죽었다. 기자헌이 물러나자 심희수가 좌상이 되고 우의정으로 허욱(許頊)이 승진되었다.

75) 벽서사건은 성종 때도 이미 있었다. 성균관에서 유생들이 행실과 평판이 나쁜 특정 교관들을 조롱하고 비방하는 시를 써서 숙직방 외벽에 붙인 사건이었다(성종 13년 8월 20일 병술조 참고).

76) 선조 39년 6월 4일 신축조, 司憲府啓曰 頃日泮宮聖廟東廡後壁 有人夜書一時朝紳及人所不知之名 遍滿於四間之廣 翌朝居泮儒生爭相聚觀 傳播藉藉 而此則匿名書也 固不足言 但神座至近之地 旣被雜書之汚 下人欲去其迹 擅自晝墁洗壁 以致丹雘剝落 所見極爲未安 而本館(永)〔未〕免不謹衛護 致令如此 後又視之尋常 無意修改 物情深以爲未便 請掌務官及其日上直官 竝命先罷後推 守僕首奴 囚禁推治 修理等事 令禮官汲汲擧行 近來人心妖妄 好怪日甚.

경기관찰사 이홍로 등이 소북이었던 것으로 보아 대북계통 유생의 소행이었을 것으로 추측된다.[77]

결국에는 유소로써 될 만한 일이 아니라고 판단한 어느 유생들이 이 사건을 일으킨 것으로 추정되는데 시국과 현실을 바라보는 관점이 당파적이거나 아니면 매우 비판적이었을 것으로 분석된다. 그들은 이러한 방법이 아니고서는 결코 시원하게 비판할 수도 비방할 수도 없었기 때문일 것이다.

조선 성균관은 공자를 비롯한 유교성현들을 봉사(奉祀)하는 유교문화의 중심지이자 예비 관료층(예비 정치엘리트)을 교육하는 관학으로서 최고수준의 고등교육기관으로서의 지위뿐만 아니라, 사론(士論)을 대변하는 공론소재지로서 사림(士林)의 공의(公議)를 반영(정치통합)하는 매우 중요한 곳이었다.

이러한 성균관의 유생들은 왕실의 불사(佛事)를 반대하는 등 초기의 비교적 단조로운 문제에 개입하는 단계를 거치면서 중종 때 기묘사림(己卯士林)의 등장 이후에는 사론임을 표방하며 다양한 내용으로 상소활동을 전개하였다.

성균관 유생들의 공론수렴과 상소의 과정은 대체로 발의(發議), 통문발송, 소회(疏會), 소임선발, 소청설치, 소본작성, 배소(拜疏), 봉소(捧疏) 단계로 진행되는 것이 보통이었지만 반드시 이 절차가 지켜지는 것은 아니었다. 특히 재야공론의 소재로 인정받고 있었던 성균관은 '소조정(小朝廷)'[78]으로 일컬어질 정도로 공론형성에 있어서 일정한 정형성과 독자성을 겸비하고 있었다. 더구나 성균관 유생들은 군주가 공론을 수용하지 않을 경우 가납할 때까지 연소하는 방법 외에

77) 위관을 맡았던 심희수는 서인이었고, 이어서 39년 6월 8일 을사조에는 성균관 동무 벽서로 부제학 이상의가 파직을 자청했다는 기록과 성균관 동무의 벽서로 해조의 당상 추고와 색낭청 파직을 청하는 사간원의 상소문 및 성균관 동무 벽서사건을 조사하라고 우부승지 최염에게 전교했다는 기록이 있다. 동년 6월 9일 병오조에는 성균관 동무 벽서에 관한 정언 박안현의 상소문, 6월 11일 무신조에는 형조에서 성균관 동무 벽서로 관노들을 심문하고 보고했다는 기록, 6월 13일 경술조에는 성균관 관노들을 형조에서 의금부로 옮겨 추국했다는 기록, 6월 14일 신해조에는 벽서사건 연루자들에게 형 대신에 석방으로 개유했다는 기록, 6월 15일 임자조에는 성균관 관노 체포과정에서 관노가 성묘 안으로 도망간 일로 형조서리의 처벌을 예조에서 요청한다는 기록과 관노체포 시 성묘로 들어간 문제 등에 관한 사헌부의 상소문 및 관노체포 시 성묘로 난입한 사람들을 처벌했다는 기록들이 있다.

78) 성종 23년 2월 15일 병진조, 司諫院獻納 鄭鐸來啓曰 成均 實風化之地 非如四學童稚聚會之處 人謂之小朝廷.

도 공관과 권당으로 대응하는 강력한 공세수단을 갖고 있기도 하였다. 물론 점차 당쟁이 심해지면서 붕당 간의 소모성 운동으로 변질되는 측면도 많이 있었다.

또 성균관에서 소의가 결정되면 전국의 향교에 통문을 발송하게 되어 있어서 성균관 유소는 향유들의 궐기를 촉구해 세력을 불리는 수단이 되기도 하였다. 그렇기 때문에 명분상으로나 정치적으로 우위를 확보하려는 정치세력들은 성균관 유생들과 긴밀한 관계를 유지하고 있어야 했으며, 이는 성균관 내부의 파벌싸움과 갈등의 주된 원인으로도 작용하였다.

특히 성현들을 향사하는 신성한 제사공간이며, 또 유생들의 교육공간이기도 한 국학에서 국가권력에 도전하는 일들이 발생한다는 것은 그만큼 당시의 어지러운 세태를 반영하는 것이었다. 그러므로 성균관 교육의 외적인 측면과 생활들을 파악해 분석해보는 것은 현대의 대학교육에도 그 시사되는 바가 매우 크다고 보았다.

가급적 선조 대의 유소를 중심으로 살펴보았으나 결국 성균관 유생들의 공론문화 형성을 위한 유소행위들은 국가와 사회를 바로잡아 나아가려는 덜 세속화된 유생들의 주체적인 의사표시와 자연스런 사회참여 행태였다. 오늘날도 대학에서 대자보와 같은 것들을 통해 정치적 의사표시를 행하며 서명을 받아 집단세력화를 도모하는 형태가 존재하는데, 문화적인 전승관계가 단절되지 않고 계속 이어지고 있는 것으로 해석된다.

제4장 성균관의 장의 문화

1. 서언

조선시대 서당에서는 학생들을 대표하는 반장 즉 훈장을 대신하기까지 하는 접장(接長)이라는 것이 있었고, 향교나 성균관에서는 재학 중인 유생들을 대표하는 장의(掌議)라는 직함이 있었다.

다시 말해서 유생들의 자치기구인 재회(齋會) 또는 유회(儒會)라고 하는 총학생회가 있었으며, 이 총학생회의 전체회의를 통해서 선출된 장의라고 하는 학교 전체 유생들을 대표하는 총학생회장이 있었다.

다만 성균관의 경우 특이한 것은 주로 생원들이 거재(居齋)하는 동쪽 기숙사, 즉 동재를 대표하는 장의 1인(생원 대표)과 진사들이 거재하는 서쪽 기숙사, 즉 서재를 대표하는 장의 1인(진사 대표) 등 2명의 복수 학생회장을 두는 것이 원칙이었다는 점이다.

장의를 복수제로 한 특별한 이유는 1인체제의 독단적인 운영을 막고 가급적 합의제 중심으로 재회라는 학생자치활동을 운영해 나가도록 하기 위해서였다.

그리고 춘추석전을 기준으로 교체하는 기한을 삼았으며, 국왕의 특별한 교지가 있으면 즉시 교체하였다. 이 제도는 선조 12년에 처음 생겨나 이신성(李愼誠)·이경여(李敬輿) 등이 장의가 됨으로써 시작되었지만 이때는 차출이었으며, 인조 때 병자호란을 겪은 후 신승(申昇)을 장의로 하면서 비로소 회의를 통해서 선출하는 규칙을 세웠다.

또 현종 11년에 와서 장의 민진하(閔鎭夏)가 사론(士論) 및 반중(泮中: 성균관)의 크고 작은 일을 기록하는 『재중일기(齋中日記)』를 만들어 수복방(守僕房)

에 보관하고 재임(齋任) 이외에는 열람을 허가하지 아니 하였다.[1]

따라서 여기서는 장의의 이모저모를 연구할 수 있는 선행연구물들이 거의 전무하고, 또 관련 문헌들이 결단코 풍부하지는 않으므로 『조선왕조실록』을 중심으로 해서 성균관 장의라는 지위에서 겪은 영예(榮譽)들을 먼저 탐색해 보고자 한다. 그리고 곧바로 후속 연구로서 장의라는 지위 때문에 겪게 된 수난들을 연이어 소개할 것이다.

2. 성균관 장의로서 누린 영예

조선시대 최고학부인 성균관에서 공부하는 유생들을 대표하는 장의라는 지위는 실상 전국의 향교나 서원을 비롯하여 서울의 4학 유생들까지도 대표하는 것이나 다름없는 것이었기에 매우 영광스러운 지위일 뿐만이 아니라 많은 명예와 특권 및 예우가 뒤따랐다고 할 수 있다.[2]

이제부터 성균관 장의로서 누린 영예들을 『조선왕조실록』을 중심으로 하여 그 구체적인 사례들을 살펴보고자 한다.

> 전교하였다. "성균관 장의의 근실(謹悉) 도장을 받지 않고 곧장 정원에 올리는 유생의 상소는 선조(先朝)의 수교(受敎)를 어기는 것이다. 정원은 성균관에 분부하여 이러한 사정을 유생들에게 알려주고 지방으로 내려 보내게 하라."[3]

위 인용문에서 보면 아직 벼슬을 하고 있지 않은 전국 모든 유생들의 상소는 반드시 성균관 장의의 근실이라는 수락 과정을 거쳐서 승정원(정원)에 올려야 한다는 것을 알 수 있다.

이는 성균관 장의가 성균관뿐만이 아니라 전국 모든 유생들을 대표하는 것

---

1) 『태학지』 권5, 장보(章甫) 재규(齋規)편, 434~6쪽 참조. 현재의 장의는 시임장의(時任掌議), 장의를 지낸 자는 증경장의(曾經掌議)라고 하였다. 그리고 재임(齋任)은 주로 장의를 지칭하였다.

2) 장의의 역할과 권한 및 예우에 관한 것은 저자가 「한국사상과 문화」 65집(2012. 12. 30)에서 처음으로 소개하였다.

3) 정조 15년 3월 8일 임오조.

이라고 볼 수 있어서, 성균관 장의가 큰 명예와 권한을 갖고 있다는 확실한 증거이다.

전 수찬 김한동(金翰東)이 상소하기를, "의리가 날로 어두워져 난역(亂逆)이 잇달아 일어납니다. 고금에 없었던 흉악한 역적인 유성한(柳星漢)과 윤구종(尹九宗) 같은 자가 계속 일어나 공공연히 못된 말을 하고 흉악한 심보를 멋대로 부렸으니, 이 어찌 신하로서 차마 말하고 들을 수 있는 것이겠습니까? 신이 시골집에 엎드려 있었으므로 뒤늦게 알고는 분개심을 이루 견딜 수 없었습니다. 진신(搢紳)들과 유생들이 서로 문경새재를 넘어와서 정성을 쏟아 울부짖으며 호소한 것이 임금에게 알려지기를 바랐습니다. 그런데 상소를 만들어 올리려고 하니, 성균관 장의가 여러 모로 핑계대고 미루어 삼가 살폈다는 것을 인정해주지 않았고 승정원은 성균관의 근실(謹悉)이 없다는 이유로 또 핑계를 대고 미루었으므로 여러 차례 왕복을 했으나 끝내 올리지 못했습니다. 이는 대개 영남의 진신 아무개가 나름대로 한 도의 사론에다 부쳐 유생으로 소두를 삼았기 때문입니다. 아, 임금이 욕을 당하면 신하는 죽어야 한다는 것은 병이지심(秉彝之心)을 지니고 있는 자는 모두가 같은 바인데, 신들의 이 상소는 도처에서 저지를 당하니, 금일 의리가 어둡고 막힘이 어쩌면 이토록 극도에 이르렀단 말입니까? 신이, 한 도의 많은 선비들이 방황하고 억울해하면서도 위에 아뢸 길이 없는 것을 목격하고 지극히 개탄스러워 감히 짧은 글을 올려 작은 정성을 드러내는 바입니다."하니, 비답하기를, "상소를 살펴보고 잘 알았다."하였다.[4)]

위 인용문에서도 지방유생들의 상소는 반드시 성균관 장의의 근실 즉 성균관 장의가 상소내용을 살펴보고 상소가 이대로 승정원에 이송되어도 좋다는 것을 뜻하는 성균관 장의가 쓴 '근실'의 두 글자가 있어야 한다는 것을 잘 알 수 있다.

하교하기를, "도유(道儒)로서 소장(疏章)을 올리는 자는 먼저 태학을 경유하도록 하되, 만일 곧바로 올리는 자가 있으면 일의 경중을 막론하고 그 글은 태학으로 보내고 이름을 기록한 사람은 10년을 한하여 정거하게 하라."하였다.[5)]

역시 위에서도 볼 수 있듯이 유생들의 상소는 반드시 태학을 경유해야 하고, 이를 어기고 곧바로 승정원에 올리는 자는 무려 10년 동안이나 과거응시를

4) 정조 16년 4월 27일 을미조.
5) 영조 49년 3월 12일 신축조.

정거시키라고 국왕이 명하는 것을 살펴볼 수 있다.

> 대사성 이시원(李始源)이 아뢰기를, "태학에 장의를 설치한 목적은 감독하고 거느리며 잘못을 시정케 함으로써 선비들의 기강을 바로잡으려는 데에 있습니다. 따라서 어떤 유벌이고 간에 장의가 발론하고 주장해야 마땅한데 근래 사풍(士風)이 무너진 탓으로 재유(齋儒)가 멋대로 장의에게 벌을 가하고 있습니다. 이것이야말로 옛날에 있지 않았던 잘못된 예이기에 사유(師儒)의 우두머리가 강력히 금하였는데도 듣지 않고 있으니 체모가 어긋나버렸을 뿐만 아니라 듣기에도 놀라운 점이 있습니다. 이러한 까닭에 장의라는 직책을 사람들 모두가 피하고 있는 실정인데 여러 차례나 번거로울 정도로 견책을 내리고 충고해도 병폐는 여전하기만 합니다. 지금 이후로 장의에게 잘못이 있을 때에는 대사성이 경중에 따라 벌을 논하게 하고 재유가 멋대로 벌을 가하는 습관을 엄히 단속해 금단하는 것으로 태학의 성전(成典)에 기재해야 하겠습니다."하니, 따랐다.[6]

위 내용에서는 성균관(태학) 장의는 유생들을 감독하고 통솔하며 잘못을 시정하고 유벌을 발론하는 것이 임무라고 성균관 대사성 이시원이 말하고 있다.

그런데 장의가 아닌 유생들이 멋대로 장의를 벌주고 함부로 하고 있어서 기강과 풍습이 잘못되었으니 엄히 금하고, 성균관 장의의 잘못은 대사성이 논하도록 해야 한다고 하며 『태학성전』 즉 『태학지』의 학칙에 기재토록 했다는 것이다.

이로써 성균관 장의가 일반유생들과는 매우 다른 특별한 위치에 있었다는 것을 살필 수가 있다.

> 승지 조홍진(趙弘鎭)이, 3도 유생들이 와서 소개를 올렸으나 받아들이지 못했다는 말로 아뢰자, 상이 내용을 물으니 아뢰기를, "소개에 '감히 선대 임금의 무함을 신변하고자 하는 염원을 진달하여, 사첩(史牒)의 잘못을 바로잡아 달라는 요청이 수용되기를 바라야 할 것입니다. 그리하여 선조(先朝)에 대해 대의를 밝히고 후인들의 의혹을 깨뜨리소서'했습니다." (중략) "시골유생은 이런 전고를 모르므로 그런 말을 할 수 있지만 태학장의는 서울유생으로서 신축 · 임인년[7] 당시 의리의 전말을 몰라 그

---

6) 정조 22년 9월 12일 임신조.

7) 1721~1722년에 세자책봉 때문에 일어난 옥사. 신축(辛丑) · 임인(壬寅)에 일어났으므로 신임사화, 임인옥이라고 함. 1720년 숙종이 죽고 소론지지를 받은 경종이 33세로 즉위했는데 후사가 없었다. 노론4대신인 김창집, 이건명, 이이명, 조태채가 경종의 동생인 연잉군(영조)을 세자로 책봉하자고 주장했다. 소론은 반대했지만 경종은 1721년 8월 대비김씨의 동의를 얻어냈다. 노론은 10월에 조성복의 상소로 세제청정(聽政)을 주장했다. 경종은 청정을 명했다가 소론반대에 부딪혀 환수했으며 번의를 거듭했다. 12월

상소에 근실 두자를 썼으니, 이런데도 태학의 집강반열에 끼워 둘 수 있겠는가? 몇 해 전에 대신(臺臣) 이사렴(李師濂)이 사첩의 일로 상소했을 때 당시 고(故) 중신 황경원(黃景源)이 문서내용을 잘 알아 이 일을 연석에서 자세히 아뢰었고 고 지신(知申) 유당(柳戇)도 그때 일을 아뢰었는데, 그 사실은 기주(記注)에 자세히 실려 있다. 이런 일이 있는 뒤로 위로 조정 관리부터 평민에 이르기까지 이 같은 의리를 누가 모르겠는가? 장의란 직책은 유생들을 내쫓고 받아들이는 권한을 갖고 있는데, 당연한 의리라면 사실 막으면서 근실 두자를 쓰지 않아서는 안 되지만 이 같은 사안에 대해서 어찌 철저히 살펴보고 삼가지 않을 수 있겠는가? 승지는 장의를 불러 이런 분부를 빠짐없이 일러주고 그로 하여금 상소유생들에게 즉시 알려주게 하라."하였다.[8)]

위의 내용에서 보면 성균관 장의가 성균관에 거재할 유생들을 받아들이고 내보내고 하는 특별한 권한이 있다는 것을 알 수 있는 것으로, 의리에 맞추어 '근실' 권한을 확실하게 사용하라는 지시를 정조 임금이 내리고 있다. 따라서 성균관 장의가 권한을 제대로 행사하지 못할 때에는 이처럼 국왕에게 견책을 받을 수도 있다는 것을 짐작할 수 있다.

성균관에서 아뢰기를, "지난해 12월에 태학에서 역적 조덕린(趙德隣)을 징토(懲討)하는 일로 장차 소장(疏章)을 올리려 하였는데, 마침 장의가 외방에 있었으므로, 그를 맞이해 오기 위해 노복과 말을 보냈었습니다. 그런데 통화문 밖에 이르렀을 때 한 궁노(宮奴)가 길을 가로질러 와서 말을 빼앗은 다음 한 자수(紫袖)를 태워 가버렸으니, 도로에서 이를 본 사람들이 놀라지 않은 자가 없었습니다. 기강이 있는 바에 지난 일이라 하여 버려둘 수가 없습니다. 청컨대, 유사(有司)로 하여금 실상을 조사해 엄중히 처분하게 하소서."하였는데, 추조(秋曹: 형조)로 하여금 용동궁(龍洞宮)의 궁노를 조사해, 찬배(竄配)[9)]하라고 명하였다.[10)]

지금까지와는 조금 다르지만 위의 내용을 살펴보면 성균관 장의의 근실이

에 김일경이 소를 올려 세제청정을 상소한 조성복과 이를 행하게 한 노론4대신을 유배 보냈다. 계속 소론강경파들이 노론숙청을 요구했는데, 1722년 3월 노론측이 세자시절의 경종을 시해하려 했다는 목호룡의 고변이 있자, 소론측은 이를 기화로 노론4대신을 사사하게 하고 수백 명의 노론을 제거했다. 경종이 즉위 4년 만에 죽고, 노론추대를 받았던 영조가 즉위하자 신임사화를 생각하고 노·소론을 다 등용하여 당쟁을 막으려 했다. 허나 진상규명과정에서 김일경과 목호룡을 처형하는 등 소론을 배척하고, 노론을 불러들이는 정미환국을 일으켰다.

8) 정조 24년 4월 26일 무신조.

9) 죄인이 지방이나 섬으로 보내져 일정한 기간 그 지역에서 감시를 받으며 생활하는 일.

10) 순조 3년 1월 11일 정축조.

필요해서 외방에 나가 있는 장의를 조속히 데려오기 위해 빨리 올 수 있도록 말을 보내고 있는 것을 알 수 있는데, 이를 방해한 자를 유배토록 국왕이 명하는 것을 보면 장의를 각별히 예우하고 있다는 증거로 내세울 수 있다.

또, 같은 순조 18년 9월 20일 을묘조의 내용에서도 지방유생들의 상소도 성균관 장의의 근실을 거치는 것이 정해져 있는 격식이고, 반드시 지켜져야 할 법식이기 때문에 연명한 인원이 비록 천 명이 넘는 특별한 경우라고 할지라도, 성균관 장의의 근실 없이 곧바로 승정원으로 넘어오는 것은 안 될 일이라고 승정원의 승지들이 주장하는 것을 살펴볼 수 있다.

결과는 비록 특별히 이번만은 받아들이라고 국왕이 허락하였지만, 이는 결국 무분별한 유학들의 상소를 막기 위해서 성균관 장의에게 근실의 권한을 부여했던 것이며, 또는 지방 유학 세력들에 대한 견제를 하는 하나의 방편이기도 했던 것으로 생각된다.

임금이 대사성 홍계희(洪啓禧)를 잉임(仍任: 유임)시키도록 명하였다. 이어서 재임(齋任)을 데리고 입시하도록 명하고, "어제의 처분은 다른 뜻이 있는 것이 아니라, 중요하게 여기는 바가 있어서였다. 지금 듣건대, 대사성이 관학(館學)에서 마음을 다했고, 8세에 소학을 익히는 법이 폐추(廢墜)된 지 이미 오래 되었지만 또 능히 이 책을 가르칠 수 있다고 하니, 진실로 기쁘다. 상소한 유생의 일은 벌이 그 아비에게 마치는 것은 지나치니, 이른바 토사호비(兎死狐悲)라고 한 것이 옳다. 이미 지나친 것을 알았으면 다시 다른 유생을 제기할 필요는 없다. 본 일이 아직 드러나지 않았다 하여 현관을 탐탁하게 여기지 않는 것은 이른바 장삼이사를 청금(靑衿)이라 하는 격이다. 또 역옥(逆獄)에 관계되지 않았는데 그 아비를 국문한다면 어찌 내 잘못이 아니겠는가? 내가 이덕제(李德濟)를 위해 인구(引咎: 책임짐)한 게 아니라, 현관을 위하고 많은 선비를 위한 것이었다. 내가 군사의 지위에 있으면서 이미 인구했는데 어찌 다시 제기할 수 있겠는가?" 장의 홍정유(洪鼎猷)가 말하기를, "상소한 유생을 방출한 것을 혐의하는 것은 아니나, 그 부형을 한번 형신(刑訊)한 뒤부터 유생의 무리가 혹 이후로 또 좋지 못한 일이 있어 부형에게 누를 끼치게 될까 두려워한 까닭에, 반궁에 살려 하지 않는 것입니다. 오늘 마치 일월이 바뀌듯 밝게 인구하신다면, 신이 마땅히 나가서 그것을 전하겠습니다. 그들이 굳게 지키는 것이 존주(尊周) 두 글자인데, 전하께서는 매번 무상부도(誣上不道)하다고 하니, 신은 일찍이 개연하게 여겼습니다. 그래서 이를 앙달(우러러 고함)합니다."하니, 임금이 "장의는 나가서 이를 말하라. 내가 이미 인구하였다. 너희들이 그 상소에 불참했다면 어찌 반드시 그 거취를 함께 하는가?" 하였다.[11]

11) 영조 23년 8월 6일 갑자조.

영조 23년 때 있었던 위의 내용을 살펴보면 영광스럽게도 성균관 장의가 성균관 총수인 대사성과 함께 국왕의 명에 따라 국왕을 알현하고 있고, 또 국왕이 자신이 내린 처분을 장의에게 소상히 설명하며 이해를 구하고 있는 것을 파악할 수 있다.

뿐만 아니라 성균관 장의는 국왕의 부족한 이해와 처사에 대해 적당히 간하며 불쾌하지 않게 잘 설득하고 있음도 살펴볼 수 있다.

이어 영조 24년 3월 18일 임인조에서는 성균관 대사성과 장의 및 색장을 불러 접견할 때 앞의 일, 즉 상소한 유생의 부형을 형신(=棍杖)한 일로 유생들이 성균관에 거재하지 않으려 한다는 내용을 진달하며 유생들의 사기진작 문제를 이야기할 때, 국왕은 그 일을 후회한다고 말하고 있으며 정거를 당한 성균관 유생을 풀어주라고 명하고 있다.

> 병조정랑 이성운(李聖運)이 상소했는데, (중략) 묵삭(墨削)시켰다는 조항에 이르러서는 변론할 것도 없습니다. 반궁의 묵삭법규는 오직 재임이 문을 닫고 혼자 시행하게 되어 있기 때문에 범유(凡儒)들은 간섭할 수 있는 게 아닙니다. 따라서 신이 재임을 역임하지 않았다는 것은 다 아는 일이니, 누구를 묵삭할 수 있겠습니까? 태학일기를 조사해 보면 간파할 수 있는 것이니, 신이 감히 말을 낭비하면서 떠들 게 없는 일입니다. 신이 통분히 여기는 것은 김일경(金一鏡)·목호룡이 어떤 악역(惡逆)인데 사람을 무함하려 하는 자들이 반드시 이런 실상이 없는 것으로 가리고는 애매모호하게 말을 하고 있으니, 이런 등의 기량(伎倆)은 성명(聖明)께서 마땅히 통촉하지 않는 바가 없을 것입니다."하니, 비답하기를, "그대가 아비를 위해 억울함을 송원하는 소장을 열람해 보았다. 사람들이 공교하게 참소하여 무함하는 것이 이와 같으니, 세도가 한심스럽다."하였다.[12]

역시 영조 24년 때의 일로 위 이야기에서는 상소 내용 중에서 문제를 일으킨 유생을 유적(儒籍-名簿)에서 그 이름을 묵삭 즉 먹으로 글씨를 지우는 일은 성균관 장의가 장의방에서 문을 닫고 단독으로 할 수 있는 장의의 특별한 권한이라는 것을 파악할 수 있다.[13]

물론 유적 즉 청금록(靑衿錄)에서 이름을 삭제하는 일이나 다시 회복시키는

---

12) 영조 24년 9월 30일 신사조.

13) 유적에서 이름이 삭제된다는 것은 엄청 불명예스러운 일로 과거응시나 출사의 기회가 완전 박탈되는 것이다. 인륜을 어겼다든지 도덕적인 문제와 부정한 일을 저질렀을 경우가 해당된다.

것도 마찬가지로 장의의 고유 권한이었음을 다음의 인용문 내용에서도 잘 알 수가 있다.

> 진사 이성술(李聖述)의 이름을 유적(儒籍)에서 삭제하였다. 당초에 태학장의가 유안(儒案) 가운데에서 역적 이진유(李眞儒)·윤성시(尹聖時) 등의 성명을 먹으로 삭제하였는데, 그 뒤에 이성술이라는 자가 장의가 되어 그 묵삭을 해면(解免)하였고, 또 4학의 유안에서 무신년의 역적 박필현(朴弼顯)·박사관(朴師寬)·임상극(林象極) 등도 묵삭하였는데 그 뒤에 다시 해묵(解墨)한 자가 있었으나 그것이 누구인지 몰랐다. 형조판서 이기진(李箕鎭)이 아뢴 바에 따라 지성균(知成均) 오원(吳瑗)에게 명해 살피게 했는데, 이성술의 이름만을 삭제하고 그 나머지는 문책하지 않았다. 을해년에 이르러 이성술은 역적으로 주벌(誅罰)되었다.[14]

의례 행사에서 또는 교시를 할 때 주로 그렇지만 다음 인용문 내용에서 보면, 국왕이 성균관에 행차하여 공자를 비롯한 선사(先師)들에게 제사 즉 석채(釋菜=略式 釋奠)를 지낸 후 성균관 장의를 불러 말하기를, 유생들의 풍습이 경박하니 고치도록 하고 원점은 과거도 과거지만 성묘 즉 공자를 모신 대성전을 지키도록 하는 것이며, 그것은 성균관 유생들의 당연한 도리라고 설명하고 있다.

여기서 원점 이야기는 아마도 성균관의 시설 불충분으로 인하여 동재와 서재의 기숙사에 거재를 잘 하지 않게 된 일에 대한 설명으로 생각된다. 또 장의에 대하여 '그대들'이라고 지칭을 한 것은 장의가 동재 장의와 서재 장의 두 명이기 때문이라는 것을 명백히 알 수 있다.

> 임금이 석채례를 행하고, 태학장의를 불러서 하유하기를, "내가 군사의 지위에 있으면서 이제 2백 년 동안의 성대한 전례(典禮)를 수거(修擧)했는데, 이는 겉치레가 아니다. 사습(士習)이 경박하다는 것은 그대들도 말한 바 있는데, 그것을 알기가 어려운 게 아니라 행하기가 어려운 것이다. 그대들이 경박한 습성을 제거할 수 있다면 다른 유생들도 본받을 것이다. 원점이 과거에 응시하게 하기 위해 설치한 것이라 하나, 내가 반드시 원점을 찍게 하는 것은 공리(功利)로 인도하려는 게 아니다. 성묘를 지키는 것은 선비로서 당연한 도리다. 선사가 여기에 있으니 그대들은 힘쓰도록 하라."하였다. 시사(試士)한 뒤 이창수(李昌壽) 등 4인을 뽑았다.[15] (하략)

---

14) 영조 16년 5월 26일 을축조.

15) 영조 16년 8월 9일 정미조.

역시 영광스럽게도 다음 인용문에서 보면 성균관 장의가 대신들과도 함께 국왕의 부름을 받아 하유(下諭)를 받고 있는데 이는 정책적으로 대단한 예우를 성균관 장의에게 해주고 있는 셈이다. 왜냐하면 벼슬아치도 아니고 아직 학생 신분이기 때문이다.

그리고 인용문 내용에서 볼 수 있듯이 유생들의 상소가 타당하면 성균관 유생을 대표하는 장의를 불러 그 청을 윤허하고 있다는 것도 살펴볼 수가 있다.

> (상략) 이날 임금이 대신 · 예관(禮官) · 태학장의를 소견하고 하유하기를, "전날 종향의 허락을 아낀 것은 그때가 아니면 할 수 없고, 공론이 아니면 할 수 없으며, 기회가 아니면 할 수 없기 때문이었다. 지난번 소를 올린 유생을 불러 보고서 비로소 대동(大同)의 논(論)임을 알았는데, 이것이 그때이고 이것이 공론이며 이것이 기회이니, 내가 특별히 그 청을 윤허한다."하였다. 이에 국시가 비로소 크게 정해졌고 사림(士林)이 더욱더 빛나게 되었다.[16)]

다음에서 보면 성균관 유생들을 대표해서 장의가 국왕에게 올리는 전문을 예를 갖춘 후 다른 신하들의 경우와는 다르게 국왕 앞에서 직접 무릎을 꿇고 앉아서 읽는다는 것을 알 수 있다.

> 임금이 환궁하여 숭정전에 나아갔다. (중략) 왕세손 이하 백관이 4배하고 머리를 조아리면서 3번 산호(山呼: 만세 부르는 일)하였다. 왕세손 이하 백관이 또 4배하였다. 채홍리(蔡弘履)가 왕세손의 전문을 읽고, 인의가 백관의 전문을 읽었으며, 태학의 장의 등이 전문(箋文)[17)]을 올리어 꿇어앉아서 읽기를 마치고 또 중궁전의 존호를 올렸다.[18)]

위에서와 같이 다음 인용문의 경우에서도 거의 같다는 것을 알 수 있다. 즉 성균관 유생들의 전문을 누가 대신 읽어주는 것이 아니라 어좌 앞에서 성균관 장의가 직접 읽는다는 것이다.

이는 아마도 성균관 장의가 전국적인 유생들을 대표하기는 하나 아직 벼슬

---

16) 영조 32년 2월 1일 기해조.

17) 신하가 임금에게 올리는 사륙체의 글을 이르던 말. 중국 한(漢)나라 때부터 기념일에 맞추어 축하하는 목적으로 썼으며 고려시대 이후부터 썼다.

18) 영조 48년 11월 18일 기유조.

이 없는 신분이었기 때문일 것이다.

임금이 숭정전에 나아가 백관의 하례를 받았다. (중략) 왕세손이 전내에 들어가 서쪽을 향하여 앉고 백관이 꿇어앉으니, 선전관이 백관의 전문을 읽었다. 백관이 부복 흥 사배하니 태학장의가 어좌 앞에 나아가 진전문(進箋文)을 읽었다. 하교하기를, "요(堯)가 강구(康衢)에서 노닐었던 것은 정령(政令)을 알고자 한 것이나, 지금 나는 근 50년을 왕위에 있었으니, 순문(詢問: 물음)할 것이 무엇 있겠느냐? 가만히 있어도 절로 안다. 임금은 편하고 백성은 고달픈데, 이러고도 계술한다 하고 전상에 앉아 하례를 받으니, 역시 부끄러운 일이다."하였다.[19]

정조는 다음 인용문에서 살펴보는 바와 같이 성균관에 관심을 많이 가지고 성균관 장의나 성균관 유생들과 상당히 친밀하게 지냈던 것으로 생각된다.

성균관 유생들에게 허물이 좀 있다 할지라도 너그럽게 받아들이며, 잦은 상소행위에 대해서 노여워하기보다는 성균관 장의를 불러 타이르며 가급적 성균관 유생들의 사기진작을 위해 우대하려고 애쓰는 모습이 정조의 말 속에서 역력히 나타나고 있기 때문이다.

경모궁[20]에 전배하였다. 대가(大駕)가 성균관 다리에 이르자 여러 생도들이 경건하게 맞이하였다. 장의에게 전교하기를, "근년 이래로 너희들이 삼사의 일을 대신 행하여 걸핏하면 상소를 하고는 하니, 식자들의 비방을 면할 수 있겠는가. 지금 너희들을 보고 이렇게 효유하는 것은 바로 성균관을 우대하는 뜻에서 나온 것이다."하였다.[21]

말하자면 정조가 대가(수레)를 타고 창덕궁 안의 경모궁(景慕宮)에 전배(展拜)한 후, 성균관을 방문하기 위해 성균관 다리 즉 반수교(泮水橋)에 이르렀을 때, 성균관 유생들이 단체로 나와 지영(祗迎) 즉 경건히 영접하는 것을 흐뭇하게 맞이하였다.

---

19) 영조 49년 1월 10일 경자조.

20) 영조의 제 2 왕자인 사도세자와 세자비 헌경왕후(獻敬王后) 사당. 창덕궁 안에 있었으며 경모전(景慕殿)으로 부름. 1764년 봄에 순화방에 처음 세웠는데 그해 여름 숭교방으로 옮겨 수은묘(垂恩廟)라 했다. 1776년 정조가 즉위하면서 도감을 설치하고 개축해 그해 8월에 완공, 경모궁이라 하고 정조가 직접 현판을 썼다. 1817년 대대적인 수리가 있었으며 1839년 화재로 소실되었다.

21) 정조 16년 4월 9일 정축조.

그러면서 유생들을 통솔하고 지휘하는 성균관 장의에게 전교(傳敎) 즉 스승의 가르침을 받아 전하기를, 삼사(사헌부, 사간원, 홍문관)나 다름없이 상소를 수시로 유생들이 해대니 알 만한 사람들에게 비방을 받지 않겠느냐 하면서 특별히 효유(曉諭) 즉 잘 알아듣도록 부드럽게 타이르는 이유는 성균관을 각별히 생각하고 우대하는 뜻이라는 것을 좀 알아달라는 것이다.

지금까지 위에서 살펴본 바와 같이, 성균관 유생들뿐만이 아니라 한양의 4학 유생들 그리고 전국 각지의 유생들을 대표하는 성균관 장의라는 직함은 실로 매우 영광스러운 위치였다.

아직 벼슬하지 않은 전국 유생들의 상소는 모두 성균관 장의의 근실을 받아서 승정원에 올려 보내야 했으며, 장의가 성균관 유생들을 감독하고 통솔하고 잘못된 것들을 시정해야 하는 일들을 처리해야 했다.

그래서 자치적으로 유생들을 벌주는 유벌은 장의가 먼저 발론을 시작해야 했으며, 유생들의 이름을 유적에서 삭적하는 일이나 복적하는 일도 전권을 가지고 담당하였고, 새로운 거재유생을 받아들이고 또 역으로 내보내고 하는 일에 있어서도 장의가 그 책임을 가지고 있었다.

성균관 장의는 성균관뿐만이 아니라 전국 유생들을 대표하여 국왕을 자주 접견하였고, 국왕에게 올리는 전문과 가요도 전적으로 책임을 졌으며 국왕 앞에서 낭독하는 일까지도 도맡아 하였다.

이밖에도 특이하게도 성균관 장의는 벼슬이 없는데도 불구하고 성균관을 출입할 때는 벽제(辟除)행위를 할 수 있는 특권도 있었다. 뿐만 아니라 성균관 장의는 각종 의례의 진행과 안내, 즉 석전이나 석채례와 같은 종류의 제례 행사 시, 그리고 국왕이나 왕세자들의 문묘 대성전 알성 행사나 대사례 행사 때에도 큰 책임을 맡았다.

게다가 중국 사신들의 영접이나 배웅, 교관과 유생들 상호간의 상읍례, 식당 출입 시 질서의 유지, 국왕의 궁궐 밖 행차 시 지영이나 지송을 하기 위한 성균관 유생들과 4학 유생들의 전체적인 인솔과 통솔도 오로지 성균관 장의의 몫이었다.

따라서 성균관 장의의 영예는 국가가 인정하고 각별히 예우하는 것으로서 성균관을 책임진 정3품 대사성 못지않은 특별한 것이었다고 해야 할 것이다.

3. 재회와 선출

학교가 있으면 학생과 학생문화가 있고, 학생들이 있으면 학생들의 대표자가 있고 그와 관련된 문화가 있기 마련이다. 대표자가 있으면 대표자를 뽑기 위해 후보추천이나 선출방식이 있을 것이고 선출된 대표자가 갖게 되는 각종 역할과 권한들이 있을 것이며, 따라서 이를 둘러싼 갈등과 여러 가지 사건들이 발생하기 마련이다. 이는 전통시대에도 그대로 적용된다. 조선시대의 서당에는 훈장을 대신하는 접장(接長)이 있었고, 향교나 성균관에는 유생들을 대표하는 장의(掌議)가 있었다.

다시 말해서 조선시대 성균관 내에는 유생들의 자치기구인 재회(齋會)또는 유회(儒會)라는 학생회가 있었으며, 이 재회를 통해 선출된 장의라고 하는 전체 유생들을 대표하는 학생회장이 있었다. 특이한 것은 주로 생원들이 거재(居齋)하는 동쪽 기숙사, 즉 동재를 대표하는 장의 1인과 진사들이 거재하는 서쪽 기숙사, 즉 서재를 대표하는 장의 1인 등 2명이 있었다는 점이다.

물론 장의가 언제나 2명씩 있었던 것은 아니다. 그리고 동재에는 주로 생원들이 거재하므로 동재의 장의가 진사들이 주로 거재하는 서재의 장의보다는 형식적인 서열상 조금은 앞 서열이었다고 할 수 있다. 장의를 동재와 서재에 각각 1명씩 둔 이유는 1인체제의 독단적인 운영을 막고 가급적 합의제 중심으로 재회라는 학생자치활동을 운영해 나가기 위해서였다.

그러므로 여기에서는 장의를 연구할 수 있는 선행연구물들이 거의 전무하고 또 관련된 문헌들이 결코 풍부하지는 않으므로, 『태학지』, 『반중잡영』, 『조선왕조실록』등을 중심으로 해서 성균관 장의가 어떤 식으로 선출이 되고, 또 어떠한 권한을 가지고 무슨 역할을 주로 하였는지를 탐색하고자 한다.

신임 장의는 현임 장의에 의해 천거되는데, 즉 그가 적당한 사람을 추천하여 일찍이 장의를 지낸 전임자들에게 물으면 경력자가 모두 '근실(謹悉)' 2자를 적는다. 그런 후에 천거하는 책에 적어서 뒷날 후보 추천의 바탕으로 삼는 것이다. 만약 한 사람이라도 '근실'을 적지 않는 사람이 있으면 천거를 그르치게 되니, 그 법이 진실로 엄격하였다. 그리고 형식적이기는 하였지만, 3명의 후보를 만들어 주로 1순위자에 대해 유생들의 찬성 권점(圈點)을 받고, 이어 대사성의 최종 인준을 받았다.

위와 같은 옛 법규에 의해 답습해왔지만 영조 때에는 당파문제 때문에 어명을 내려 서울의 유생을 추천하지 말고, 시골의 유생 중에 4대조까지 현달한 관리가 없는 자를 추천하여 그를 장의로 삼았다. 정조 때에 비로소 옛 제도를 회복하고 당파문제 때문에 형평을 맞추기 위해 동재의 장의는 소론이 되고 서재의 장의는 노론이 되었다.

또 새로 과거(司馬試)에 합격한 자 중에서 문벌 있는 자로 각 1인씩 동·서재의 하색장을 삼고, 또 이전에 합격한 자로서 각 1인씩 동·서재의 상색장을 삼게 되니, 동·서재의 장의와 색장(色掌)을 합하여 모두 6인이 재회의 임원이 되었다. 동·서재에 모두 장의방이 각기 있는데, 첫 번째(약방을 제외하고) 방이었으며 장의가 성균관에 들어오면 머물고, 다른 유생들은 감히 들어가 거처하지 못하였다. 그리고 총무격인 색장은 식당의 검찰(檢察)도 관장하였던 것으로 파악된다.[22]

장의가 만약 자신을 대신할 자를 천거하지 못하면, 반수(班首)[23]가 동재 오른쪽의 첫 번째 방의 마루에서, 재회(齋會)를 열어 장의를 뽑는데 이것을 특별히 '동일방공사(東一房公事)'[24]라고 말하였다. 이는 반드시 일찍이 장의를 지낸 사람을 삼망(三望)[25]으로 추천하여, '위(爲－삼을 위)'라는 글자를 받은 뒤에,

---

22) 尹愭의 『泮中雜詠』: 「東西齋各有掌議 擇門地出衆者爲之 又以新榜中有門閥者爲東西下色掌各一人 又以其前榜爲東西上色掌各一人 東西掌色合六人 東西齋皆有掌議房 掌議入泮則居之 (하략)」.「齋任薦法時 任人發簡通于會經 掌議受謹悉滿三人 始爲完薦」.「掌議之薦 諸生之點 皆是循私 故每當館薦之時請囑紛紛銓家 亦點不採施 當宁朝 遂不復爲館薦而此是 古規故 聊謾及之」.「英宗朝命勿施京薦 以鄕儒中 四祖無顯官者 爲之矣」.「當宁朝始復古制 而東齋掌議少論爲之 四齋掌議老論爲之 無他色矣」.「(상략) 齋直唱曹司 則坐中最少年 上坐此席」.「旣定色掌守僕更稟堂長幾人 則掌議定其數 或一或 三或五或七 盖視參會者之多寡也 (하략)」.

23) 대개 최고령자를 말함.

24) 동일방은 동재 첫 번째 방이라는 뜻으로 장의가 거처하는 방이었으며, 공사는 공적인 일이라는 뜻으로 재회를 말하는 것이었다.

그 사람이 곧 들어와 재회를 열고 스스로 교체한 뒤에, 교체한 사람이 주관하여 회의를 진행할 수 있었다. 대개 장의는 반드시 장의의 천거에서 나오기 때문에, 비록 일찍이 장의를 지낸 사람이라고 하더라도 또한 이처럼 하였다.[26]

장의가 재회를 열면 언제나 수복(守僕)을 시켜 유생들에게 나아가 말하여, 서재의 대청 위로 빨리 모이도록 한다. 유생들이 다 모이고 나면 나이순으로 서쪽을 향하여, 북쪽을 상석으로 해서 무릎을 꿇고 앉는다. 수복이 이 때 장의를 모시고 인도하여 온다. 재직(齋直)이 벼룻집을 받들고 앞에서 인도하는데, 수복이 먼저 일어나라고 소리치면 모두가 일어선다. 장의가 위쪽에서 마주서서 동쪽으로 향하여 유생들과 서로 읍하고 자리에 나아간다. 장의가 말을 하면 수복이 반드시 먼저 색장에게 아뢰고, 색장은 동의한다는 표시로 소매(袂)를 쳐든다. 다음으로 당장(堂長)[27]에게 아뢰면, 당장 또한 같은 행동을 한다. 그런 뒤에 유생들에게 포고한다. 당장은 장의가 모인 수에 따라 1~7명을 선정하고, 이에 상응하게 조사(曹司)[28]도 정한다. 안건에 대해 연소자로부터 차례대로 찬성하면 거수로 정한다.[29]

재회를 열어 특별한 안건을 처리하고자 할 때, 즉 유벌(儒罰)이 필요할 때에 재임(장의를 말함)이 말을 꺼내어 사람을 벌주고자 하면 수복이 자리에 앉은 사람에게 알린다. 이 때 조사가 붓을 잡는다. 수복이 앞에다 벌지(罰紙)를 펼치고 벼루에 먹을 간다. 장의가 죄명을 외치면 크게는 영삭부황(永削付黃), 다음은 영삭(永削), 혹은 영손(永損)이다. 그 죄악의 얕고 깊음에 따라서 고하를 정하는 것이다. 벌을 줄 명목은 8자로 만든다. 기록한 후에 색장과 장의가 모두 그 아래에 서명한다. 담당자는 색장이다. 이에 수복이 서쪽 첫째 방의 외벽 위에 붙

---

25) 3인의 후보를 말함.

26) 원저자 윤기, 역주 자 이민홍, 『조선조 성균관의 교원과 태학생의 생활상』, 성균관대학교 출판부, 1999, 224~225쪽.

27) 고령자로서 임시의장직을 말함.

28) 연소자로서 서기직을 말함.

29) 『泮中雜詠』: 「齋直聲止後 日次負木繞行 各其齋前高聲催參公事 而鋪席於西齋廳上 稍久然後 諸生始次次會集終 不肯一齊 而來此 亦可見士習之不古」, 「諸生旣來 以年齒跪坐西向北上 守僕乃延掌議而來 齋直擎硯匣前導 守僕先呼起坐 諸生皆起立 掌議對立於上頭東向 與諸生相揖就坐」. 「(상략) 齋直唱曹司 則坐中最少年 上坐此席」. 「旣定色掌守僕更稟堂長幾人 則掌議定其數 或一或三或五或七 盖視參會者之多寡也 (하략)」.

이니 신구(新舊)의 벌지가 무수하게 된다. 크게 꾸짖을 때는 북을 울리는데 식고(食鼓)를 떼어 와서 재직들이 돌아가며 치고, 또 그 성명을 불러 소리가 진동하게 되니 그 욕됨이 이 보다 더 심함이 없게 된다. 작은 일이면 단지 “재실에서 쫓아낸다.”고 말을 퍼뜨리니 수복이 그 곡절을 적어 대사성과 재임에게 알린다. 해벌(解罰) 즉 벌을 풀어주려면 벽 위의 벌지(罰紙)를 떼어 와서 조사에게 효주(爻周－가위표)를 하라고 하였다. 출재(黜齋)와 영출재(永黜齋)의 경우에는 애초에 글은 없이 단지 말로 전하여 퍼뜨렸기 때문에, 들어오라 권할 때에도 역시 말로 한다. 재실에 거처하는 유생이 재회에 참석하지 않으면, 혹 도기(到記)[30]를 참고하여 내쫓는 벌을 시행한다.

유생들 가운데 발의하고자 하면, 식당에 모여 앉았을 때에 수복을 불러 두 반수(班首)에게 말을 전하고, 반수들이 모두 그것을 옳다고 하면 ‘정당(停當)’이라고 부른다. 수복은 이것을 유생들에게 두루 전한다. 하재생[31]에게 허물이 있는 경우, 작으면 며칠간 식사를 덜고 크면 재에서 쫓아낸다. 밥을 덜게 된 자는 식당에 참석할 수 없었으나, 기한이 다하면 오히려 예전으로 돌아갈 수 있었다. 재에서 쫓겨나면 다른 사람으로 교체하니, 모두가 이것을 불쌍하게 여겼다.[32]

30) 하루 2회 식사를 했는지 원점을 기록한 식당 출석부.

31) 동재와 서재 기숙사에서 명륜당 가까운 쪽에 생원과 진사들이 각각 고참순으로 거재하는데 이들을 상재생이라 하고, 끝으로 갈수록 아직 생원이나 진사가 아닌 사학승보생들이 거재하는데 이들을 하재생이라고 하였다.

32) 『泮中雜詠』: 「齋任每出言欲罰人 則守僕布之座上 雖非公論 皆默無一言 眞可憐也已 罰人之時 曹司執筆 守僕展罰紙於前 磨墨於硯 掌議呼罰名 大則永削付黃 次則永削 或永損 隨其所惡之淺深以爲高下罰目 以八字爲之 旣書之後 色掌及掌議 皆押署於其下 有司者 色掌也 於是守僕付之於西一房外壁上新舊罰紙 盖無數也 (중략) 諸生欲發論 則食堂會坐時 召守僕 送言于兩班首 兩班首皆可之 則謂之停當守僕仍遍傳于諸生 下齋生有過則小而幾日食損 大而黜齋 食損者 不得參食堂 限滿則猶可復故 黜齋則以他人出代 仍不得居齋 是可憐也」. 이상 재회와 선출 및 유벌 부분은 졸저 『조선조 성균관 교육과 유생문화』, 아세아문화사, 2000, 231~236쪽에 실려 있는 것을 부분적으로 재구성하고 수정한 것임.

4. 역할과 권한

1) 통일과 의례진행

성균관 장의가 하는 일은 재회를 주관하는 일 말고도 매우 다양하였다. 즉 왕과 왕세자의 문묘참배 시에 안내하며 통알(通謁)[33]하는 일, 석전이나 석채 시에 주요 임무를 수행할 대표 유생들을 차출하는 일, 대사례를 거행할 때에도 역시 안내하는 일, 또는 국왕의 원거리 행차에 성균관과 4학 유생들을 인솔하고 지영과 지송하는 일, 사신들을 영접하기 위해 영은문 앞에서 의례를 연습할 때나 실제로 사신들이 성균관을 방문할 때에 영접하는 일, 국왕의 성균관에 대한 하사품이 있을 때 감사하다는 답례로 전문(箋文)을 올리는 일, 평상시에도 국왕을 찬양하는 가요를 올리는 일, 모범생을 천거하는 일[34] 등등 매우 많았다.

다음의 경우를 보면, 장의가 석전이나 석채 시에 또는 알성 때 주요 임무를 수행할 담당 유생들을 차출하는 일도 권한으로 부여 있음을 알 수 있다.

> 석채(釋菜)[35] 20일 전에 재임(齋任)이 반궁(泮宮)[36]에 들어가 상하의 색장으로써 차출할 별색장(別色掌)의 이름을 게시하여 기일 4일 전에 들어가 청재(淸齋)[37]하게 하고, 다음 날 **양재임(兩齋任)과 색장이 서로 상의하여 선비로서의 명망이 있는 사람을 차출**, 봉향(奉享)하고 고유(告由)하게 하며, 이환(移還) 안제(安祭) 때는 기일 3일 전에 입재(入齋)하게 하였다.[38]
>
> 알성의 날을 가린 뒤 **재임이 별색장을 차출**하여 동삼문 밖에 청(廳)을 설치하되, 석채의 의식과 같이 하였다.[39]

또 다음의 경우를 보면 왕이나 왕세자들의 행차시에 장의가 유생들을 이끌

33) 통알은 공자 즉 대성전의 성현들을 참배할 때에 각종 순서들을 진행하는 일종의 사회자 역할을 말한다.
34) 장의의 천거가 사사로움에 얽매이기 때문에 청탁이 분분하여 정조 때 폐지하였다(『泮中雜詠』: 掌議之薦諸生之點 皆是循私 故每當館薦之時 請囑紛紛 銓家亦漸不採施 當宁朝遂不復爲館薦 而此是古規 故聊謾及之).
35) 석전보다 약식제례임.
36) 성균관의 별칭임.
37) 마음을 깨끗하게 하여 정진하는 것.
38) 『국역 태학지』 하, 5 雜式편, 829~830쪽.
39) 『국역 태학지』 하, 830쪽.

고 지영이나 지송에 대한 책임 있는 역할을 수행하고 있음을 알 수 있다.

> 대가(大駕)와 왕세자가 궁을 나갈 때 **태학의 재임이 제생(諸生)을 인솔하고 지영(祇迎)**하기를 의례와 같이 하였고, **환궁할 때에도 마찬가지로 지영**하였다.[40] 무릇 교외에서 대가가 움직일 때는 관학유생이 반열을 지어 성 밖에서 지영하고, 성내에서 대가가 움직일 때는 만일 관현(館峴)을 경유할 경우 대사성이 유생을 인솔하고 지영하였다. 당저 갑진년에 경모궁에 행하여 길이 관현을 경유하였으나 비가 그치지 아니하니 유생에게 명하여 명륜당 뜰에서 지영하도록 하였다.[41]

다음의 경우를 살펴보면 장의와 가까운 친구라고 할지라도 함부로 묻거나 말하거나 가벼운 태도를 취하면 안 된다는 것을 잘 알 수 있다.

> 재임이 반궁에 들어갈 때는 제생이 비록 서로 친할지라도 감히 시켜서 묻지 아니 하였다.[42]

또 다음 사례를 보면 장의 없이 대강 상읍례를 행하지 않았다는 것을 알 수가 있다.

> 신방(新榜) 생원과 진사가 알성한 하루 뒤에 대상읍례를 행하였다. 상읍례를 행하지 않은 자가 식당에 참여하는 것을 허락하지 않았으며, 장의가 반궁에 들어갈 때가 아니면 또한 상읍례를 행하지 아니 하였다.[43]

성균관에 국왕이 거둥하여 알성할 때나 대사례 의식을 행할 때에도, 일반 유생들의 알성 때에도 장의가 유생들을 대표하여 여러 가지 일들을 주관하며 수행한다는 것을 파악할 수 있다.

---

40) 『국역 태학지』 下, 831쪽. 성균관 유생들의 지영은 동쪽으로는 관왕묘 부근이고 서쪽으로는 모화관의 혁교 부근이다(『泮中雜詠』: 泮儒祇迎 東則於關王廟傍 西則於慕華館革橋傍 作班於路邊 掌議押班 待天樂漸近 玉輦繞過 一齊鞠躬 今之鞠躬 乃伏地也).

41) 『국역 태학지』 下, 831쪽.

42) 『국역 태학지』 下, 831쪽.

43) 『국역 태학지』 下, 832쪽.

성균관에서 대사례를 거행했다. 행사가 끝난 후 영조는 수고한 유생들을 대상으로 알성시를 시행했다. 당시 성균관 장의였던 홍봉한은 사도세자의 성균관 참배 및 영조의 대사례에서 학생들을 대표해 많은 수고를 했다.[44]

(상략) 성균관에 들어가서 선비가 된 인사를 하려고 할 때도 큰 말썽이 붙었다. 공이 생원으로 성균관에 나아가 문묘에 들어가 공자의 위패를 뵈려고 하자 **장의 민복(閔福)등은 공이 사문(沙門)이라 하여 알성을 불허함**으로 (중략) 서유망의 본관은 달성으로 약봉 서성의 후손이었다. 영조대에 진사로 문과에 올라 성균관 대사성까지 올랐다. 한때 성균관 장의를 지냈으니, 관례상 임금이 문묘에 참배할 적에 **성균관에서 치르는 여러 의례 절차를 장의가 주관**하게 마련이었다.[45] (하략)

영조 48년 11월 18일 기유조에는 국왕이 환궁하여 숭정전(崇政殿)에 나가 반사문(頒賜文)을 내리었는데, 성균관 장의 등이 전문을 올리고 또 그것을 직접 읽었으며 아울러 중궁전의 존호까지 올렸다는 다음의 기록을 살펴볼 수가 있다.

임금이 환궁하여 숭정전에 나아갔다. (중략) 채홍리(蔡弘履)가 왕세손의 전문(箋文)을 읽고, 인의가 백관의 전문을 읽었으며, **태학의 장의 등이 전문을 올리어** 꿇어앉아서 읽기를 마치고 또 중궁전(中宮殿)의 존호를 올렸다.

가요에 대한 기록은 꽤 많이 나오는 편인데, 세종 6년 6월 14일 정사조에서도 '태종의 신주를 부묘하는 의주에 관한 예조의 계(세종 135 오례 흉례의식 부묘의)'에서 가요를 올린다는 다음의 기록이 있다. 여기서는 성균관 유생들과 숭교방 기생들의 자리 잡는 위치와 방향까지 상세하게 기록한 것이 주목할 만한 일이다. 이는 지금도 국가원수가 카퍼레이드를 펼칠 때 아니면 출국이나 입국 시에 그 행사장에 동원된 사람들이 위치해야 할 자리나 행동 방법들이 미리 정해져 있는 것과 같다고 할 것이다.

(상략) 전의(典儀)가 '전문을 올리라'고 창하면, 집사관이 여러 도의 전문안을 들고 동문으로 들어오는데, 판통례가 주렴 앞까지 인도해 와서 안(案)에다 놓는다. (중략) 환궁할 때에 의금부와 군기감에서는 나례와 잡희를 종묘의 동구에서 벌이고, **성균관 생도들은 종루(鐘樓) 서가(西街)에서 가요를 아뢰며,** 교방(敎坊)에서는 혜정교(惠政橋)[46] 동쪽에서 가요를 아뢰고, 이어 정재(呈才)하며, 또 경복궁

44) 신명호, 『조선왕비실록』, 역사의 아침, 2007, 273쪽.
45) 이준구, 『조선의 선비 이황』, 스타북스, 2006, 160쪽.

문밖 좌우에는 산대를 맺는다. 전하가 환궁한 뒤에 하례를 의식대로 받고 나서, 이어 교서와 유지(宥旨)를 내리고, 향관과 여러 집사에게 잔치를 하사한다."고 하였다.

세종 6년 7월 12일 을유조에서도 광효전에서 제사를 지내고 종묘에서 추향대제를 행하고 환궁하였을 때, 성균관 유생들과 숭교방 무리들이 함께 가곡과 노래를 올렸다는 기록이 나온다. 그런데 세종 15년 4월 23일 병오조에 보면, 국왕이 환궁할 때 성균관에서 지어 바치는 가요는 '가요청'이라는 기관이 따로 있어서 그곳의 도움을 받아 가요를 바치는 취지의 글과 함께 시(가사)를 바쳤다는 것을 알 수 있으며, 어진 성품 때문인지 비가 오면 하지 말라는 하명까지 내리는 것을 볼 수 있다.

친히 헌릉에 제사를 지냈는데 수행한 신료들도 의식대로 배제(陪祭)하였다. 도성에 머무르고 있는 문무 여러 신하들이 홍인문 밖에 나와서 맞이하였는데 조복을 입지 말게 하였다. 문과 다리와 거리에 모두 채붕을 맺었다. 임금이 주차소(晝次所)에 이르러 먼저 지신사 안숭선을 보내어 이르기를, "도로가 협착하니 여러 신하들이 시립하지 말고, 또 오늘은 구름이 많이 끼었으니 만약 비가 내리면, 문과 다리와 거리의 채붕 및 유생과 교방의 가요를 모두 없애라."하였다. 숭선이 명을 받들고 유생과 교방의 가요청에 이르러 그 절차를 익혔다. 임금이 대여(大輿)를 바꾸어 타고 큰 의장(儀仗)을 갖추어 홍인문으로 들어가니, **성균관과 오부의 학생 7백 25명이 가요를 올렸다.**

또 그 취지와 가사의 대강을 위의 인용문에 이은 다음의 기록을 통해 잘 알 수가 있다. 이를 살펴보면, 사용되는 다음의 영조 대왕 행장(行狀) ②에도 음식을 하사한 일 등에 대한 사례로 전문을 올렸다는 기록이 나타나고 있다.

윤5월에 왕께서, 친히 성묘를 높이고 사습을 바르게 하고 성실을 힘쓴다[尊聖廟 正士習 務誠實]는 아홉 자를 쓰고 다시 윤음(綸音) 30줄을 만들어 근신(近臣)에게 명하여 태학의 유생들에게 선유(宣諭)하고 또 선찬(宣饌)하게 하시니, 이튿날 **태학의 유생들이 전문을 올려 사례하였다.** 드디어 명하여 대사성을 구임(久任)시켜 성효(成效)를 책임지우셨다.

46) 중부 서린방 북쪽에 있음.

그리고 정조 7년 11월 11일 무술조에도 국왕이 날씨가 추운 것을 들어 사관(史官)을 보내 반궁의 유생들을 노문(勞問)하고, 또한 어제(御製)한 책문(策問) 1도(道)를 내리어 응제하도록 하고, 친히 재차(第次)를 고사(考査)하여 서적과 종이·먹을 내리니, 유생들이 전문을 올리어 사은하였다고 기록하고 있다.[47]

2) 유소

유소(儒疏)에 의해 상소행위가 시작되면, 모든 사환이 아방사령(兒房使令)의 명을 받아 먼저 나가서 도로를 청소하고, 하인들은 또 길가 주민들을 시켜서 먼지가 나지 않도록 물을 뿌리게 하였다. 이어 반노(泮奴)[48]들을 앞세우고 소두(疏頭)가 소함(疏函)을 따라 위엄과 권위를 내세우기 위해 길 가운데로 가며, 장의와 소임(疏任)들이 그 뒤를 따르고, 유생들은 뒤에서 반열대로 줄지어 따라가되 모자와 복장을 모두 갖추었다. 한편, 이때 사학(四學) 유생들도 생원·진사의 뒤에 서서 장색(掌色: 장의 · 색장)을 앞세우고 학예(學隷)들로 하여금 청금록(青衿錄)[49]을 지고 가게 하였다.

유소행위가 있게 되면 주변상가들은 모두 문을 닫게 되었는데, 그 이유는 재직과 반노들이 상전들의 권세를 믿고 무리를 지어 물건을 약탈하고 각목으로 헤집으며 어지럽히기 때문이었다. 유생들은 궐문 밖에 도착하여 상소하게 되는데, 비록 지체가 높은 대신이라고 하더라도 그 앞을 말을 타고 그냥 지나가거나 예에 어긋나는 일을 해서는 안 되었다. 이 유소는 비답(批答)[50]이 내려올 때까지 이동식당을 개설하고, 거기서 원점(圓點)을 얻기 위한 도기(출석부 날인)를 받을 수도 있었다.[51]

---

47) 『태학지』 권7 희름조에 보면, 정조 8년 1월에 진찬을 내린데 대한 전문을 올려 사은하였다고 기록하고 있다.

48) 성균관 노비를 말함.

49) 유생 명부를 말함.

50) 왕의 하답을 말함.

51) 『泮中雜詠』: 「凡百使喚一委兒房使令 將發先使清路 該部下人督路傍居民 酒掃塵穢號令風生無敢後者」. 「疏行既發泮人前行 爲侍陪分兩邊極目聯 亘於是疏頭隨疏函遵中路 而行掌議及疏任次之 諸生在後分東西緩步 使連屬不絶皆具巾服」. 「四學儒生又在生進後掌色作頭 而行使學隷負四櫃 擺列在前蓋青衿錄櫃

이는 조선시대에 왕권과 조정을 견제하는 언로가 열려 시위가 합법적으로 보장되었다는 것으로서, 동시대적으로 비교해 볼 때 그 어느 선진 민주국가에서도 결코 찾아볼 수 없는 매우 선구적인 참여민주주의의 실천사례라고 생각된다. 반면에 역대 국왕들이 여론을 수렴하기 위해 매우 역동적인 청·장년층에 속하는 성균관 유생들의 건설적인 비판에 귀를 기울이려고 했던 것으로도 분석된다.

3) 통문

유생들이 연명으로 상소할 일이 생기면 대개 우선 윗분들에게 소의(疏意)를 전달하여 허락을 구하고, 공론화를 위해 각기 글을 짓고 지은 글을 여러 장 베껴 쓸 수 있는 역할을 담당하는 제통(製通)과 사통(寫通)을 임명하여 통문(通文)을 작성하였다. 소사(疏事)를 발의하게 된 사정 및 동조를 촉구하는 내용과 함께 소회(疏會) 일자와 장소를 기록하고, 오늘날 회장과 총무 및 집사라고 할 수 있는 장의(掌議)와 색장(色掌) 및 유사(有司) 등과 같은 소회의 주요 간부 명단을 첨부하였다.[52]

통문의 내용은 유생들의 자발적인 참여를 호소하는 완곡한 표현이 대부분이었지만, 정국동향과 정치세력의 성향에 따라 협박성을 띤 극단적인 경우도 간혹 있었다.[53]

통문이 작성되면 8도 또는 열읍(列邑)에 발송하는데 대부분의 수신처는 향교와 서원 및 사우(祠宇)였으며 여기에서 다시 그것을 여러 장 베껴 타처로 연락하였다. 통문을 접수한 곳에서는 별도로 소회를 위한 유사를 임명하고 회소(會疏) 유생을 선발해 소회에 대표로 참가하도록 하였다.[54]

也 四學掌色皆綺紈子弟 故衣裳燦燦然」. 四學 掌色들은 다 綺紈子弟들이어서 이들의 의복은 화려하여 볼만하였다고 한다. 「疏行發則齋直及泮中無賴輩 先作隊而出攫奪市中之物 或持杖作亂故市人聞有疏擧則撤市閉門爭相竄伏」. 「雖大臣毋敢騎 疏班前 有犯者 兒房使令呼 而禁之不聽者 捉致其下人杖之蓋故例然也」. 만일, 범하는 자가 있으면 그 하인을 곤장으로 쳤다. 「批之前 (중략) 移設食堂 各於依幕受食到記 則隨所遇雜書之」.

52) 설석규, 『조선시대 유생상소와 공론정치』, 도서출판 선인, 2002, 46쪽.

53) 『대동패림』 권4, 己丑記事 "當初(梁)千頃等聞變 卽通文于道內諸生曰 某月某日 一時齋會于光州鄕校 不來者 皆是護逆之徒云云 二百年所無之變"

한편, 승정원에서는 영조 49년(1773년) 도유소(道儒疏)의 경우에는 반드시 성균관을 경유하도록 조치한 이후 소본(疏本)과 함께 성균관 유생들의 총학생회 장격인 태학장의(太學掌議)의 동의를 뜻하는 '근실(謹悉)'을 요구하였다.[55] 영조의 이런 조치는 성균관을 중시하는 '중현관(重賢關) 징외잡(懲猥雜)'[56]을 표방하고 있으나 당시 일방적으로 쇄도하던 노론계 유소를 통제하기 위한 의도가 오히려 더 강하였다.

그러나 점차 노론세력이 성균관을 실질적으로 장악함에 따라 근실체제가 오히려 어렵게 된 영남지방 유생들은 성균관에 통문만을 보여주면서 상소의 내용을 숨기거나[57], 상소라는 말 대신 근실이 필요 없는 '상언(上言)'으로 봉입하여 이를 피하려고 했으며[58], 만인소(萬人疏)라는 이유로 근실 첨부를 아예 거부하는 다음과 같은 일도 있었다.[59]

> (상략) 위기감에 휩싸인 영남 남인들은 노론의 소행을 성토하는 1만여 명이 쓴 상소문이 든 소함(疏函)을 들고 문경새재를 넘어 서울로 향했다. 그러나 상소문을 전달하기가 쉽지 않았다. (중략) 소두(疏頭: 상소 대표자) 이우와 제소(製疏: 상소문 작성자) 김시찬 등 주동자를 비롯해 서명자의 98퍼센트 이상이 유학(幼學)이었다. 관료가 아닌 유학의 상소는 **'근실'**이라는 과정을 거쳐야 했다. **근실이란 벼슬아치가 아닌 유학의 상소는 성균관 장의로부터 찬동을 받아야 성균관에 봉입할 수 있었다.** (중략) 노론인 성균관 장의가 이 상소내용에 놀라 근실을 거부했다. 그러나 영남 남인들은 좌절하지 않았다. 이들은 전·현직 관료들의 상소인 진신소는 근실과정이 필요 없다는 점을 이용해 전 교리 김한동에게 상소케 하였다. 이런 우여곡절 끝에 영남만인소는 정조의 손에 닿을 수 있었다. 노론에서 영남 만인소의 봉입 자체를 막으려 한 것은 그 내용이 노론의 아킬레스건인 사도세자 문제를 정면에서 거론했기 때문이었다.[60]

위와 같이 성균관은 사림들의 공론, 즉 여론을 주관하는 역할도 하였기 때문

54) 『고대일록』(정경운) 권4, 갑신년(선조37) 5월 15일.
55) 영조 49년 3월 신축조. 근실은 원래 대간이 계달할 일에 대해 사전 의견조율이 필요하여 간통(簡通)을 돌릴 때 동의의 표시로 사용되던 것이었다.
56) 『태학지』 권6, 장보 유소.
57) 정조 12년 11월 정해조.
58) 정조 12년 안동유생 김진동(金鎮東)의 진무신창의록소(進戊申倡義錄疏)에서는 상소가 아닌 상언으로 표기.
59) 『소청일록』 을해년(고종 10년) 3월 3일.
60) 신동준, 『조선의 왕과 신하 부국강병을 논하다』, 살림, 2007, 496쪽.

에 전국 유학들을 대표하고 생원과 진사들도 대표하는 성균관 장의가 이들의 통문이나 상소의 종류들을 '근실'의 표로써 통제하는 막강한 권한이 주어져 있었다.

4) 벽제

벽제(辟除)는 전근대사회에서 왕이나 높은 관원들이 길을 나설 때 군졸이나 하인들이 앞장서서 사람들의 통행을 금지하던 일이었다. 이 벽제는 처음에는 개벽(開闢)·소제(掃除)의 뜻으로 길을 열어 깨끗이 하도록 했으나, 뒤에 와서 지위 높은 사람들의 권위와 위엄을 뜻하는 의례로 바뀌었다.

흔히 '물렀거라!'라고 외쳤으며, 왕이 행차할 때에는 '시위(侍衛)!'라고 큰 소리를 질렀다. 이때 백성들은 길에서 멀리 떨어져 엎드리고 고개를 들지 못하게 했는데, 만약 소란을 피우거나 고개를 들었을 경우에는 엄벌에 처했다.

성균관 장의가 출타했다가 돌아올 때에는, 수복들이 탕평비(蕩平碑) 앞의 향교변(香橋邊)에 기다리고 있다가 공손히 맞아 절하고 모시고 들어가는 풍습이 있었다. 동·서재 방색장(房色掌-총무)들도 지팡이를 짚고 앞길을 인도하였으며, 이 때 성균관 성인노비인 재직(齋直) 7~8명도 무리 지어 따랐다. 그리고 모두가 비교적 용모가 준수하고 깔끔하였다. 당대에 벼슬이 없는 데도 불구하고 앞에서 벽제(辟除)하며 후미에서 호위하는 일은 성균관에 장의가 들어올 때뿐이었으며, 이미 동재의 출입문에 들어가고 나면 성균관 유생들도 유건(儒巾)을 고쳐 쓰고 창문을 닫으며 머리를 조아리고 경의를 표했다. 장의가 장의방에 도착해야 비로소 재직들의 길게 외치는 '개창문(開窓門)!' 즉 창문을 열어도 된다는 소리에 맞추어 자유로이 창을 열 수가 있었다.[61]

위와 같은 사실을 볼 때, 예비관료들인 성균관 유생들의 사기진작을 위하여, 국가에서는 특히 성균관 장의에게 현재의 대학 총학생회장보다도 훨씬 더

---

61) 『泮中雜詠』: 「掌議入泮則 守僕輩候於香橋傍迎拜 入兩齋房色掌雙行執杖前導 齋任房齋直隨其後七八成群 皆美容貌鮮服飾」. 「掌議香橋下馬來 數三守僕走相陪前導東西房色掌 後隨齋直爛成堆」, 「前詞後雍是何官纔入泮門便易冠嚇却諸生局戶縮 開窓呼處衆聲曼」. 泮水에 다리가 넷이 있었는데, 西泮水橋, 食堂橋, 中石橋, 香石橋가 있었다. 下輦臺 앞의 것을 중석교, 탕평비 앞의 것을 향석교라고 하였다.

크고 많은 권한을 부여하고, 한층 더 높은 대우를 하고 있었다고 여겨진다. 그리고 일반적으로 질서가 문란해진 경우를 제외하고는 성균관 유생 자신들도 그들이 스스로 선출한 자신들을 대표하는 장의에게 깍듯이 대하며, 또 매우 존중하는 모습을 보였던 것으로 생각된다.

자료 11. 탕평비(비각)와 하마비(성균관대학교 교문 안쪽에 있음)

5) 장의방

다른 유생들은 한 방에 보통 2명에서 많게는 4명까지도 사용하는데 장의만은 방 하나를 혼자 다 쓰는 특권을 누리게 하였으며, 다른 유생들이 절대 들어가 살 수 없었다. 이른바 동·서재 첫째 방이 장의방이라고 통용되었다.

동·서재 28칸에 장의방이 각 2칸인데 다른 유생은 감히 들어가지 못하였으며, 동·서 기재(寄齋)가 각 2칸인데 대개 사학승보생들인 유학(幼學)[62]들이 거주하였다. 혹 유생들이 많아서 능히 수용할 수 없게 되면 반수당(泮水堂)[63]에 들어가는 것을 허락하였고, 그래도 수용이 되지 않으면 향관청(享

62) 아직 생원이나 진사가 되지 아니한 선비들을 말함.

63) 반수당은 비천당을 말함.

官廳)에 들어가는 것도 허락하였다.[64])

위와 같이 동·서재 28칸이 다 찼다 할지라도 반수당 또는 향관청 그리고 반촌에 나가 살 수는 있어도 장의방은 거주할 수 없었다.

조선시대의 성균관 유생들은 재회라는 자치활동을 통해서 많은 힘을 발휘하였다. 이러한 조직에서 성균관 유생들을 대표하는 장의라는 학생회장이 있었다. 장의는 재회를 통해서 선출하였고, 재회는 서재의 대청마루에서 개최되었다. 재회를 열기 전에 장의가 후임 장의를 3명 천거하여 장의를 지낸 자들에게 찬성 권점을 받으면 1순위자가 차기 장의로 뽑히게 되고, 그가 재회를 거쳐 승인 받고 대사성의 인준을 받으면 되는 것이었다.

장의는 동재에서 1인, 서재에서 1인으로 두 명을 선출하였고, 굳이 구분한다면 동재 장의가 사실상 총학생회장이 되고, 서재 장의가 부총학생회장이 되는 형태였다. 재회에서 장의가 회의를 주관하여 총무 역할의 상색장과 부총무 역할의 하색장을 선출하여 모두 6인이 재회 임원이 되었다.

또한 재회에서 서기 역할의 조사를 선출하고, 특별한 경우 회의의 좌장인 당장을 선출하는 일도 있었으며, 최고령자를 반수라고 하여 간혹 유생들을 대표하는 경우도 있었다. 임원은 아니지만 한 방에 여럿이 거주할 경우 방색장이라 하여 그 방의 대표가 있었으며, 특별한 행사 즉 석전이나 석채가 있을 경우에는 역할 분담이 많아져 장의가 행사 기간 동안 임시 총무 역할의 별색장을 차출하는 일도 있었다.

장의는 각기 장의방이 배당되었으며 다른 유생이 사용할 수 없는 특권을 가졌다. 장의가 출타했다가 성균관에 들어올 때는 벼슬아치가 아닌데도 불구하고 벽제행위를 할 수 있는 특권도 있었고, 규칙을 어긴 유생을 벌주기 위해 장의가 특별 임시총회를 주관할 수가 있었다. 이 유벌(儒罰)은 재회의 자치적인 법으로서 이른바 '사문난적'을 토벌하는 데 효과적이었고, 성리학적 이념을 수호해 나가는 일에 있어서 이탈을 막을 수 있는 허가된 특권이기도 하였다.

64) 『태학지』, 제10권, 5. 잡식편, 『국역 태학지』, 833쪽.

이러한 자치활동들이 큰 세력을 형성해 정치·사회적 문제의 해결에 참여하면서 때로는 긍정적인 효과를 얻기도 하고, 때로는 부정적인 결과를 낳기도 하면서 성균관의 사회적 위상과 함께 변화되었다.

그리고 각 지방 유생들을 포함하여 유학들의 통문이나 상소행위는 반드시 장의가 인정하는 근실이라는 찬동을 받아야 승정원에 올릴 수가 있었다.

또 장의는 각종 의례의 진행, 즉 석전이나 석채 제례, 국왕이나 왕세자의 문묘 알성 행사, 대사례 행사, 사신 영접과 배웅, 상읍례 등과 국왕에게 올리는 전문이나 가요, 국왕의 궁궐 밖 행차 시 지영이나 지송을 하기 위한 유생의 인솔과 통솔 등을 주관하는 역할이 주어져 있었다.

여기서 우리는 국가나 성균관에서 장의를 어떻게 특별 대우하였는지를 잘 알 수가 있으며, 현재의 총학생회장 선출과정과 총학생회장이 갖게 되는 지위와 각종 권한 등을 생각해 보면 과거 전통사회 때나 현재가 크게 다르지 않다고 생각된다.

5. 장의의 수난

조선시대 성균관은 여러 가지 역할을 가진 매우 중요한 고등교육기관이었다. 유교문화를 수호하고 유지해 가는 성지(聖地)였으며, 중국 사신들의 방문과 관련한 외교적인 기능도 하였고, 과거를 통해 최고 고등교육기관으로서 관료층을 공급하는 기관이기도 하였다. 이런 성균관의 유생들은 말할 것도 없이 양반이었다. 그들은 각종 부담에서 면제된 특권계층이었으며, 조선왕조의 정치와 문화적 성격을 규정하는 주도계층에 매우 가까이 있었다.

선조 때부터 정국의 주도권을 확보한 사림세력은 특정집단의 독점체제를 막고 상호공존과 견제체제를 보장하기 위한 장치로서 성리학적 붕당론(朋黨論)에 근거하여 견고한 붕당정치를 확립하였다. 이 붕당정치는 사실상 오늘날 정당정치와 유사한 것이다.

붕당의 정치세력이 학파를 주축으로 하고 있었으며, 이는 사림(士林)의 공론(公論)에 토대를 두고 전개되었다. 아직 관직이 없는 유생들도 공론형성층으로서 정치참여의 길이 있었고, 그들의 공론형성에는 당파적인 이해도 작용하였지만, 군주 또는 특정집단의 독점적인 정국운영을 견제하는데도 적지 않은 역할을 담당하였다.

조선초기부터 성균관은 사론(士論)을 대변하는 중요한 역할을 담당하고 있었기 때문에 성균관 유생들의 집단활동은 공론소재(公論所在)로서 사림의 공의(公議)를 반영하는 것으로 간주되었다. 공론 형성과정에서 비록 과격한 면이 있다고 할지라도 사기(士氣)의 진작이라는 차원에서 대체로 관용의 대상이 되었다.

여하튼 이와 같이 성균관의 또 다른 주요한 역할에 대하여 우리는 주목할 필요가 있다. 즉, 조선시대 성균관의 사회적인 기능으로는 사림공론(士林公論)의 주도기능이 있다. 조선은 건국초기부터 공론정치를 표방하고 이를 위한 제도정비가 있었다.

그러므로 조정에서는 '유자계유공론(儒者繼有公論)', '사림지공론(士林之公論)'이라 하며, 공론을 관장하는 제도로서 대간제도(臺諫制度)를 확립하여 나갔다. 그러나 조선초기 공론의 대변자를 자처하던 대간은 일국민(一國民)의 공론을 대변하는 기능에 미흡하였다. 이는 조선초기 대간은 권력구조적 지위가 취약하였을 뿐 아니라, 이 시기에는 공론형성층이 이루어지지 않았으므로 집약된 구체적인 공론이 이루어지기 어려웠기 때문이었다.

그러므로 당시의 공론은 '인군공론지주(人君公論之主)'라 하여 왕의 통치는 공론의 지지를 받은 것이라 여기어 왕의 의견이 공론으로 여기어지거나 또는 대신들에 의한 수의(收議)의 수렴이 공론이라고 여기기도 하였다. 그러나 조선중기에 등장한 사림은 '일국지인이위당연자위지공론(一國之人而爲當然者謂之公論)'이라 하여 나라 전체의견이 공론이라 주장하였다. 여기에서 공론의 주체는 사림이었다. 즉 사림은 그들의 여론을 취합하는 공론형성처를 가지려 하였고, 각처 사림의 의견을 모으는 곳은 바로 학교라고 여겼다.

그래서 성균관 유생들은 재회를 통하여 사림의 의견을 집단으로 개진하였다. 조선초기 성균관 유생들은 성균관을 유교의 '근본지지(根本之地)'로서 그리고 '유교이념의 수호자'라는 명분으로 주로 척불(斥佛) 언론을 할 수 있었던 곳이었다. 그러나 『성종실록』에 보면 성종 23년 11월 성균관 유생 이목(李穆)이 서계(書啓)하여, "학교는 고금의 군의소재(群議所在)이며, 바른 의론은 국가의 원기인데 원기의 일맥은 대학에 있다."라고 하여 학교가 공론이 소재하는 곳이라고 주장하였다.

이후 학교는 공론을 형성하는 곳으로 간주되어 성균관은 전체 사림의 공론이 소재하는 곳으로 인정되었다. 성균관 유생들의 의견은 단지 '학업 중의 유생'의 의견이 아닌 '전체 사림'의 의견으로 인정되었다. 중앙의 성균관과 사학은 전국의 여론을 모으며, 지방의 향교·서원·사마소(司馬所: 생원·진사모임)는 지방의 여론을 모으는 곳으로 인식되었다

특히 중앙의 성균관은 최고학부로서 사림전체의 여론을 반영하는 곳으로 중시되었다. 왜냐 하면, 성균관 유생들은 대체로 소과(사마시)에 합격한 생원과 진사들로 구성되어 있는 전국적인 수재들의 집결처였기 때문이었다. 이와 같이 조선시대의 성균관은 종래의 대학에 비하여 정치적·사회적 비중이 매우 높았던 것이다.

한편, 중앙의 성균관과 지방의 향교·서원 등의 각급 학교의 유생들이 자신들의 의사를 재회에서 결정하면, 통문의 방식으로 그 의사를 전달하였다. 특히 통문은 사문의리(斯文義理)에 관계되는 것을 서로 알리는 방법으로도 이용하였다. 즉 양반 유생사회에 문제가 발생하였거나 그러한 소식을 조보(朝報: 관보)나 저보(邸報: 연락문서)를 통하여 접하였을 때 유생들은 각급 학교에 모여 재회를 열어 의논하고 모아진 의견을 통문으로 작성하여 대학(성균관)과 각 군현의 향교·서원 등에 발송하였다.

통문은 대체로 상소에 비하여 사안이 단순한 문제에 대해 행하여지던 것으로, 통문의 대상은 사문(斯文)문제·지방 향촌문제·정치문제였다. 사문의리의 문제로는 선현 문묘 배향 승출(陞黜)에 대한 찬반, 선현에 대한 변무(辨誣)와 규탄(糾彈), 예론(禮論)문제, 사우(祠宇)의 건립(建立)·치폐(置廢)·사액(賜額)·주향(主享)·배향(配享)문제 등이며, 향촌문제로는 군현 내의 풍교(風敎), 모범자 추천, 포상 요청 및 향강자(鄕綱者) 처벌 등이다.

통문의 논의는 유생들의 자치기구인 각급 학교의 재회에서 이루어지며, 통문을 발의하게 되면 거의 만장일치의 의견수합이 이루어져야 하는 것이 상례였

는데, 이는 재회의 논의는 곧 일향의 공론으로 여겨지는 것이었기 때문이다.

재회에서 결의 된 의견은 해당지역의 향회와 도회를 거쳐 다른 이의가 없어야 통문으로 발송할 수 있다. 지방 교육 기관의 재회에서 결의된 통문은 반드시 성균관에 1차로 보내야 되었다. 성균관은 이를 수렴하여 중앙여론화 하는 역할을 하였다. 또한 성균관으로부터 발해진 통문은 사림사회의 여론을 주도하여 이를 규제함으로써, 공론에 있어서 성균관은 필연적으로 그 중심지 역할을 하게 되었다.[65]

자료 12. 유소

한편, 유소(儒疏)는 상소행위로서 여론을 조성하는 것이며, 대체로 시비를 가리는 비판적 의사표시 행위였다. 조선에서는 세종 때에 본격적으로 시작되어 고종 때까지 80여 회 이상 일어났던 것으로 『조선왕조실록』에 나타나고 있다. 유생들은 끝까지 자신들의 주장을 관철하기 위하여 유소에서 그치지 않고, 공관(空館)[66], 공재(空齋)[67], 권당(捲堂)[68] 등을 단행해 저항하였다. 이러한 유소를 할 때에는 보통 유소함을 들고 유생들이 행렬을 지어 경복궁까지 가게 되는데, 이때 종로를 비롯한 주변 상가들은 일시적으로 철시를 하는 것이 상례였다.

유소에 의해 소행이 시작되면, 모든 사환이 아방사령(兒房使令)의 명을 받아

65) 성균관대학교 600년사, 138쪽.

66) 문묘에 4배례하고 성균관을 퇴거하는 동맹휴학으로서 가장 강력한 시위수단임.

67) 기숙사에서 나오는 것으로 숙종·영조 때 두 건만 있었다. 『太學志』 卷 6, 章甫 空館條.

68) 食堂에 들어가지 않는 斷食鬪爭. 또한, 圓點을 拒否하는 意味도 있다.

먼저 나가서 도로를 청소하고, 하인들은 또 노방거민(路傍居民 – 길가의 주민)들을 시켜 먼지가 나지 않도록 물을 뿌리게 하였다.[69] 그리고 반노(泮奴 – 성균관 노비)들을 앞세우고 소두(疏頭)가 소함(疏函)을 따라 길 가운데로 가며, 장의(掌議)와 소임(疏任)들이 그 뒤를 따르고, 유생들은 뒤에서 반열대로 줄지어 따라가되 모자와 복장을 모두 갖추었다.[70]

한편, 사학유생(四學儒生)들도 생원·진사의 뒤에 서서 장색(掌色)을 앞세우고 학예(學隷)들로 하여금 청금록(靑衿錄 – 명부)을 지고 가게 하였다.[71] 소행(疏行)이 있으면 주변 상가들은 모두 문을 닫게 되었는데, 그 이유들로는 유생들의 유소행위에 동참한다는 의미도 있었으며, 유소행렬을 구경하기 위해서이기도 하였다. 때로는 재직(齋直)과 반노(泮奴)들이 상전들의 권세를 믿고 무리를 지어 물건을 약탈하고 각목으로 어지럽히기 때문에 문을 닫기도 하였다.[72]

유생들은 궐문 밖에 도착하여 줄지어 앉아 상소하게 되는데, 대신이라 하더라도 그 앞을 말을 타고 지나가거나 예에 어긋나는 일을 해서는 안 되었다.[73] 비답(批答 – 왕의 하답)이 내려올 때까지 이동식당을 개설하고 도기(到記 – 출석확인)를 받을 수도 있었다.[74] 이는 언로가 열려 시위가 합법적으로 보장되었다는 이야기로서, 세계적으로도 매우 드문 선구적인 사례에 속한다.

공관을 할 때는 문묘의 신삼문(神三門) 밖에서 4배례(四拜禮)를 하고 떠나는데, 이렇게 되면 대사성 이하 모든 성균관 관원들이 동·서재에 들어가 숙직을 하면서 문묘를 수직(守直)하게 되었다. 그리고 자초지종을 초기(草記 – 簡單한 문서)로서 왕에게 보고하여 비답(批答 – 왕의 하답)을 받은 후, 반수교 밖에 장막을

---

69) 『泮中雜詠』, 「凡百使喚一委兒房使令 將發先使淸路 該部下人督路傍居民 洒掃塵穢號令風生無敢後者」.

70) 『泮中雜詠』, 「疏行旣發 泮人前行爲侍陪 分兩邊極目聯亘 於是疏頭隨疏函遵中路 而行掌議及疏任次之 諸生在後分東西 緩步使連屬不絶 皆具巾服」.

71) 『泮中雜詠』, 「四學儒生又在生進後掌色作頭 而行使學隷負四櫃擺列在前蓋靑衿錄櫃也 四學掌色皆綺紈子弟 故衣裳燦燦然」. 四學 掌色들은 다 기환자제(綺紈子弟)들이어서 이들의 의복은 화려하여 볼만하였다고 한다.

72) 『泮中雜詠』, 「疏行發則齋直及泮中無賴輩 先作隊而出攫奪市中之物 或持杖作亂故市人聞有疏擧 則撤市閉門爭相竄伏」.

73) 『泮中雜詠』, 「雖大臣毋敢騎 疏班前 有犯者 兒房使令呼 而禁之不廳者 捉致其下人杖之蓋故例然也」. 만일, 범하는 자가 있으면 그 하인을 곤장으로 쳤다.

74) 『泮中雜詠』, 「批之前 (중략) 移設食堂 各於依幕受食到記則隨所遇雜書之」.

설치하고 학부형까지 동원하여 유생들을 취관(就館)하도록 선유(宣諭)[75]하였다. 쉽게 해결이 되지 않을 때에는 예조의 관원까지 동원되기도 하였다.

자료 13. 문묘 신삼문

따라서 재임은 선유를 받기 위해 일단은 성균관 근처에 머물러야 했다. 일단 공관이 단행되면, 일이 해결되기 전에는 다시 들어오기 힘든 명분이므로 정부는 대개 유화정책을 썼으며, 일시적인 정치적 후퇴를 기하기도 하였다.

권당이 '식당불입(食堂不入)'의 방법으로 불리게 된 것은 현종 대에 이르러서이며, 그 이전에는 공관과 혼용되었다. 즉, 성종 때의 공관은 권당으로도 표현되었다. 권당이 발생되면 수복은 지체 없이 대사성이나 동지관사에게 보고하고, 즉시 학교당국은 유생들을 명륜당에 소집하여 그 연유를 조사하고 선유를 개시하였다. 이에 응하지 않으면 서면으로 진술하게 하고 이를 토대로 초기를 작성하여 왕의 비답을 청하였다. 이래도 효과가 없으면 마침내 예조판서나 대신을 파견해 선유하였다. 그렇게 해서도 효과가 없으면 방외(方外)의 사학유생(四學儒生)들을 임시 모집하여 식당성원을 채우려고 하였다.

성균관 교육이 성리학 이념의 계속적인 유지를 위해 실시되었던 것이지만, 그 질서가 바른 방향으로 가지 않을 때 그것을 바로 잡으려는 노력이 성균관 유생들에

75) 임금이 자기의 뜻을 신하에게 알림.

의해서도 이루어졌다. 이는 정의감에 불타는 성균관 유생들이 권력집단의 요구대로 흘러가는 것이 아니라 불의에는 격렬한 저항을 하면서 성리학 이념에 걸 맞는 바른 위치를 정립하려고 한 것이다. 그러나 집단시위가 많이 남발될 때는 그만큼 사회문제가 많아졌다는 뜻이기도 하였으며, 집단이기주의가 팽배해진 탓이라고도 볼 수 있다. 반면, 유생들의 자율성이 크게 신장되었던 현상으로도 해석할 수 있다.

6. 통문과 공론 형성 과정

유생들이 연명으로 상소할 일이 생기면 대개 우선 윗분들에게 소의(疏意)를 전달하여 허락을 구하고, 공론화를 위해 각기 글을 짓고 지은 글을 여러 장 베껴 쓸 수 있는 역할을 담당하는 제통(製通)·사통(寫通)을 임명하여 통문을 작성하는 것이 일반적이었다. 여기에는 소사(疏事)를 발의하게 된 사정 및 동조를 촉구하는 내용과 함께 소회(疏會) 일자와 장소를 기록하고, 오늘날 회장과 총무 및 집사라고 할 수 있는 장의(掌議)·색장(色掌)·유사(有司) 등과 같은 소회의 주요 간부 명단을 첨부하였다.[76)]

통문의 내용은 유생들의 자발적인 참여를 호소하는 완곡한 표현이 대부분이지만, 정국 동향과 정치세력의 성향에 따라 협박성을 띤 극단적인 경우도 간혹 있었다.[77)]

통문이 작성되면 8도 또는 열읍(列邑)에 발송하는데 대부분의 수신처는 향교와 서원 및 사우(祠宇)였으며 여기에서 다시 그것을 여러 장 베껴 타처로 연락하였다. 통문을 접수한 곳에서는 별도로 소회를 위한 유사를 임명하고 회소(會疏) 유생을 선발해 소회에 대표로 참가하도록 하였다.[78)]

한편, 승정원에서는 영조 49년(1773년) 도유소(道儒疏)의 경우에는 반드시 성균관을 경유하도록 조치한 이후 소본(疏本)과 함께 성균관 유생들의 총학생회

76) 설석규, 앞의 책, 46쪽.

77) 『대동패림』 권4, 己丑記事 "當初(梁)千頃等聞變 卽通文于道內諸生曰 某月某日 一時齋會于光州鄕校 不來者 皆是護逆之徒云云 二百年所無之變."

78) 『고대일록』(정경운) 권4, 갑신년(선조37) 5월 15일.

장격인 태학장의(太學掌議)의 동의를 뜻하는 근실(謹悉)을 요구하였다.[79] 영조의 이런 조치는 성균관을 중시하는 '중현관(重賢關) 징외잡(懲猥雜)'[80]을 표방하고 있으나 당시 일방적으로 쇄도하던 노론계 유소를 통제하기 위한 의도가 오히려 더 강하였다.

그러나 점차 노론세력이 성균관을 실질적으로 장악함에 따라 근실체제가 오히려 어렵게 된 영남지방 유생들은 성균관에서 통문만을 보여주면서 상소의 내용을 숨기거나[81], 상소라는 말 대신 근실이 필요 없는 상언(上言)으로 봉입하여 이를 피하려고 했으며[82], 만인소(萬人疏)라는 이유로 근실 첨부를 아예 거부하기도 하였다.[83]

7. 통문의 몇 가지 사례

선조 때 성균관 유생 정호성(丁好誠) 등이 지방 향교와 서원에 통문을 발하여 정인홍(鄭仁弘)이 지은 『발남명집설(跋南溟集說)』을 비방하였으나 사리를 아는 자들은 따르지 않았다는 사신의 논평이 붙여진 다음과 같은 기록이 있다.[84]

---

79) 영조 49년 3월 신축조. 근실은 원래 대간이 계달할 일에 대해 사전 의견조율이 필요하여 간통(簡通)을 돌릴 때 동의의 표시로 사용되던 것이었다.

80) 『태학지』 권6, 장보 유소.

81) 정조 12년 11월 정해조.

82) 정조 12년 안동유생 김진동(金鎭東)의 진무신창의록소(進戊申倡義錄疏)에서는 상소가 아닌 상언으로 표기.

83) 『소청일록』 을해년(고종 10년) 3월 3일.

84) 선조 38년 7월 24일 병신조: 사신은 논한다. (상략) 이번에 명색이 관학유생인 자들 몇 명이－생원 정호성·허실이 성세영(成世寧)의 외손 한언(韓堰)과 양홍주(梁弘澍)의 사위 권집(權潗) 등과 더불어 그 일을 주장하여 유생들을 위협하여 거느리고 지방에 통문 하였는데, 조금이라도 사리를 아는 사람은 모두 따르지 않았다.－남명의 문도에게 감정을 품고서 정인홍의 『발남명집설』을 빌미로 각도에 글을 보내어 선사를 얕잡아 보고 조롱하기를 못하는 짓이 없이 하였다. 그들이 인홍을 배척하여 은근히 남명을 공격하고, 퇴계를 추존하여 드러내놓고 남명을 배척한 것을 살펴보면 지나친 질투로 억누르고 찬양하기를 너무 심히 하였으니 속 좁은 짓임을 알겠다. 남명은 은일지사(隱逸之士)로 학문을 독실히 하고 실행에 힘썼으며, 도를 닦고 덕을 쌓았으니, 정통한 학식과 해박한 견문은 더불어 비교할 사람이 적다. 전현(前賢)과 짝하고 후학에 종사가 될 만하니, 그렇다면 어찌 퇴계만 못하겠는가. (중략) 아, 학술이 밝지 못하고 시비가 분명치 않아서 남명같이 도학이 높은 분으로 오히려 곡사(曲士)들의 비난을 면치 못하였으니 다른 사람이야 어찌 논할 것이 있겠는가. 다만 백 세 후에 아는 자가 나오기를 기다릴 뿐이다.

성균관 유생(儒生) 정호성(丁好誠)·허실(許實)·유희량(柳希亮)·최성원(崔誠元) 등이 팔도 열읍(列邑)의 향교와 모든 서원에 서찰을 보내어 정인홍(鄭仁弘)이 지은 『발남명집설(跋南溟集說)』을 추악하게 비방하였다.

또 숙종 3년에 송시열의 유배를 해제하여 주기를 청하는 충청도 유학(幼學) 박회장(朴晦章)의 상소문 속에 광해군 때 나만기(羅萬紀)가 성균관 색장(色掌)으로서 팔도에 통문을 돌려 인목왕후(仁穆王后)를 모함하였다는 내용이 다음의 기록 속에서 살펴볼 수 있다.[85]

충청도의 유학(幼學) 박회장(朴晦章) 등이 상소하기를, "송시열(宋時烈)은 천극(栫棘: 연금)된 지 3년으로 홀로 지극히 억울함을 품고 있는데, 여러 사람의 원성이 번잡하게 일어나 반드시 그를 죽인 뒤에야 그만두고자 합니다. 지난번 고묘(告廟)[86]에 대한 논의에서 재앙의 기미를 헤아릴 수 없었는데, 뜻밖에 나성도(羅星度) 등 흉악하고 간사한 자들의 상소가 이제 또 신 등이 사는 곳 가까이에서 나왔습니다. 이른바 '기해년 효종의 상(喪)에 현고(顯考)께서 만약 위예(違豫)하신 증후가 없고 전하께서도 이미 탄생하셨더라면, 송시열이 어찌 감히 적서(嫡庶)의 설(說)로 나라 사람들을 의심하고 혼란스럽게 하고서 그 불안한 때를 틈타 갑자기 폄강(貶降: 강등)하는 의논을 내었겠는가?'하는 것은, 그 마음의 음험하고 가혹함이 또한 한층 더한 것으로, '일찍이 인심의 흉악하고 음험함이 한결같이 이에 이르렀는가?'하는 것입니다. 나성도(羅星度)는 바로 광해군 때의 흉인(凶人) 나만기(羅萬紀)의 조카입니다. 나만기는 태학의 색장으로서 역적 하인준(河仁俊)의 무리와 팔도에 통문을 돌려 인목왕후(仁穆王后)의 열 가지 큰 죄를 일일이 들어 말하였습니다. 사람들이 그 집안을 뱀이나 전갈처럼 보고 사람 대접을 하지 않았기 때문에, 나성도가 선비의 무리를 미워하고 원망하여 사사로운 원수와 같이 여겼으니, 이것이 기회를 틈타 앞장서서 자신이 대적하는 까닭입니다. (중략) 얼마 남지 않은 목숨이 다하기 전에 다시 천지와 일월을 보게 해 주심이 저희가 간절히 바라는 것입니다."고 하였다. (하략)

또 다음의 통문기록은 성균관 유생이 발한 것은 아니지만 율곡 이이와 우계 성혼의 문묘종사에 관련되는 것이니만큼 성균관과 관련이 없을 수는 없었다고 생각된다.

영남유생으로 도리에 어긋나는 의논을 하는 자 수백 인이 통문을 내어 호응자를 불러 모아 장차 경성에 올라가 소(疏)를 진달하여 문성공 이이(李珥)와 문간공 성혼(成渾)을 문묘에 종사하는 거사를

85) 숙종 3년 11월 25일 무술조.
86) 나라나 왕실 또는 집안에 큰일이 있을 때에, 이를 종묘나 사당에 고하던 일.

헐뜯고 배척하려고 여러 고을에다 통문을 돌려 면포와 지지(紙地) 등의 물품을 14고을에서 강제로 징수하고, 연군(煙軍: 부역인부)을 조발(調發: 징발)하여 관아를 말끔히 청소하였으므로, 관찰사 이수언(李秀彦)이 그들 중 앞장선 사람을 가두고 감죄(勘罪)[87]하는 일정한 규정을 정하도록 계청(啓請: 주청)하였다. 비국(備局: 비변사)에서 복주(覆奏)[88]하여 아뢰기를, "양현(兩賢)을 문묘에 종사하는 것은 성명(成命)[89]이 이미 내렸는데, 선정(先正)[90]을 추잡하게 헐뜯는 일단의 무리가 소를 올려 저지시키고 흔들려는 계책을 하니, 진실로 매우 가슴 아프고 놀라운 일입니다. 잡물을 각 고을에다 나누어 정하고 감히 객사를 말끔히 한다는 것으로 연군을 조발한 등의 일은 멋대로 관가를 지휘한 것이니, 그 방자함이 대단히 심한 것입니다. 특별히 엄중하게 추궁하는 것이 마땅하겠지만, 영남의 선비 풍습이 무너져 어지러워진 지 이미 오래 되었으니, 이러한 종류의 도리에 어긋나는 풍습이 오늘날에 시작된 것은 아닙니다. 그러니 우선 죄를 논하지 말고 이제부터 과조(科條: 조목)를 엄격히 세워 통렬하게 금단(禁斷)을 가하되, 만일 방자하게 도리에 어긋나는 의논으로 선현을 거짓으로 욕하는 사례가 있거나, 소를 올려 법을 무시하고 폐단을 일으키는 자는 엄중한 율로써 바로잡으소서."하니, 임금이 그대로 따랐다.[91]

숙종 32년에 양주(楊州) 유생(儒生) 최유태(崔有泰)가 팔도(八道)에 통문(通文)을 보내 유교경전 해석의 기본을 해치는 영의정 최석정(崔錫鼎)을 비난하였다는 기록 속에서 성균관이 공론의 중심지라는 것을 반증할 수 있는 언급이 나오고 있다.[92]

양주 유생 최유태가 팔도에 통문하기를, (중략) 요사이에 영의정 최석정이 경전을 무너뜨리려는 뜻을 가지고 마음으로 성현을 업신여기는 데 달갑게 여기며 『예기유편(禮記類編)』을 지어냈는데, 그 서문에 '탈루착란(脫漏錯亂)된 것을 바로잡아 문리에 따라 순탄하게 했을 뿐이다'라고 하였고, 또 말하기를 '백세토록 기다리더라도 의혹스러울 것이 없다'고 해 놓았다. 기세에 눌리게 되므로 아무도 감히 건드리지 못하고 있으니, 해독을 입게 됨이 어찌 단지 천리에 피를 흘리는 데 그칠 뿐이겠는가? 또한 그 부록 가운데 말한바 가제(家弟)니 아자(兒子)니 족질(族姪)이니 문생(門生)이니 한 말들은 더욱 매우 해괴하고 패려한 것이다. 이는 무슨 최석정의 가문에 예를 아는 사람이 이처럼 많은 것인가? 성균관과 사학(四學) 장보(章甫)들의 거사에 있어서는 진실로 온 이 나라의 공론으로 하는 일인

87) 죄인을 심리하여 처단하는 일.
88) 보내온 공문을 검토하여 임금에게 아룀.
89) 임금이 신하의 신상(身上)에 관하여 결정적으로 내리는 명령.
90) 선대(先代)의 현인.
91) 숙종 7년 12월 1일 경진조.
92) 숙종 35년 2월 21일 계해조.

데, 제생들을 유인하여 쫓아내고 반궁의 복예(僕隷: 남종)들을 억류해 놓는 짓이 조태억(趙泰億)에게서 나왔고, 일에 앞서 고알[93]하여 천충(天衷: 왕)을 격뇌(격노)하게 하는 상소가 이사상(李師尙)에게서 저질러졌고, 임금의 뜻에 영합하고 대신에게 아첨하는 의논이 윤회(尹會)에게서 나오고 있다. 이는 이른바 '임금의 좌우에 상국(相國) 아닌 사람이 없다'는 말이다. 저 조태억은 평소에 기세부리는 것이 방자하고 망령된 사람으로, 지난해에 반궁의 제술시험 때에 삼목(三木)[94]으로 청금(淸衿)들을 막고서 학궁을 변하여 획지(劃地)를 만들다가, 유생들의 상소가 장차 올라오게 되자, 소장을 진달하여 앞질러 공격하는 짓을 했었는데, 이번에는 또한 그런 습성을 옮겨 대신을 위해 공을 세우는 소지(素地)를 만들고 있다. (중략) 윤회(尹會)가 보고서 대각(臺閣)에 나아가 인피(引避)[95]하기를, 이번에 최유태라는 사람이 유생이란 이름을 가장하고 성균관과 사학에 통문을 보내 대신을 모함하되, 한편으로는 바른대로 진달한 승선(承宣: 승지)과 아무 까닭이 없는 유신(儒臣)까지 언급했습니다. (중략) 전후에 배격하고 알력(충돌)하는 의논을 격동시켜 만들어낸 것이 한두 가지만이 아닌데, 이번에는 또 그의 유자(猶子: 조카)를 조종하여 앞장서서 상소하자는 논을 주창하게 해 놓고 반촌(泮村)에 드나들며 계책을 지휘하고 유생들을 협조(挾助)하여 임금의 명을 거역하게 한 것인데, 이번에 초기(草記)에다 들이민 상소도 또한 윤휴가 대신 지은 것입니다. 이와 같이 간사하고 올바르지 못한 사람은 하루도 서울에 머물러 두어 국가를 어지럽게 할 수 없기에, 신이 장차 투비[96]하기를 계청하려고 했었는데, 미처 계사를 올리기 전에 그가 그만 도리어 일에 앞서 공격하는 계획을 하게 되었습니다.

정조 때 청주 화양동 만동묘를 중수하는 일과 관련하여 성균관 유생들이 상주 승도들을 징발한 일로 문제가 되어 구금되었을 때, 화양서원 유생들이 성균관 유생들에게 통문을 보내고 이에 호응하여 성균관에서 권당하는 일이 있었다는 다음과 같은 기록이 있다.[97]

이보다 앞서 태학생이 청주 화양동의 만동묘(萬東廟)를 중수(重修)하는 역사(役事)에 상주의 승도(僧徒)들을 징발하여 부린 일이 있었다. 이에 상주목사가 민정(民丁)을 부당하게 징발한 것으로 경상도 관찰사에게 보고하고 홍충도관찰사(洪忠道觀察使)에게 관문(關文)을 보내어 원유(院儒)들을 구금하게 하매 원유들은 태학에 통문을 보냈고 여러 유생들이 권당(捲堂)하니, 이에 홍충감사(洪忠監司) 이득신(李得臣)을 추고(推考)하라 명하였다. 이득신이 상소하기를, "한두 향유(鄕儒)가 함부로 군정(軍丁)을 동원하여 그 징발이 이웃 도에까지 미쳤으니, 이것이 얼마나 백성을 소란스럽게 하고 국법을 무시한

93) 피해자가 아닌 사람이 남의 잘못을 관(官)에 알림.
94) 죄인의 목·손·발에 각각 채우던 세 형구(刑具). 칼, 수갑, 차꼬를 이른다.
95) 공동으로 책임을 지고 일을 피하던 일.
96) 죄인을 지정한 곳으로 귀양을 보내던 일.
97) 정조 9년 7월 13일 경신조.

일입니까? 그러나 신이 처음에 금단하여 폐단이 커지는 것을 막지 못하였고, 또 서둘러 조사하여 법에 의하여 엄중 처단하지 못한 채 마음이 흐리고 일을 게을리 하여 지금까지 지연시켰습니다. 원컨대, 신의 직무를 다하지 못한 죄를 다스리소서."하였다.

8. 성균관의 공론 역할

조선시대 언론의 문제는 국운의 진퇴와 직결되었다. 언로가 열려 있으면 항시 외형상 어수선한 것처럼 보였지만, 그러한 가운데서 공론이 형성될 수 있는 것이었고 국가나 사회가 나아가야 할 방향이 모색될 수 있는 것이었다. 『실록』을 통해 세종이나 성종 때 시비논쟁의 기사가 많은 지면을 차지하고 있는 것을 볼 수 있는데, 이는 이 과정을 통해 공론이 만들어졌고 또 그것이 각종 정책에 반영되었기에 당시의 나라가 융성하고 백성들은 편안할 수 있었다.[98]

조선시대 언론은 왕권을 제약하는 신권의 상징성만을 갖는 것은 아니었고, 신권 내부의 역학관계의 변화에도 중요한 위치를 점하고 있었다. 이는 조선왕조가 『경국대전(經國大典)』을 완성하면서 통치구조를 왕권(王權) · 재상권(宰相權) · 언관권(言官權)의 삼각구도로 정비함에 따라 언론의 독자적인 역할이라는 제도적인 장치에 의해 주어진 것이기도 했다. 그러나 붕당간의 대결구조가 확립된 이후에는 언론이 정치세력의 전위역할을 담당하게 됨으로써 왕권의 제약보다 정치세력 상호간의 견제를 위한 기능에 더 큰 비중을 두게 되었다.

조선시대 언론은 삼사, 즉 사간원(司諫院) · 사헌부(司憲府) · 홍문관(弘文館)에 의해 주도되고 있었다. 그러나 정치운영 구조의 변화에 따라 정치 참여층의 확대가 두드러지면서 언론은 언관들에 국한되어서만 행사되었던 것은 아니었다. 곧 사림을 중심으로 한 정국운영체제가 확립됨에 따라 유생들이 정치의 객체에서 주체의 범주로 포섭되었고, 재조언론(在朝言論)과는 별도로 관학(館學: 成均館과 四學)과 향촌유생이 주축이 된 재야언론이 형성되었다. 유생들이 정치에 참여하여 재야언론을 형성할 수 있게 된 배경은 1차적으로 그들의 사회 · 경제적

98) 이장희, 『조선시대 선비연구』, 박영사, 1998, 127~128쪽 참조.

인 지위향상에서 기인한 것이었지만, 공론(一國公共之論)을 중시하게 되는 정치 구조와도 밀접한 관련이 있었다.

조선 초기 관념적인 수사(修辭)로 그치었던 공론정치는 사림세력이 군주 및 소수의 훈척(勳戚)에 의해 주도되는 정치운영 형태에 대응하여 정치 참여층의 확대를 겨냥해 다양한 논의를 수렴한다는 명분으로 본격적으로 제기한 것이었다. 그리하여 유생들이 실질적인 공론형성층으로 성장함에 따라 공론은 사실상 사론(士論)으로 압축되었고, 삼사(三司)와 함께 성균관이 공론소재로서의 위상을 확보하게 됨으로써 유생공론은 정국에 중요한 변수로 자리 잡기에 이르렀다.[99] 물론, 공론성이 인정되는 상소를 통한 유생들의 공론 형성이 사실상 중종(中宗) 때부터 본격화되고 있다.

한편, 성균관 유생들의 공론 취합과 상소 절차는 비교적 체계적인 편이었으나, 항상 순조로운 과정을 거치는 것은 아니었다. 유생들이 연명으로 상소할 일이 발생하면 재회(齋會)나 식당 또는 반촌(泮村)에서 발의되었는데, 소의(疏議)가 형성되었다 할지라도 장의(掌議)가 동의를 해야 하고 이어 임원을 차출해 사학(四學)에 전하고 또 여러 당상(堂上)에게 보고해야 했다.

성균관 유생들의 공론 형성 과정은 국가의 중대사나 성균관에 관련된 문제와 같은 것은 별다른 논란이 없었지만, 정치적인 견해차이나 이해관계가 발생하면 상당한 진통을 겪게 마련이었다. 이와 같이 공론의 중심지인 성균관 유생들이 상소할 때는 그 사실을 지방 유생들에게 까지 통문(通文)으로 알리는 것이 일반적인 원칙이었는데, 이 통문은 상소사실을 주지시키는 의미보다 그들의 궐기를 촉구하는 성격이 더 강하였다. 성균관에서 발송하는 통문의 이중성 때문에 광해군 때에는 이를 둘러싸고 다음과 같은 논쟁이 벌어지기도 하였다.

> 통문을 발한 것은 성균관 안에서 예전부터 전해 내려오던 규례로서 한 예사로운 일에 불과합니다. 태학은 많은 선비들의 근본이요 공론의 소재이기 때문입니다. 소를 올릴 일이 있을 때 그 뜻을 향교에 알리는 것은 어제오늘에 생긴 일이 아니어서 이루 다 적을 수 없으나, 우선 지난날의 일을 가지고 말한다면, 을사년(乙巳年, 명종 즉위 1545년)에 문원공(文元公) 이언적(李彦迪)을 변명할 때 그것을 하였고, 술신년(戊申年, 광해군 즉위 1608년)에 고경리(高敬履)의 죄를 청할 때에도 하였으며, 경술년(庚戌

99) 설석규, 『조선시대 유생상소와 공론정치』, 도서출판 선인, 2002, 12~13쪽 참고.

年, 광해군 2년, 1610년)에 오현(五賢)을 문묘에 종사하기를 청할 때도 하였고, 이현(二賢)을 변무(辨誣)할 때도 그것을 하였습니다. 또 근래 영창대군(永昌大君)을 토죄(討罪)하는 데 대해 항소할 때에도 8도에 통문을 하였으니, 이는 감히 여러 선비들에게 도움을 구하려고 부르고 알린 것이 아닙니다. 대개 선비는 일을 같이 해야 할 의리가 있으므로 일이 있을 때에는 원근에 서로 알리지 않으면 안 되는 것입니다.100)

광해군 5년(1613년) 일련의 서인계와 남인계 유생들이 성균관에 모여 대북(大北) 정권의 살제(殺弟)의 진상을 폭로하는 상소를 하고는 전국의 향교에 통문을 발송하였다. 이에 대해 대북세력은 성균관 유생들이 사당(私黨)의 궐기를 촉구하기 위해 전례에도 없는 통문을 발했다는 이유로 주동자를 삭적하는 한편 종신금고하는 것으로 대응하였고 왕도 이에 동조하였다. 그러자 성균관 유생 이득양(李得瀁) 등이 전례를 열거하면서 그들의 통문 발송이 정당한 행위임을 항변하고 나섰다.

성균관 유생들의 주장에도 불구하고 성균관 통문이 향촌 유생들의 궐기를 부추기는 성격이 강한 것은 현실이었다. 성균관 유소에 뒤이어 향교 유소가 잇따르는 경향이 많다는 것은 그러한 사실을 뒷받침한다.101) 그러나 태학이 당색을 가진 유생들의 주도권 쟁탈을 위한 대립의 장소가 되어 공론소재로서 사론 수렴처의 기능이 퇴색함에 따라 그 같은 통문의 발송은 공론화를 위한 수단으로서의 가치를 점차 갖지 못하게 되었다.

그러나 그 이전까지는 성균관 유생들의 유소는 재야공론을 대변하는 대표성이 부여되고 있어서 언관의 언론과는 일정하게 대비되는 독자성을 갖고 있었다. 이미 16세기 이래 성균관은 유생의 정치적 성장을 배경으로 언관과는 별도의 공론소재로서 독자적인 위상을 확립하고 있었다. 이에 따라 성균관은 많은 선비들이 모이는 '수선지지(首善之地)' 또는 '풍화지본(風化之本)', '현사지소관(賢士之所關)'으로서 외방(外方) 유생들이 모여 재야공론을 결집하는 실질적인 중심적인 역할을 담당하고 있었다. 더욱이 성균관 유생들의 상소는 국가의 흥망과 유학의 성쇠와 관련되는 것으로 인정받아 그 중요성이 더욱 부각되기도 하였다.

100) 『대동야승(大東野乘)』 권41, 광해조 일기2 계축년(광해군 5년) 7월 23일.

101) 효종 원년 6월 을유조.

"전하께서 저희들의 상소에 대해 거절하면서 '대간(臺諫)·시종(侍從)의 말이라도 받아들이지 않았는데 하물며 너희들임에랴'고 말씀하셨습니다. 전하의 이 말씀은 나라를 잃는데 이르지나 않을까 걱정이 됩니다. 공론이 있는 곳에서는 초야(草野)의 천함도 가벼이 할 수 없으며, 그것이 없는 곳에서도 공경의 귀함이라도 무겁게 할 수 없는 것이니, 요컨대 격군광국(格君匡國)에 있을 따름인 것입니다. 저희들은 국학(國學)을 함양하여 장차 국가의 쓰임을 위해 있으니 초야의 천한 존재로 대우할 수 없는 것이며, 그 격군광국의 성의가 어찌 대간·시종과 다르겠습니까. 무릇 대간·시종은 임금의 과실이 있을 경우 일의 크고 작음을 따지지 않고 모두 쟁론해야 합니다. 그러나 저희들은 일이 국가의 흥망과 오도(吾道)의 성쇠(盛衰)에 관련되어 좌시할 수 없는 일에 나서서 말하니 어찌 대간·시종보다 중하지 않겠습니까?"[102]

성균관 유생들의 그러한 역할은 유생의 공관(空館) 행위와 정치적인 시비개입에 부정적인 퇴계 이황도 확인함으로써 사림의 보편적인 역할로 간주되기에 이르렀다. 특히 토역(討逆)에 관한 것은 국가의 흥망과 관련되는 것이기 때문에 성균관 유생들은 반드시 유생공론을 주도해야만 하였다. 광해조 이이첨(李爾瞻) 등이 성균관을 장악하여 유생의 토역공론을 활용한 것도 그에서 비롯된 것이었다.

또한, 영조 5년(1729년) 토역론이 확대되고 정청(庭請)이 설치되기에 이르자 성균관 유생들이 이를 이유로 부거(赴擧)를 거부한 사태를 두고 조정에서 논의한 내용은 성균관 유생의 그 같은 역할을 재확인하는 것이었다.

상: 반유(泮儒)의 일이 어찌된 것인가?

우의정 이태좌(李台佐): 유생들이 하는 일이 바로 이것입니다.

상: 사습(士習)이 귀하다고 할만하다. 태학에서 과거에도 역시 토역봉장(討逆封章)한 일이 있는가?

동의금(同義禁) 조현명(趙顯命): 선조조에 오윤겸(吳允謙)이 재임(齋任)으로 있을 때 유생배(儒生輩) 정여립(鄭汝立)을 성토하는 일을 두고 발론한 적이 있는데, 윤겸이 말하기를 사자(士子)[103]가 조론(朝論)에 간섭하는 것은 부당하다. 다만 교화가 밝지 못하기 때문에 이 같은 흉역상소(凶逆上疏)가 있게 되었다며 끝내 토역소(討逆疏)에 불참하였습니다. 그러자 선배장자들이 이를 알고서 그에게 토역상소에 참여토록 종용했다고 합니다.[104]

그리고 문묘종사(文廟從祀) 및 서원(書院)과 사우(祠宇)의 사액(賜額) 또는 추

102) 중종 4년 7월 정미조.

103) 벼슬하지 않은 선비.

104) 『승정원일기』 책 681, 영조 5년 3월 16일.

향(追享)과 배향(配享) 등에 관한 상소는 사실상 유학의 성쇠와 관련되는 것으로 유생역할의 고유영역으로 간주되고 있었다. 그렇기 때문에 사문(斯文)의 시비도 유생공론에 의존하지 않으면 안 되었다. 그러나 성균관이 공론소재로서 유생공론을 대변하는 위치에 있었지만, 공론정치의 확립에도 불구하고 재야사림의 보편적인 공론을 반영하기보다는 정치적인 이해로 유생들이 분열하는 양상이 두드러지게 되었다.

그러한 현상은 유생공론이 명분상으로나 정치적인 우위획득에 중요한 변수가 됨으로써 빚어진 것이었다. 광해조 대북정권의 파행적인 폐모(廢母) 공론에 성균관이 이용당함으로써 수선지지(首善之地:성균관)가 '수악지지(首惡之地)'로 규정된 것이나, 우율종사(牛栗從祀)[105] 여부를 둘러싸고 서인과 남인계 관학생들이 분열하여 서로 타국인을 대하듯 했다는 것은 그 산물이었다. 따라서 향유소도 마찬가지지만 성균관 유소가 공론을 표방하였다고 할지라도 그 자체 공론일 경우는 드물다고 하겠으며 당론을 반영하는 것이 대부분이라고 보아도 좋을 것이다.

그렇기 때문에 성균관은 유생공론을 반영하는 대표성을 갖는데 상당한 한계가 있게 되었으며 향유(鄕儒)들은 그들대로 분열하여 별도의 공론을 형성하며 독자적인 상소활동을 전개하게 되었다. 그럼에도 불구하고 관학의 존재는 국가와 유교체제 유지를 위한 기반으로 인정되었으며, 관유의 상소활동은 공론정치를 지향하는 사림정치의 명분을 뒷받침하는 것으로 받아들여지고 있었다.

여말 선초 성리학이 보급되는 과정에서 새롭게 출발한 성균관은 성현(聖賢)을 봉사(奉祀)하는 유교문화의 수호지이자 중국 사신(使臣)과의 중요한 외교적 기능을 하는 곳이었으며, 또한 예비 관료층을 교육하는 최고수준의 고등교육기관으로서의 지위 뿐만 아니라, 사론(士論)을 대변하는 공론(公論) 소재지로서 사림(士林)의 공의(公議)를 반영하는 매우 중요한 곳이었다.

성균관 유생들은 조관(朝官)[106]의 유임(留任)을 청원하거나 왕실의 불사(佛

105) 우계 성혼과 율곡 이이를 말함.

106) 조정에서 벼슬살이 하고 있는 신하.

事)를 반대하는 등 초기의 비교적 단조로운 문제에 개입하는 단계를 거쳐 중종(中宗) 14년(1519년) 때 기묘사림(己卯士林)의 등장 이후에는 사론임을 표방하며 다양한 내용으로 상소활동을 전개하였다.

유생들의 공론수렴과 상소과정은 대체로 발의(發議) → 통문발송(通文發送) → 소회(疏會) → 소임선발(疏任選拔) → 소청설치(疏廳設置) → 소본작성(疏本作成) → 배소(拜疏) → 봉소(捧疏)의 단계로 진행되는 것이 보통이지만 일정한 것은 아니었다. 특히 재야공론의 소재로 인정받고 있었던 성균관은 '소조정(小朝廷)'으로 일컬어질 정도로 공론의 형성에 있어서 나름대로의 정형성과 독자성을 겸비하고 있었다. 더구나 성균관 유생들은 군주가 그들의 공론을 수용하지 않을 경우 가납(嘉納)[107]할 때까지 연소하는 방법 외에도 공관과 권당으로 대응하는 강력한 공론 공세의 수단을 갖고 있기도 하였다.

또 성균관에서 소의가 결정되면 전국의 향교에 통문을 발송하게 되어 있어서 성균관 유소는 향유들의 궐기를 촉구하는 수단이 되기도 하였다. 그렇기 때문에 명분상으로나 정치적으로 우위를 확보하려는 정치세력은 성균관 유생들과 항상 긴밀한 관계를 유지하고 있어야 했으며, 그것이 성균관 내부 갈등의 주된 원인으로도 작용하였다. 이와 같이 성균관에서 시작되는 통문은 공론 형성의 시발점으로서 매우 중요한 위치를 점하는 것이었다.

107) 옳지 못하거나 잘못한 일을 고치도록 권하는 말을 기꺼이 받아들임.

〈참고문헌〉

1. 원전류

『경국대전』
『경도잡지(京都雜誌)』
『고대일록(孤臺日錄)』
『고려사』
『고려사절요』
『국역 고려사』
『국조방목(國朝榜目)』
『국조인물고』
『국조인물지』
『대동기문』
『대동야승(大東野乘)』
『대동운부군옥(大東韻府群玉)』
『대동패림(大東稗林)』
『대전통편』
『동국통감』
『두산백과』
『명세보』
『명세총고』
『무명자집(반중잡영)』
『문과방목』
『문화원형백과』
『민족문화대백과사전』
『보한재집(保閑齋集)』
『소청일록(疏廳日錄)』
『속전첨록』
『속조야집요』
『송와잡설(松窩雜說)』
『수교집록』
『순암문집(順菴文集)』
『승정원일기(承政院日記)』
『신증동국여지승람(新增東國輿地勝覽)』
『여문집성(儷文集成)』
『연려실기술』
『영남인물고』
『용재총화(慵齋叢話)』
『율곡전서』
『익산군지』
『임하필기(林下筆記)』
『조선금석총람(朝鮮金石總覽)』
『조선왕조실록』
『조야집요』
『증보문헌비고』
『청선고(淸選考)』
『태학성전』
『태학지』
『통감(通鑑)』
『필원잡기』
『한국민족문화대백과사전』
『한국역대인물종합정보』
『한국향토문화전자대전』
『한서(漢書)』
『해동명신록(海東名臣錄)』
『해동방목(海東榜目)』
『해동잡록(海東雜錄)』
『경국대전』, 영인본, 경인문화사, 1972.
『경국대전주해』, 단국대학교 출판부, 1987.

『경서』, 영인본, 성균관대학교 대동문화연구원, 1984.
『고려사』, 영인본, 경인문화사, 1972.
『국조오례의』, 영인본, 경문사, 1979.
『국조인물고』, 영인본, 서울대학교 출판부, 1978.
『동문선』, 영인본, 태학사, 1985.
『무명자집(반중잡영)』, 영인본, 성균관대학교 대동문화연구원, 1977.
『속대전』, 경인문화사, 1972.
『순자』, 번역본, 삼성출판사, 1991.
『연려실기술』, 경문사, 1976.
『오경』, 영인본, 성균관대학교 대동문화연구원, 1984.
『용재총화』, 통문관, 1993.
『조선승무유현년표』, 영인본, 태학사, 1985.
『조선왕조실록』, 세종대왕기념사업회, 1972.
『증보문헌비고』, 영인본, 명문당, 1985.
『지봉유설』, 통문관, 1993.
『태학성전』, 영인본, 여강출판사, 1993.
『태학지』, 국역본, 성균관, 1994.
『태학지』, 영인본, 율곡문화원, 1970.
『퇴계집』, 번역본, 민족문화추진회, 1968.
『효경』, 번역본, 홍신문화사, 1991.

2. 저서류

김기수 외, 『한국 민속문화의 탐구』, 민속원, 1996.
김용헌, 『조선 성리학, 지식권력의 탄생』, 프로네시스, 2010.
목정균, 『조선전기 제도언론 연구』, 고려대학교 민족문화연구소, 1985.
문화재청, 『서울문묘조사실측보고서』, 2006.
방동민 역저자, 『반중잡영을 통해 본 성균관 유생들의 생활상』, 도서출판 우삼, 2010.
설석규, 『조선시대 유생상소와 공론정치』, 도서출판 선인, 2002.
성균관대학교 교사편찬위원회, 『성균관대학교 600년사』, 성균관대학교, 1998.
손정목, 『조선시대 도시사회 연구』, 일지사, 1994.
손직수 역, 『학교사회학-상호작용론적 견해』, 원미사, 1998.
송준호, 『조선사회사 연구』, 일조각, 1987.
신명호, 『조선 왕비실록』, 역사의 아침, 2007.
유교사전편찬위원회 편, 『유교대사전』, 박영사, 1990.
유본예 저, 권태익 역, 『한경지략』, 탐구당, 1981.
유본예, 『한경지략』, 서울특별시사편찬위원회, 1956.
유숙 저, 홍희 역, 『예의 정신』, 동문선, 1994.
육수화, 『조선시대 왕실교육』, 민속원, 2009.
윤기 저, 방동민 역, 『성균관 유생들의 생활상』, 도서출판 우삼, 2010.
윤기 저, 이민홍 역, 『반중잡영: 조선조 성균관의 교원과 태학생의 생활상』, 성균관대학교 출판부, 1999.
윤사순, 『동양사상과 한국사상』, 을유문화사, 1989.
이병걸, 『조선전기 기호사림파 연구』, 일조각, 1984.
이병걸, 『조선전기 사림파의 현실인식과 대응』, 일조각, 1999.
이성무, 『조선시대 당쟁사 1, 2』, 동방미디어, 2000.
이성무, 『조선초기 양반연구』, 일조각, 1980.
이수건, 『영남사림파의 형성』, 영남대학교 민족문화연구소, 1979.
이우성, 『한국의 역사상』, 창작과 비평사, 1992.
이장희, 『조선시대 선비연구』, 박영사, 1998.
이준구, 『조선의 선비 이황』, 스타북스, 2006.
이태진, 『조선유교사회사론』, 지식산업사, 1989.
이홍직 편, 『새국사사전』, 교학사, 1985.
장재천, 『교육사회학의 이론과 실천』, 교육과학사, 2009.

장재천, 『조선 성균관 교육문화』, 교육과학사, 2012.
장재천, 『조선조 성균관 교육과 유생문화』, 아세아문화사, 2000.
정구선, 『조선시대 천거제도 연구』, 초록배, 2001.
지두환, 『조선전기 의례연구』, 서울대학교 출판부, 1996.
차미희, 『조선시대 문과제도 연구』, 국학자료원, 1999.
촌산지순 저, 최길성 역, 『조선의 풍수』, 민음사, 1990.
최승희, 『조선초기 언관 · 언론 연구』, 서울대학교 출판부, 1976.
최이돈, 『조선중기 사림정치 구조연구』, 일조각, 1994.
최진옥, 『조선시대 생원진사 연구』, 집문당, 1998.
태학지번역사업회, 『국역 태학지』, 성균관, 1994.
피터 우즈 저, 손직수 역, 『학교사회학 - 상호작용론적 견해』, 원미사, 1998.
홍기은 역, 『갈암집』 제 3 권, 한국고전번역원, 1999.
Coleman, J., 『Education and Political Development』, Princeton University Press, 1965.
Robinson, P., 손직수 역, 『교육사회학의 전망(perspectives on the sociology of education)』, 양서원, 1992.

3. 논문류

강광식,「조선조 유교정치문화의 구조와 기능」,『한국의 정치와 경제』 제 1 집, 한국정신문화연구원, 1992.

김동수,「서원통문의 공론성과 서원의 정치세력화의 요인-서원통문 불만의 내용 검토」,『역사학연구』10, 전남대학교, 1981.

김만석, 「석전의례악 연구」, 박사학위논문, 성균관대학교 대학원, 2002.

김상오, 「당쟁사의 입장에서 본 이이의 문묘종사 문제」,『전북사학』 제 4 집, 전북대학교, 1980.

박천규, 「문형고」,『사학지』6, 1972.

설석규, 「16세기 전반정국과 유소의 성격」,『대구사학』 44, 대구사학회, 1992.

설석규, 「광해조 유소동향과 대북정권의 사회적 기반」,『조선사연구』2, 복현조선사연구회, 1993.

설석규, 「숙종조 원우 동향과 붕당의 사회적 기반」,『국사관 논총』34, 국사편찬위원회, 1992.

성태용, 「진정한 내성외왕의 학을 위한 제안」,『오늘의 동양사상』3, 예문동양사상연구원, 2000.

윤정, 「숙종~영조대의 세자교육과 소학」,『규장각』27, 서울대학교 규장각 한국학연구원, 2004.

이원호, 「조선조 성균관 유생의 소집에 관한 연구」,『교육학연구』8, 한국교육학회, 1970.

이태진, 「조선왕조의 유교정치와 왕권」,『한국사론』23, 서울대학교, 1990.

이희권, 「조선전기 공관 연구」,『사학연구』28, 한국사학회, 1978.

이희권, 「조선전기 공관 · 권당 연구」,『사학연구』30, 한국사학회, 1980.

장재천, 「대사성까지 역임한 성균관의 우수 교관 사례」,『한국사상과 문화』 77집, 한국사상문화학회, 2015.

장재천, 「실록에 나타난 조선후기 성균관 장의의 영예」,『한국사상과 문화 67집, 한국사상문화학회, 2013.

장재천, 「조선시대 성균관 장의의 역할과 권한」,『한국사상과 문화』 65집, 한국사상문화학회, 2012.

장재천, 「조선시대 성균관 통문에 의한 공론 형성 과정」,『한국사상과 문화』 53집, 한국사상문화학회, 2010.

정만조, 「조선조 시대의 언로와 상소」,『담수』15, 담수회, 1986.

최이돈, 「16세기 공론정치의 형성과정」,『국사관 논총』34, 국사편찬위원회, 1992.

피정란, 「조선중기 성균관유생의 언론활동을 통한 정치참여에 대하여」,『성대사림』12, 13, 성균관대학교, 1997.

4. 기타

세계신문보, 2009. 11. 6.일자.
장달수의 한국학 카페, http://cafe.daum.net/jangdalsoo.

〈인명색인〉

〈사항색인〉

[ㅇ]

[ㅈ]

[ㅊ]

[ㅌ]

[ㅍ]

[ㅎ]

저 자 소 개

장재천(張在天)

〔주요 학력/경력〕

· 성균관대학교 교육학과 및 동 대학원: 문학사, 교육학 석사, 교육학 박사학위 취득
· 성균관유교사상연구원 한림원 학정계제 2년, 한림계제 3년 졸업
· 성균관대(학부, 대학원, 교육대학원), 한국외대 교육대학원, 서울교대, 상명대, 한국체대, 강남대, 용인대(학부, 교육대학원), 한국방송통신대, 한국사상문화연구원, 한국청소년예절교육원 강사, 대전효문화진흥원 자문위원, 보성중고 교사, 용인대 교직과장 및 교수학습지원센터장 역임
· 현재 한국교육사학회 이사, 한국사상문화학회 이사, 한국청소년효문화학회 상임 부회장, 국제교류문화진흥원 이사 등
· 현재 용인대학교 교육대학원 교수
· 관심분야는 교육사회학, 평생교육, 교육사, 교육인류학, 한국사상문화, 한국전통효문화, 정치학, 역사학, 유교철학 등

〔주요 저서/논문〕

·『조선조 성균관교육과 유생문화』,『조선 성균관 교육문화』,『교육사회학의 이론과 실천』,『교육학의 기초』,『교직실무론』등
·『교육의 기초와 인간상』(공저),『대학생의 명심보감』(공편저),『한국인의 효사상』(공저),『한국의 효사상과 정신문화(1), (2), (3), (4)』(공저) 등
·「조선시대 성균관의 과거문화 연구」등 논문 다수

조선 성균관 학교문화

초판발행 2018년 3월 20일
중판발행 2019년 11월 30일

지은이 장재천
펴낸이 노 현

편 집 김상윤
기획/마케팅 이선경
표지디자인 김연서
제 작 우인도·고철민

펴낸곳 ㈜ 피와이메이트
서울특별시 금천구 가산디지털2로 53 한라시그마밸리 210호(가산동)
등록 2014. 2. 12. 제2018-000080호
전 화 02)733-6771
f a x 02)736-4818
e-mail pys@pybook.co.kr
homepage www.pybook.co.kr
ISBN 979-11-89005-02-3 93370

정 가 15,000원